媒介融合趋势下的传媒产业发展研究

曹小兵 赵静雯◎著

西南财经大学出版社
Southwestern University of Finance & Economics Press

图书在版编目（CIP）数据

媒介融合趋势下的传媒产业发展研究/曹小兵,赵静雯著.—成都:西南财经大学出版社,2024.7

ISBN 978-7-5504-6145-1

Ⅰ.①媒…　Ⅱ.①曹…②赵…　Ⅲ.①传播媒介—产业发展—研究—中国　Ⅳ.①G219.2

中国国家版本馆 CIP 数据核字(2024)第 071957 号

媒介融合趋势下的传媒产业发展研究
MEIJIE RONGHE QUSHI XIA DE CHUANMEI CHANYE FAZHAN YANJIU
曹小兵　赵静雯　著

策划编辑:李邓超
责任编辑:乔　雷
责任校对:余　尧
封面设计:夏梦思
责任印制:朱曼丽

出版发行	西南财经大学出版社(四川省成都市光华村街55号)
网　　址	http://cbs.swufe.edu.cn
电子邮件	bookcj@swufe.edu.cn
邮政编码	610074
电　　话	028-87353785
照　　排	四川胜翔数码印务设计有限公司
印　　刷	四川五洲彩印有限责任公司
成品尺寸	170 mm×240 mm
印　　张	14.5
字　　数	230 千字
版　　次	2024 年 7 月第 1 版
印　　次	2024 年 7 月第 1 次印刷
书　　号	ISBN 978-7-5504-6145-1
定　　价	88.00 元

前　言

信息技术和网络技术的迅猛发展带来了巨大的技术成果，是当前整个人类文明走向现代化的巨大内推力。互联网思维成为中国行业发展的新思维和新出路。传媒行业应该借助信息技术和网络技术，创新变革已有的传媒行业发展格局。

伴随着数字技术、网络技术和信息技术的发展，电信业、传媒业、出版业、计算机业等产业间的边界不断模糊，产业融合成为一种趋势，而媒介融合是产业融合突出的表现形式之一。从报刊与网络的融合，到如今的电视、网络和电信三个产业的融合，媒介融合已经实现了理论向实践的跨越，成为当今媒介发展的主流趋势和重要表现。在媒介融合的新背景下，传统媒体行业在面临市场危机的同时也面临着技术改革和发展转型的良好契机。我国的传媒产业经过数十年的迅速发展，已成为海内外的瞩目焦点。然而，传统媒体与新媒体发展不平衡，跨界融合尚未深入，制约了产业的整体发展水平。因此，及时整合媒体资源，实现产业优化升级，具有重要的现实意义和实践价值。

本书研究媒介融合与中国传媒产业发展的现状、特色和趋势，剖析传媒产业发展面临的问题、风险和挑战，探讨媒介融合对于中国传媒产业的深刻影响与推动作用，为传媒产业的向前推进提供有益参考与借鉴。

本书围绕以下几个方面展开：一是媒介融合的定义、特征及其对传媒产业的意义；二是我国传媒产业的现状与发展特点；三是媒介融合对于我国出版产业、电视产业、电影产业等未来发展的影响与推动。本书采用文献资料法、统计分析法等多种研究方法，进行数据收集和分析，以全面、系统的方式呈现研究成果。

本书旨在对媒介融合与中国传媒产业发展问题进行深入剖析和探讨，为今后改善传媒产业发展环境、推动传媒跨界融合提供参考，并进一步完善我国传媒产业的治理与价值转型，为传媒领域的健康发展奠定坚实基础。

本书第一章、第二章、第三章、第四章由曹小兵负责撰写，合计约 15 万字；第五章、第六章、第七章由赵静雯负责撰写，合计约 10 万字。

曹小兵　赵静雯

2024 年 3 月

目　录

第一章　绪论

第一节　泛媒体时代媒介融合的文化背景

随着各种传播技术，尤其是数字技术和网络技术的迅猛发展，传统媒介受到了空前的冲击并发生了剧烈的应对性变革。原本不同领域的各类媒介——手机、电视、广播与互联网——渐渐地在通信技术的加持下慢慢融合，这就是本书所提到的"媒介融合"。目前，不管是严肃的学术界还是商业化的传媒领域，人们都不得不正视这个术语背后所蕴含的变革，有人指出，不正确认识这个词语，就不能正确分析行业的现状与未来的发展。

一、泛媒体时代媒介融合的文化背景

语言的产生→文字的发明→印刷术的兴起→电子声像媒介的应用，大众传播的演化历程极其漫长。然而，自 1946 年第一台电子计算机在美国的宾夕法尼亚大学问世之后，蓬勃兴起的信息革命便引领人类跨上了信息社会的高速公路：计算机技术、通信技术、网络技术加速向前飞跃，新闻传播便被推向了高度综合、高度交互、高度灵活、高度渗透，集文字、声音、图像于一身，全天候传输信息的数字网络媒介时代。1998 年 5 月，联合国新闻委员会正式提出：互联网已经成为继报刊、广播、电视之后的第四大媒体。如今，日新月异的互联网不仅以速率和规模惊人的"信息流"席卷全球，打造了"地球村"的概念，且以广度、深度空前的"沟通流""情感流"渗透人心，产生了"实时通"的时间效应，同时它又似一股强劲的冲击波，冲击了报刊、广播、电视等传统媒体既碰撞磨合又相安共存的阵营，传统媒体受伤之深，令人瞠目。

在经历了生存危机和技术挑战之后，传统媒体开始尝试走与网络互助互动、

协调共生的发展之路，力求最大限度弥补自身局限和缺憾，以独立的形式生存于同一平台下，最终达到涅槃重生。这标示着印刷媒介、电子媒介、网络媒介的融合从理论向实践的跨越：传统媒体开始了与互联网并存互补、同舟共济的"媒介融合"。

媒介融合的应运而生、应运而盛，不仅彰显了泛媒体时代信息传播的主流趋势，也预示着一个打破国界与身份差异的媒介融合时代即将到来。媒介融合的确切内涵是什么？传统媒介在激烈的竞争中应该何去何从？媒介融合究竟有哪些模式？传播界从业人员如何转换角色？新闻专业训练和教育如何创新？融合进程中的困境如何应对？在媒介融合不可逆转的趋势下，这些问题亟待得到清晰的答案。

二、媒介融合概念的引入与传媒数字化密切相关

20 世纪 70 年代后期，在美国等西方发达国家，基于数字化信息处理原理的计算机与网络技术开始展现出广阔的应用前景，逐渐显现出向普通商业及家用领域普及的趋势。1978 年，美国麻省理工学院（MIT）的尼古拉斯·尼葛洛庞蒂在一次演讲中展示了一张示意图，图中的三个圆圈分别代表"广播和电视业""印刷和出版业""电脑业"，尼葛洛庞蒂指出，随着数字技术与电脑业的发展，在二十年左右的时间内，这三大产业领域将逐渐趋于重叠，而这三个圆圈重叠在一起的部分，即三大产业领域整合后的新的产业领域，将是"最有钱，也最有希望"的发展领域，尼葛洛庞蒂关于相关产业重叠的示意图如图 1-1 所示。

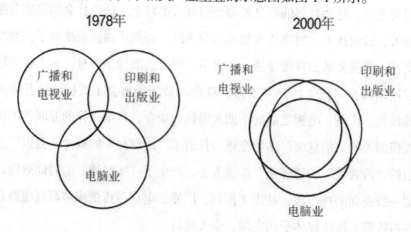

图 1-1 尼葛洛庞蒂关于相关产业重叠的示意图

　　我们并不能将尼葛洛庞蒂视为预言家，他对于这种融合现象的推断是基于他对于数字技术及其深远影响的深刻理解。而尼葛洛庞蒂也并未使用"融合"（convergence）一词来描述他所构想的这种趋势。1983 年，美国麻省理工学院教授浦尔在其著作《自由的科技》中提出，"数码电子科技的发展是导致历来泾渭分明的传播形态融合（the convergence of modes）的原因，其本意是指各种媒介呈现出多功能一体化的趋势"。他明确地使用了"融合"一词来描述数字技术条件下媒介"多功能一体化"的这种趋势与现象，即由融合产生的新传播媒介有集旧有媒介功能之大成的趋向，融合的结果是新媒介的功能越来越强大，使用越来越方便。对这一趋势，他进一步描述为"一种物理形态的网络将能够承载所有类型的媒介服务，而一种媒介服务也可以存在于任何物理形态的网络"。应该说，浦尔对于传播媒介领域"融合"概念的引入和普及功不可没。

　　显然，尼葛洛庞蒂提出的是媒介相关产业间的融合趋势，而浦尔讨论的是传播媒介作为信息载体和内容载体在传播功能上的融合趋势。但值得注意的是，尼葛洛庞蒂和浦尔所言的媒介相关产业或媒介本身的融合，都以数字技术在传媒领域中的应用为基础。1995 年，互联网尚未普及，尼葛洛庞蒂就出版了著名的《数字化生存》一书，再次提醒人们关注数字技术对人类社会的深刻影响，他将数字技术影响社会各领域的进程称为"数字化"，并提出了"数字化将决定我们的生存"的著名论断。数字化是指信息（计算机）领域的数字技术向人类生活各个领域全面推进的过程，包括通信领域、大众传播领域内的传播技术手段以数字制式全面替代传统模拟制式的转变过程。事实表明，随着数字技术的不断发展，尤其是互联网普及后，各类传统大众传媒的数字化步伐日益加快，使人类社会传媒领域发生巨大变革，这主要体现在两个方面：第一，不断涌现的各种新的媒介和传播形态，如网络传播和网络媒体的出现，对传统媒体造成很大冲击；第二，各种媒介形态的相互融合与渗透。

　　在传播媒介层面，网络等新型数字化媒介在传播功能上的融合是由数字技术的基本特性决定的，在数字条件下，文字、图片、音频、视频等所有的形式的信息在数字传播系统中，都以二进制数"0""1"编码后加以处理和表达，这使得信息可以完全不失真地进行传播和再现。同时，更为重要的是，媒介融合使得数字系统可以传播多媒体信息。所谓多媒体，也可称为复合媒体，通常被定义为由两种或更多种的传播形式集合为一个整体的媒体。多媒体使网络等数字传播媒介可以传播迄今所有类型的内容，包括文本、图片、音频、视频和动画等。多媒体可被视为将电视、广播的"视、听"与电话的"交互"功能整合到一起，升级为功能更强大的几乎可以进行任意的视、听、说及其他传播功能的超级传播系统。多媒体集以往所有大众传播媒介的功能于一体，成为"多功能一体化"的融合媒体。可以说，数字技术条件下媒介的融合，是对传统大众媒介众家之长的兼收并蓄和传播观念、传播技术的突破，并在此基础上生成综合性的、功能得到提高的、更加完善的新媒介。除互联网以外，当今的智能手机、平板电脑乃至数字电视等数字化新媒介均体现了传播介质功能上融合的趋势。

在传媒相关产业层，数字技术促进了功能融合的新型数字媒介及新的数字化传播模式的产生，也引导了通信、信息和媒介等产业之间的融合，使相关产业之间不断加深联系。在过去的信息传播环境中，不同的传播领域在各方面的差别十分巨大，如广播与出版之间，在传播载体、内容形式、传播技术等方面都大相径庭，但这样的局面被横空出世的数字技术打破了。从 20 世纪 90 年代开始，数字技术开始加速发展，对各个传播领域都进行了同化，技术格局的变化使得数字化的广播、报刊、影视等领域能够互相融合，相互之间的边界越来越模糊，产生了相互渗透的现象。从产业层面来看，产业分工的限制也被这样的融合所突破，各部门之间能够协同发展，形成交叉平台，创新交叉产品，并且共享收益。这样的变化可以更加合理地配置更大范围内的传播资源，并催生出许多新的商机，加速融合各个传播产业。可以说，尼葛洛庞蒂 1978 年的"预言"在 21 世纪得到了印证：当前，数字技术推动下的媒介产业的融合已经成为一种大趋势，发展越来越密切的新闻出版、广播影视、电子通信和计算机业等相关产业在世界很多国家已被归类为统一的产业集群，即"信息产业""内容产业"或"创意产业"等。

第二节　国内外对"媒介融合"的研究

学界目前对于"媒介融合"的概念界定还没有统一的定论，对于"融合模式"的看法也有着很多不同。

在"媒介融合"的研究课题上，西方的学者贡献了许多不同视角的研究，这些分析的角度包括媒介所有权融合、媒介文化融合、媒介组织结构融合、技术融合、新闻采编技能融合等，可以说从外部环境到内在机制，覆盖了媒介领域的所有层次，涵盖了新闻传播与媒介经营的全部内容。

2003 年，美国西北大学教授李奇·高登整理了当时"媒介融合"表现出的五种类型：

第一，所有权融合（ownership convergence）。大型的传媒集团旗下的产业囊括多种类型的媒介，所以可以较为方便地进行不同媒介之间的资源共享和内容互推。例如，美国的新闻电讯集团（Dispatch Media Group）和媒介综合集团（Media General company），都融合了各自产业中的电视台、广播台、报纸以及网站。

第二，策略性融合（tactical convergence）。与所有权融合中同一传媒集团下的媒介内容互相融合不同，策略性融合是不同媒介集团之间的媒介内容融合，不同媒介集团通过合作的方式实现资源共享和内容交叉。

第三，结构性融合（structural convergence）。这种融合类型围绕新闻采集分配的方式展开。例如，美国的《奥兰多哨兵报》开始打造多媒体形式的新闻产品，使其主营的报纸新闻业务能够向电视台打包销售。在这样的合作中，原本输出报纸内容的编辑记者可以上电视节目，不再只用文字报道和解释新闻。

第四，信息采集融合（information-gathering convergence）。同样是针对新闻报道，这种类型的融合是指从业者采集新闻信息时运用多媒体融合的技能。

第五，新闻表达融合（storytelling or presentation convergence）。与上一种融合类型的角度不同，这种融合是新闻记者与编辑在表达、输出新闻事实时需要使用多媒体工具。

在 2003 年发表的《融合连续统一体：媒介新闻编辑部合作研究的一种模式》一文中，美国学者戴默（Lori Demo）与其他学者阐述了"融合连续统一体"。

他们通过自己掌握的事实与合作分析,也给出了五种"融合新闻"的模式及其含义:

一是交互推广(cross-promotion),指作为合作伙伴的媒介相互利用对方推广自己的内容,如电视介绍报纸的内容。

二是克隆(cloning),指作为合作伙伴的媒介不加改动地刊播对方的内容。

三是合竞(coopetition),指不同媒介之间在合作的同时也会有竞争,如报社记者在电视节目中阐述并评论新闻,但是有些媒介不会把所有新闻内容都共享给合作伙伴等。提出这一观点的学者认为,不同媒介之间的戒备不会因为合作关系而消失,在电视台出镜的报社记者会保留关键的独家新闻报道。

四是内容分享(content sharing),指不同媒介之间通过合作共享内容与新闻资源,双方达成共识后在特定领域合作报道新闻,如事实调查、选举新闻等,彼此同步信息,甚至合作完成报道方案。但是,各自原本的新闻产品不受合作影响,仍独立制作。

五是融合(convergence),指在新闻的采集和播报两个层面上,不同媒介之间通力合作,全方位融合,目的是发挥各自的优势,高效、优质地完成新闻报道。不同媒介的编辑、记者成立为小组,完成全流程的新闻策划、采编、制作和报道,最终按照不同内容选择最适合的报道媒介。

由于网络媒体的崛起推进了全球的大规模媒体融合,我国国内的多媒体融合也在飞速发展。近几年,国内越来越多的学者开展了媒介融合方面的研究。

21世纪伊始,国内就已经有学者根据零星出现的媒介融合案例进行了相关思考,但当时没有提出明确的概念。中国人民大学教授蔡雯总结自己在美国出访时的见闻,率先在国内推广了国外的"融合媒介"理念。她在相关文章中引用了国外学者对"融合媒介"或"融合新闻"的初步阐述,并对有代表性的观点作出了进一步分析。蔡雯认为,作为传媒业在全球发展领域的前沿课题,"融合新闻"与"融合媒介"意味着传统媒介的数字化趋势,以及普通民众未来在新闻传播中的重要角色。蔡雯持续观察并分析了国内外新闻传媒的变革,指出了新闻传播由于"融合新闻"而发生的变化,并强调了这样的变化给新闻业界带来的挑战。

自从蔡雯教授展开"媒介融合"的研究之后,国内涌现了更多研究"媒介融合"的学者,但多数还是止于对西方理论的探讨,只是重复强调媒介融合对记者与媒体的重要性以及需要做出的改变，真正深入分析"媒介融合"内涵的寥寥无几，相关研究也无法明确界定其概念和做出全面解释，多数只是预测媒介大概的发展趋势。近两年这种情况得到改善，由于传媒产业产生的影响越来越广、越来越深，相关学者对于该领域的研究已经比较深入。

香港树仁大学新闻传播系宋昭勋针对新闻传播学中 convergence 一词进行了溯源及内涵分析。他在分析了新闻传播学中 convergence 一词的不同含义后，对新闻从业人员提出："21 世纪的记者应该认清媒体融合的发展趋势，努力加强跨媒体传播技巧训练，成为具备以多种形式进行写作和传播的融合记者（convergence journalist）。"

2006 年，中国传媒大学媒体管理学院昝廷全发表了文章《传媒产业的产业融合及组织创新趋势》，在该文章中，昝廷全提出广播电视、电信、出版、互联网的融合一共会经历三个发展阶段，即技术融合、业务融合和市场融合。昝廷全认为，飞速发展的科学技术会催生出集上述四个媒介于一体的信息传输平台，信息接收的终端也会统一功能和形式，各产业最终都会实现单、双向并存的信息传输机制；由于媒介融合所带来的庞大信息内容需求，受众对带宽的要求将会不断攀高，更加促进各个产业在市场范围、技术与业务等多方面的交叉与互相渗透，原本不存在竞争的产业之间有了竞争关系，同时又在新的竞争中有了新的合作关系，从而保证自己能在不断开拓出的新市场新业务中站稳脚跟。也有学者认为，融合只是手段而不是目的，"合"是为了更好地"分"。通过融合达到更高层次的多样化，这才是媒介融合的终极目标。

匡文波、王丹黎在《新媒介融合：从零和走向共赢》一文中提出，媒介融合有两种主要形式，一是媒体之间的整合与并购，其目的是在传媒业中以规模出效益；二是不同媒体之间的交融与互动，主要指在不同媒体之间，传播方式和内容的相互借用，以促进共同发展。文章主要分析了网络广告的新技术价值，以此为例来说明新媒介融合的趋势和优势。

针对媒介融合的未来发展，有学者指出，数字技术打破了媒介的介质壁垒，让同样的内容可以在各种介质中完成传播，并列举了媒介融合带来的竞争优势：第一，不同价值链之间的联结点实现交叉销售；第二，价值系统确立的竞争结构可以树立市场上独特的竞争优势；第三，广告可以转变为规模化销售。相关学者指出，媒介融合就是"一"型媒介转化为"X"型媒介，这种转变最初的形式非常简单且低级，如合作进行的信息采集，在经过媒介之间的不断深入融合发展后，最终演变成媒介所有权融合。

另外，有大量论文从具体微观的角度入手，分析了正在或者已经完成的媒介融合业界案例，并进行了普适化应用思考。也有高校新闻传播院系教师，对于如何培养具有媒体融合技能的新闻人才进行了探讨。

可以说，全球范围内对"融合媒介"与"融合新闻"的研究都还处于探索阶段，但随着互联网的普及，"融合新闻"必将成为新闻传播的主流，传统新闻媒介走向网络化生存亦是大势所趋。其实在学界正式提出"媒介融合"以前，它早已经在业界自发进行。新闻事业产生和发展的一般规律：不断沿着满足社会需求的方向前进。从这个意义上来说，媒介融合即是社会要求传播媒体多元化发展态势的表现。今天媒介的融合趋势，无论深度还是广度都已经超越以往。相信媒介融合必然会在曲折行进中成为一种媒介发展的必然趋势。

第三节　我国媒介融合的演变进程

从产业角度来看，媒介融合涉及的产业范围广阔，内容丰富，不仅包括传统意义上的传媒产业，还包括参与到媒介融合中的电信业、IT业和电子产业等信息产业。中国媒介融合的演变进程发端于传统媒体产业内部的业务融合，大致可以分成三个阶段：第一阶段是以媒介集团化为特征的初始阶段；第二阶段是以传媒整合为主的展开阶段；第三阶段是以三网融合为主的推进阶段。

一、初始阶段：媒介集团化（1996—2002 年）

现在看来，传播媒介的经济属性与政治属性及由此衍生出来的产业功能和宣传功能的双重性是被人们熟知与认可的。但是，在党的十四大以前，传媒的双重性并不为人们所熟知。党的十四大以后，关于媒介改革的话题开始向企业化管理、产业化经营的经济层面转移。1992 年 6 月，中共中央和国务院发布了《关于加快发展第三产业的决定》，其中指出，将文化娱乐、广播影视、图书出版等文化行业都划入第三产业的范围，并要求这些行业"以产业为方向，建立充满活力的第三产业自我发展机制……办成经济实体或实行企业化经营，做到自主经营、自负盈亏，现有的大部分福利型、公益型和事业型第三产业单位要逐步向经营型转变，实行企业化管理"。《关于加快发展第三产业的决定》在政策上为媒介行业打破了产业禁忌，极大地推动了我国媒介行业的产业化进程，并成为指导我国媒介产业化发展的重要政策依据。

媒介行业的产业化改革步伐从报业管理体制的变革开始，以《羊城晚报》和《金华日报》的产业化运作为典型案例。在盘活媒介固有资源、促进企业化管理的基础上，为解决产业化发展的收益和速度问题，我国新闻传播业走上了规模化的改革之路，那就是通过集团化的方式，建设一个超大规模的事业单位，然后对这个超大型的事业单位进行资源整合和企业化管理，通过优化重组，从而获得规模经济带来的利润。

1994年5月，国家新闻出版署发布了《关于书报刊音像出版单位成立集团问题的通知》，明确提出通过试点改革进行书报刊音像出版单位集团化改革，在政策上为传媒集团化开辟了道路。作为全国报业集团试点改革单位，广州日报社经中宣部和国家新闻出版署批准，于1996年1月15日率先组建了中国第一家报业集团——广州日报报业集团。很快，广州日报的集团化模式成为国内各大报社纷纷效仿的改革模板，各大报业集团在之后的几年内纷纷成立：1998年，羊城晚报报业集团、南方日报报业集团、经济日报报业集团、光明日报报业集团、文汇新民联合报业集团五家报业集团经国家新闻出版署批准相继成立；1999年，深圳报业集团的前身深圳特区报报业集团和四川日报报业集团组建；2000年，大众日报报业集团、北京日报报业集团、解放日报报业集团、大庆日报报业集团、浙江日报报业集团等8家报业集团成立；2001年，云南日报报业集团、湖南日报报业集团、湖北日报报业集团、新华日报报业集团、杭州日报报业集团等11家报业集团被批准成立；2002年，黑龙江日报报业集团、长江日报报业集团挂牌成立。

通过合并重组打造集团化的尝试既是这一时期报业改革的特征，也是中国媒介融合在发展伊始的路径。当时的报业集团化改革在媒介产业化的道路上摸索前行，虽然收入效益上升较缓慢，但其集团化的步伐却走在广播电视业的前面。根据效益成本比理论，由于报业改革的成本较广播电视业低，而它的收益与成本之比却高于广播电视业，这成为报业改革先于广播电视业改革的原因。

虽然广播电视业的集团化进程要比报业慢一拍，但它的发展态势较报业而言有过之而无不及。在报业集团化改革经验的指导下，国家广播电视主管部门也开始了产业化改革的探索。1992年3月，由上海市广播电视局、上海电视台、上海人民广播电台及每周广播电视报4家单位共同发起的上海东方明珠股份有限公司注册成立，主要经营旅游、传媒及广告3大业务，并于1994年年初上市交易。它的创办是对广播电视业的产业化改革进行的一次外围试探，没有涉及广播电视的业务核心与部门核心。1998年，经过一系列改造的湖南电广实业股份有限公司成立，并于当年年底上市交易。湖南电广实业股份有限公司的经营范围主要包括广告宣传、影视会展、宽带传输、旅游观光等方面，这使广播电视的产业化改革又向前迈进了一步。虽然广播电视业的边缘业务与边缘部门的产业化改革有了许多试点，并且卓有成效，但是涉及核心业务与核心部门的改革步伐却审慎、缓慢得多，而且在"四级办"的政策影响下，广播电视行业出现了"散""乱""滥"的现象。

由于电信业和报业的竞争压力及自身发展瓶颈的制约，广播电视业也开始了集团化改革的尝试。1999年6月，全国首家广播电视集团——无锡广播电视集团成立。1999年9月，国务院发布了《国务院办公厅转发信息产业部、国家广播电影电视总局关于加强广播电视有线网络建设管理意见的通知》，明确规定"在省、自治区、直辖市组建包括广播电台和电视台在内的广播电视集团"，这加速了广播电视集团的组建。2000年12月，湖南广播影视集团正式挂牌成立。

2001年8月，中共中央办公厅和国务院办公厅转发了《中央宣传部、国家广播电视总局、新闻出版总署关于深化新闻出版广播影视业改革若干意见》，提出"要从组织结构调整入手，积极推进文化行业集团化建设，组建一批主业突出、品牌名优、综合能力强的大型文化集团，实行多媒体兼营、跨地区经营"，以此为突破口，加大市场整合力度，迅速提高文化企事业的竞争力。2001年4月，上海文化广播影视集团（简称"上海文广集团"）；5月，北京市广播电视集团；

12月，中国广播影视集团与浙江广播电视集团相继挂牌成立。伴随着报纸、广播电视"治滥治散"和产业化、集团化的过程，到2002年年初，全国共组建了包括中国广播电视集团和中国出版集团在内的文化集团72家，其中，报业集团38家、出版集团11家、发行集团5家、广播电视集团13家、电影集团5家。

然而，众所周知，我国媒介集团的组建是在不完全市场化条件下"行政力量拉郎配"的结果。媒介集团化作为中国传媒业发展的现实选择，虽然它的目标是朝着"多媒体、多渠道、多品种、多层次、多功能"的综合性传媒集团发展，且经过近十年的改革，也促使媒介集团的数量大幅增长，但是媒介集团化改革也存在许多问题：第一，媒介集团所有权虚设，产权人缺位，使媒介市场主体缺失，导致媒介市场的无序竞争；第二，传媒集团受多部门管理，行政力量干预过度，使其丧失了市场发展的主动权和竞争的积极性；第三，由于缺乏长远、系统的改革目标和粗放型发展模式，行政力量主导下的媒介集团实践暴露了其发展的盲目性；第四，由于行政区域壁垒高筑，全国性统一开放的市场不能形成，而局部媒介市场结构过剩，导致传媒集团的自由竞争之路无法实现；第五，传媒集团的融资渠道单一，发展资金后劲不足，导致集团化后续改革无法深入，媒介集团化发展陷入瓶颈，由此开启了媒介融合的第二个阶段——传媒整合化阶段。

二、展开阶段：传媒整合化（2003—2009年）

如果说，初始阶段的媒介融合更多的是受到政治、经济两种力量的影响和作用的话，展开阶段的媒介融合——传媒整合化阶段，则是在政治、经济和新媒体技术力量的共同推动下发生的，主要是对跨地区、跨媒体和跨产业的融合进行探索。在跨地区融合的尝试中，如由光明日报和南方日报两大报业集团联合创办的《新京报》于2003年11月在北京创刊；在跨媒体融合方面，如牡丹江广播电视集团在2004年实现了多种传媒的横向整合，通过资本运作并购了《牡丹江日报》，组建了全国首家融合报纸、广播和电视于一体的新闻传媒集团公司；跨产业融合主要表现在广播电视业与电信业的磨合中，如2005年中国电信与上海文广集团合作在上海推出了以"百视通"为品牌的IPTV业务。到目前为止，传媒整合化阶段的媒介融合政策仍带有实验性质。

回顾我国媒介融合发展的第二阶段，在深化文化体制改革的时代背景下，中国媒介融合的制度环境进一步改善。2002 年，党的十六大报告第六部分"文化建设和文化体制改革"中明确提出了"继续深化文化体制改革""理顺政府和文化企事业单位的关系""深化文化企事业单位内部改革""完善文化市场管理机制"等要求，这为媒介融合的开展提供了政治保障。2003 年年底，为解决文化单位试点改革工作中的一些具体问题，国务院办公厅下发了《文化体制改革试点中支持文化产业发展的规定（试行）》《文化体制改革试点中经营性文化事业单位转制为企业的规定（试行）》，就财政税收、投融资、资产处置、工商管理、价格、国有文化资产授权经营、收入分配、社会保障、人员分流安置、法人登记等 12 项内容进行了明文规定，不仅为试点单位提供了税收优惠政策，也为媒介融合的展开提供了政策支持。

从 20 世纪末开始，学界对世界传媒产业发展内容及方向的讨论形成的基本共识是，全球媒介产业"进入了以数字化平台建设为核心的新技术革命和跨媒体经营时代"。截至目前，互联网领域已实现的媒介融合包括网络报刊、网络出版、网络广播、网络电视、网络视频、网络游戏、网络社交等，手机移动技术已实现的媒介融合包括手机报刊、手机广播、手机电视、网页浏览、移动增值服务等业务。毋庸置疑，在新媒体技术的推动下，第二阶段的媒介融合在媒介技术、传播渠道、传媒终端、跨地区业务、跨媒体产业甚至媒介规制方面展开了不同深度、不同层次的全方位、立体式大整合。

传媒整合阶段的媒介融合通过整合传媒资源，促进传媒产业升级，实现传媒资产利润的最大化，但是也暴露了媒介融合过程中传媒产业的发展与竞争方面的问题。一方面，传媒产业发展的同质化带来了内耗式恶性竞争：就报业市场的竞争来看，无论是同城市场、区域市场还是全国市场，报纸价格之战的惨烈程度前所未有；就电视市场的竞争来看，省级卫视之间、省级卫视与央视之间，在节目、广告、人才以及电视剧首播权方面的竞争愈演愈烈。另一方面，虽然媒介融合在技术、渠道与市场方面实现了一定程度的协同整合，但是受媒介规制和传媒体制的束缚，同一地区的不同传媒行业之间鲜有来往，传媒产业的扩张因缺乏自主权而一再放缓。毫无疑问，从根本上说，媒介规制的调整与融合是媒介融合发展的关键。

三、推进阶段：三网融合（2010 年至今）

如果说 2005 年中国电信与上海文广集团合作推出的"百视通"业务呈现了大媒体融合的趋势的话，2010 年 1 月 13 日国务院正式确定的三网融合时间表则表示三网融合时代正式到来。从产业角度来看，三网融合是要实现信息传播领域的传媒产业与电信产业之间从分立走向融合的发展，而业务方面的双向进入则是三网融合现阶段的主攻目标。随着三网融合阶段性目标于 2010 年的推进与实施，2010 年也被誉为"三网融合"元年。

早在 1998 年，国内经济学家周其仁就曾根据当时的全球电信技术发展和管理变革，提出"中国电信业、广播电视业交互进入"的三网合一思想，主张立足于电信业和广播电视业的改革，推动"数网竞争"。根据当时媒体的报道，广播电视部门曾于 1998 年试图摸索着开展一些电信业务，结果遭到电信运营商的强烈反对。此后，双方的发展矛盾和利益冲突不断升级。对电信部门而言，拥有年产值数千亿的产业向年产值数百亿的广播电视业开放市场，却无法取得广播电视市场的核心业务——内容播控权；对广播电视部门而言，广播电视产业的市场化发展远远落后于电信业，即使未来有一定的竞争优势，但是自身最为重要的基础网络—— 数字化网络双向改造尚未完成。不言而喻，广播电视业和电信业无法在三网融合中找到利益共同点。1999 年 9 月，当时的信息产业部（简称信产部）与广播电影电视总局（简称广电总局）联合制定了《关于加强广播电视有线网络建设管理的意见》（当年国务院办公厅"82 号文"转发，"82 号文"为业内对该规定的俗称），明确双方"互相禁入"的原则。在此后的十年时间里，虽然三网融合一再被提上议程，但却由于种种原因而进展缓慢。

虽然广播电视业与电信业在三网融合道路上难以达成一致，但是技术融合导致的媒介融合趋势是不可阻挡的，这也预示着"三网融合"的进程是无法阻止的。首先，电信运营商率先在市场上推出各种新媒体的融合产品；其次，广播电视产业展开了 IPTV 的融合运营模式。2005 年，在广播电视总局的支持下，上海文广集团取得上海、黑龙江、辽宁、浙江、福建、陕西六个省市的试点资格，分别与当地电信、联通合作开展 IPTV 业务。但是，由于 IPTV 业务的发展直接冲击了地方有线网络部门的利益，导致地方有线部门的阻挠和抗议，广播电视总局于 2005 年年底、2006 年年初相继叫停了几个地方 IPTV 的"违规试点"。截至 2007 年年底，全国 IPTV 用户只有 114 万户，而且只限制在上海、黑龙江、辽宁等四省市，原因就在于电信、网通在福建、浙江等地的 IPTV 试验曾被当地广播电视部门以违反"82 号文件"为由予以禁止。

正是看到了广播电视业和电信业在市场上提供的产品和服务相互趋同和不断竞争的趋势，国家认为三网融合进入实质性发展阶段的时机已经成熟。2008 年 1 月，国家广播电视总局公布了《国务院办公厅转发发展改革委等部门关于鼓励数字电视产业发展若干政策的通知》（国办发〔2008〕1 号），此次发布的通知重新修订了广播电视与电信的边界，打破了有关广播电视与电信分业经营的规定，鼓励广播电视开展增值电信业务，电信可以投资数字电视接入网络和终端改造。广播电视与电信之间"禁止相互进入"的"82 号文件"规定，在多番博弈下，随着国务院办公厅一纸文件的转发，终于作古废除。2009 年 5 月，国务院批转了国家发展和改革委员会发布的《关于 2009 年深化经济体制改革工作意见》，其中明确表示实现广播电视和电信企业的双向准入，推动"三网融合"取得实质性进展，随之我国便进入 2010 年"三网融合"元年。

2010 年 1 月 13 日，时任国务院总理温家宝主持召开国务院常务会议，决定加快推进电信网、广播电视网和互联网三网融合，提出了推进三网融合的阶段性目标，即 2010 年至 2012 年重点开展广播电视和电信业务双向进入试点，探索形成保障三网融合规范有序开展的政策体系和体制机制；2013 年至 2015 年总结推广试点经验，全面实现三网融合发展，普及应用融合业务，基本形成适度竞争的网络产业格局，基本建立适应三网融合的体制机制和职责清晰、协调顺畅、决策科学、管理高效的新型监管体系。

面对媒介融合这个历史性的产业发展机遇，面对一个方兴未艾、市场范围广阔的新媒体领域，作为推进三网融合的两大主体，广播电视业和电信业各自都拥有不可替代的特殊优势，同时也都有着自身的"短板"和"软肋"。尤为重要的是，随着三网融合试点工作的展开和推广，以及试点深度的拓展，广播电视业和电信业自身的优势和劣势还在不同程度地转化。这意味着，广播电视业和电信业要放下彼此狭隘的部门利益之争，朝着融合的方向发展，审时度势地进行合作。如此，三网融合才能真正顺利推进，双方才能真正跟上时代发展的步伐。

2013年，国务院在印发《关于促进信息消费扩大内需的若干意见》中明确提出，全面推进三网融合，确定2013～2015年为三网融合的全面、快速推广期。从我国三网融合的空间分布现状和特征来看，主要集中在长三角、环渤海、珠三角等经济比较发达的沿海热点区域，北京、上海、深圳、武汉、杭州、大连等热点城市，这些成为三网融合集聚区域，率先实现了三网融合产业的空间布局，为三网融合再次换挡提速打下了基础。

经过多年的试点探索后，2015年，三网融合进入了全面推广阶段，其标志为2015年8月25日国务院办公厅印发《三网融合推广方案》。《三网融合推广方案》提出了四项主要任务：一是在全国范围内推动广电、电信业务双向进入；二是加快宽带网络建设改造和统筹规划；三是强化网络信息安全和文化安全规制；四是切实推动相关产业发展。《三网融合推广方案》的颁发，各省（自治区、直辖市）人民政府陆续制定结合本地情况的三网融合实施方案，明确将广电、电信业务双向进入范围扩大到全省。当年，河北、江西、辽宁、安徽等省出台了三网融合实施方案。2016年，山西、广东、湖南、贵州、湖北、浙江、甘肃、吉林、福建、青海、云南、重庆等省（直辖市）也相继出台了三网融合实施方案。2017年，山东省公布了三网融合实施方案。总体来讲，各地推广方案主要任务虽然有差异，但相同点集中在双向进入业务、宽带网络统筹规划和建设、网络信息和文化安全规制、三网融合相关产业发展等方面。这个推广方案的一个亮点在于将电信和广电业务双向进入的审核发证权下放给省级行政部门，凡具备条件的市、县一级的广电网络公司、电信公司都能自行开展双向业务，这似乎意味着各市、县一级的广电、电信业务的双向进入。

在三网融合的推进下，全行业更注重对新技术的运用，媒介融合向纵深推进，主流阵地不断壮大。2023年7月27日，电视和网络视听文艺创作研讨会在京举行。研讨会由艺委会、中国广播电视艺术资料研究中心共同主办。会议对2023年上半年电视和网络视听文艺节目、电视剧、网络剧的创作特点、亮点、趋势等进行了盘点。与会者认为，2023 年上半年，电视和网络视听文艺工作者以习近平新时代中国特色社会主义思想和党的二十大精神为思想引领，坚持守正创新，在新时代主题创作方面佳作涌现、亮点频出。现实题材电视剧、网络剧坚持现实主义精神与浪漫主义情怀相结合，传递出积极向上的精神力量。电视和网络视听文艺节目深耕内容创作，生动呈现了中华优秀传统文化创造性转化、创新性发展的重要成果。

第四节　我国媒介融合的表现形式

美国麻省理工学院教授浦尔在其出版的《自由的科技》一书中提出了"传播形态融合"的观点，指随着数字技术、移动技术和互联网技术等媒介技术的发展，报纸、广播、电视、网络等不同媒介介质之间的藩篱逐渐被打破，最终导致历来泾渭分明的文字、音频、视频及数字多媒体等各种传播形态能够聚合在一起。实践中，随着信息技术的发展，特别是随着 Web2.0 技术的不断成熟，媒介之间的边界不断地消解，传媒产业内部呈现出以融合为特征的发展态势，并逐渐形成"由内容融合、网络融合和终端融合这三大位于媒介产业链上的活动环节所构成的大传媒产业生产形态"。

从国内外大型传媒集团的发展历程来看，媒介融合大多是在从报纸到电台、从电台到电视、从电视到新媒体的发展融合过程中不断产生的。因此，媒介融合具有同类媒介融合、跨媒介融合与跨业融合三个层面的形式。就我国当前的实际情况而言，媒介融合仅停留在初级阶段，主要表现为传统媒体之间的融合以及传统媒体与新媒体之间的融合。

一、传统媒体之间的融合

传统媒体之间的融合不仅可以促使各种媒体充分利用各自的传播优势，进行立体报道，还可以使各媒介之间相互借鉴彼此的优点和经验，最大限度地扩大传播效果，达到舆论合力。这正是媒介融合的目标之一。

（一）传统媒体间同类媒介的融合

由于传播形态方面的同质性，同类媒体之间存在较大的接近性，相互之间的联合与联盟具有较强的沟通性和协调性，便于实际操作，因此，这种模式的融合也较容易成功。同类媒体的联合与联盟主要存在于报纸与报纸、广播与广播、电视与电视之间。从我国传媒产业化进程来看，1996年中国第一家报业集团广州日报报业集团的成立，拉开了同类传统媒体联合组建的序幕。自1996年起，完成了集团改革的各大报业集团和广播电视集团如雨后春笋般在全国各地涌现。传媒集团化以及集团内部多种传媒业务的整合，是我国媒介融合发展模式中同类传统媒体联合与联盟的一条重要路径。在内部业务融合的实际操作中，传统媒体整合专业内容资源，开展深入合作，节约制作成本，实现内容产品的规模经济效益。

电视方面，立志要成为"华语世界最大的财经视频空间"的"第一财经电视"在整合上海第一财经（地面频道）和东方财经（数字电视频道）的基础上，通过和宁夏卫视合作播出财经节目的方式，与宁夏卫视共同打造中国卫视市场上的财富频道。属于该电视管辖的有三支频道：上海第一财经（地面频道）在上海、南京等城市实现全网覆盖，并通过香港NOW宽频电视覆盖中国香港的88万有线电视用户；东方财经（数字电视频道）覆盖家庭达2 000多万户；宁夏卫视则覆盖上海、北京、广东、江苏、浙江等31个省（自治区，直辖市）。

（二）传统媒体间的跨媒介融合

在媒介融合大趋势下，西方发达国家的报纸、广播、电视三大传统媒体早已摈弃了过往你死我活争夺媒介市场的竞争方式，逐步上升到融合经营的新层面。根据各自受众群体的分类，报纸、广播与电视之间的跨媒介融合采用全新的新闻采编流程，实现新闻业务方面的资源共享，然后再按照媒体各自所需重新排列组合，将共享的新闻内容通过文字、图片、视频等形式，生产出形态各异、适用于不同媒体平台的终端产品。

在我国，由于广播与电视均隶属于国家广播电视系统，它们之间的融合是比较简单的。"它们从扩大受众群体的角度出发进行整合，这种把广播、电视媒体的受众群体交叉在同一播出点上，在模糊度上增加了电视节目的外在收视率。在电视媒体收视方式没有发生变化的情况下，广播资讯台这一时段的听众对这一栏目收听往往是正向迁移，增加了听众对这一栏目的认识程度和进一步深化了解的可能。"由此可见，广播节目的电视版、电视节目的广播版是广播与电视之间跨媒介融合的常见方式。例如，2005 年 4 月 26 日，吉林电视台《早安吉林》节目与吉林人民广播电台资讯台合作，由资讯台在 100.1 兆赫同步转播《早安吉林》节目。这种广播与电视同步直播的常态新闻播出方式把广播与电视媒体的受众群体交叉在同一个播出点上，增加了听众对它的认识和认可。

作为传统媒体间跨媒介融合的另一重要形式，国内出版业与广播电视业联合的实例也比较多。2001 年，上海东方传媒集团有限公司在整合上海人民广播电台、上海东方广播电台、上海电视台、上海东方电视台、上海有线电视台等单位的基础上，组建了一家集广播、电视、报刊、网络等于一体的多媒体集团。又如，2006 年 1 月，大连日报社主办的《北方体育报》联合大连数字电视教育频道和大连沿海传媒有限公司创办《北方体育报》电视版，《北方体育报》给予新闻和素材支持，大连电视台派出专业编辑记者进行拍摄与编辑，由《北方体育报》总编辑与大连电视台主持人共同主持，这标志着我国第一家专业报纸电视版项目正式启动。

但是，由于受传统媒介规制的制度壁垒和浓厚的意识形态的影响，目前，我国传统媒体产业仍旧处于各自分离运营的状态，即出版业和广播电视业不可以交叉进入另一方的市场领域。因此，我国报刊与广播电视之间的跨媒介融合仍只是属于集团化运作的战术性联合，实际上就是"分区独立操作"，所有权界限十分清晰。

二、传统媒体与新媒体之间的融合

新媒体是基于数字化技术、网络化技术、移动通信技术等，通过互联网、无线通信网、数字广播电视网和卫星等渠道，以计算机、电视、手机、平板电脑等设备为终端的媒体。在一个数字化与网络化的传播时代，以互联网和手机为代表的新媒体对传统媒体造成了巨大影响已经成为不争的事实。根据自身特点进行媒介融合，不仅是传统新闻媒体迎接挑战、转危为机的重要途径，也是新媒体全面发展、拓展业务的重要手段。不言而喻，媒介融合的触角早已在新旧媒体之间延伸开来。

（一）传统媒体与网络媒体的融合

在全球范围内，传统媒体与网络媒体相互融合的最早实例是建造在美国佛罗里达州坦帕市的一座投资 4 000 万美金的传媒大厦——"坦帕新闻中心"（Tampa's News Center）。该中心集中了坦帕论坛报、网站（Tampa Bay Online）、电视台（WFLA-TV）和集团网站（TBO.com）编辑部门，设立"多媒体新闻总编辑"，统一管理报纸、电视和网络三类媒介的新闻报道，实现了这三类媒介在新闻采编方面的联动。在我国，从媒介融合的发展历程来看，传统媒体和网络新媒体的融合早已以集团化组建的方式登台亮相，不少传统媒体相继推出各自的新闻网站或门户网站，在网络平台上实现了资源融合与品牌延伸。

1. 报纸与网络的融合

成立报业网站、实现报网互动是传统报业与网络融合的主要产物。国内最早实现报网融合的是人民日报与新华社，它们先后于 1997 年创建各自的网站——人民网和新华网。紧随其后，北京日报、北京晚报、北京青年报等十几家报社也进行了颇具规模的跨媒体合作。现如今，国内大大小小的报纸几乎都有自己的网站或各自的电子版。

我国报纸与网络的融合主要经历了以下三个阶段：一是电子版阶段，这种报纸的电脑网络版在初期没有广告和订户，只是报纸在互联网上的简单对应，这是报纸走向与网络融合的第一步；二是超链接阶段，报纸网站开始通过超链接方式发表详尽的深度报道和背景资料，此时的报纸网站已经开始具有网络特性，是报纸与网络进一步融合的时段；三是多媒体阶段，此时的报纸网站已经不再是传统意义上的报纸网络版，而是一个独立于传统媒体、具有鲜明网络特征的新型新闻媒体，即网络专用新闻阶段。今天，经历了以上三个发展阶段的报业网站有些已不是纯粹的新闻网站，而是成为具备多种功能的综合性网站。

2. 广播与网络的融合

从调频电波到网络广播（network broadcasting），从单一音频形式向"音频＋文字＋图片＋视频"多媒体形态转化，这是广播与网络联姻的双赢成果。网络广播的出现为广播自身的发展开创了一种新局面。就全国范围而言，最早开播网络广播的要数广东人民广播电台于 1996 年 10 月建立的网站。今天，在互联网上可以很方便地找到中央广播电视总台、北京人民广播电台、北京音乐台、上海东方广播电台、珠海电台、广东人民广播电台等十余家电台网站。

现阶段，我国网络广播的发展情况可以分为以下两种：一是广播网络化，这是传统广播在网络平台上的简单延伸；二是网络化广播，这是借鉴传统广播方式实现互联网多媒体信息的独立制作和传播。前者只是将传统广播电台的节目搬到互联网上进行传播，是将互联网用作广播媒体的一种辅助性工具；后者则是从网络发展的角度观察广播，并就此跳出传统广播的模式，真正发挥网络广播的优势。然而，国内大多数网络广播的类型只属于前者。

3.电视与网络的融合

电视与网络作为当今信息传播媒介的主要方式，它们的融合为中国传统电视在技术、产品、业务、组织、营销战略等方面的创新提供了无限的可能。融合了传统电视媒体和网络媒体优势的新媒体电视不仅使电视信号更清晰，频道选择更多样化，更重要的是，它使视频点播成为可能。

（二）融合新闻

各种媒体在形态上逐渐融合后，新闻作为其主要内容产品也开始逐渐融合，也就是融合新闻。换句话说，融合新闻的前提条件是媒介融合，媒介融合催生了融合新闻。一个统一的信息操作平台集中了多种类型的媒体，各媒体之间互相协调、优势互补、统一策划，参考不同媒体受众的特点来分类信息并进行加工，给不同受众传播特定的新闻信息。

融合新闻对记者有着更高的要求，需要记者具备一定的多媒体思维与全方位的技能，不但能够撰写新闻报道，还要擅长摄影摄像、录音等，在完成新闻的采访后，可以向网络、报纸、广播、手机等各个媒体输出新闻内容，这样的新时代记者被称为"全媒体记者"。"全媒体记者"需要"全副武装"，随身配备照相机、摄像机、笔记本电脑、智能手机等，保证文字、图片、视频全方位、多层次的全媒体新闻报道，满足网站、电视、纸媒、电子报等所有平台的新闻需求。

第五节　我国传媒产业发展现状研究

一、传媒行业价值链结构

传媒是人们用来获取信息和传播信息的主要方式。传媒价值链上的主要参与者包括 IP 持有人、开发／制作商、发行商、渠道以及其他支持方（广告商、支付渠道及媒体平台等）。IP 持有人和开发／制作商主要负责内容生产，开发商获得 IP 授权或自有 IP 制作内容。发行商主要负责内容的营销及推广工作。渠道往往直接面向用户，拥有大量资源及广泛的用户基础。

二、传媒产业现状分析

传媒产业是指传播各类信息、知识的传媒实体部分所构成的产业群，它是生产、传播各种以文字、图形、艺术、语言、影像、声音、数码、符号等形式存在的信息产品以及提供各种增值服务的特殊产业。国民经济的持续稳定发展以及广告市场规模的不断扩大为传媒产业的发展奠定了基础，据统计，我国传媒产业总产值由 2013 年的 10 637.4 亿元快速增长至 2020 年的 25 229.7 亿元，年均增长率为 13.13%。2022 年，中国传媒产业总产值达到 29 082.5 亿元。

传媒细分领域呈现两极化发展态势，2020 年，报刊、图书、电影等传统领域业务受疫情影响收入有所下降，但网络视听、网络广告、网络游戏等互联网业务在疫情背景下的"宅经济"中却呈超常发展态势。

三、传媒行业驱动因素

从驱动力来看，传媒行业的发展主要受到政策监管、技术进步和消费需求三个方面的影响。供给端的影响主要来自政策监管和技术进步，政策监管对供给边界会形成外部扰动，而技术进步往往是产业周期变革的重要推力。由于人们对内容创新的需求源源不断，因此，需求端弹性较大，但也会受到供给端的制约。

（一）政策监管

政策监管主要体现在市场准入、内容生产、上线运营等各个阶段，旨在让传媒行业实现规范有序发展。2018 年以来，针对影视、游戏、教育、互联网等领域的政策监管力度不断加码，供给端不断出清、头部集中趋势加强。目前，严监管已成常态化，各行业主体已经能较好适应当下的监管要求，未来传媒行业的社会效益和经济效益有望取得更好的平衡。

（二）技术进步

技术进步主要体现为内容的形式创新和质量提升。底层通信技术决定了内容形态的拓展边界。4G 的出现让用户获取信息的渠道由 PC 端向移动端转移，也催生出手游、短视频、直播等丰富的内容形态。未来，5G、VR/AR 等虚拟技术的普及将带来更加丰富的互动性和更多高清细节的展示，多屏设备也将实现互联互通，为行业成长打开新的空间。

随着通信技术的变革，传媒互联网内容领域也分别经历了 1G 和 2G（纸媒、广播电视）、3G（图像、音乐、视频流、社交媒体等开始产生）、4G（手游、直播、短视频等移动互联网业态迎来大爆发）、5G（云游戏、XR、云计算、人工智能等万物互联业态）。

（三）消费需求

消费需求主要体现为消费黏性（消费频率、单次消费时长等）和消费力度（付费意愿、每用户平均收入值等）。一方面，用户消费的频率越高、时长越长，消费黏性就越大，比如用户对日常通信、新闻资讯、社交软件的消费黏性相对更高；另一方面，用户的付费意愿越强、每用户平均收入值越高，消费力度就越大，比如用户对电商产品、游戏内购、视频会员的消费力度相对更大。移动互联网的快速发展是传媒产业发展的主要驱动因素，近年来我国互联网用户规模快速增长。中国互联网络信息中心数据显示，截至 2021 年 6 月底，我国互联网用户规模为10.07 亿人。

第六节　媒介融合引领传媒产业变革

由于网络技术和数字技术突飞猛进的发展，传媒领域不断出现内容、渠道、终端和组织的融合，各个媒介产业不再完全独立，新闻的全链条生产融合日益加深，传媒产业的生态环境发生了根本性变化。除了不可阻挡的媒介融合趋势，相关规制的放松也驱动着传媒产业转型。目前，传媒企业或重组、或并购、或整合，逐渐建立起了一些跨行业、跨地区、跨媒介、跨所有制的媒介集团，新闻生产实现了数字化、多元化和集约化。

具体说来，媒介融合引领传媒产业的经营管理方式的变革、产业重组和产业融合。

一、媒介融合引领传媒产业经营管理的变革

新闻生产的过程中最先出现媒介融合，因此传媒产业需要改变新闻采集、组织架构、经营策略等环节。改革后的融合新闻生产应当是完成新闻采集后整合多方信息，并在各种媒介渠道发布信息，做到真正意义上的融合生产和协同传播。在这样的生产模式下，传媒产业需要在经营管理理念上实现三方面的转型。

（一）单一媒体向多媒体、粗放型生产向集约型生产转型

过去的单一媒体生产与粗放型经营，由于面临层出不穷的新媒体、持续被挤压的传统媒体市场份额等严峻的挑战，逐渐退出历史舞台。在媒介融合的背景下，同一个操作平台中过去传媒产业中形态和门类各异的信息，曾经的产业壁垒不断被打破，协同生产的趋势逐渐增强，集约化使用新闻资源、设备、采编人力资源等已经成为现实，给大传媒产业的成型与生产成本的压缩打下了坚实的基础。因为传媒产品的属性是公共商品，再加上平均生产成本因为不断扩大的市场规模而持续降低，规模经济效应就出现了。部分大型跨国传媒集团横向融合旗下的动画、图片、音频、文本等产品，在世界各地分销，利用扁平化的组织结构，实现规模经济。

（二）"内容提供商"向"内容运营商"、"内容为中心"向"用户为中心"转型

在媒介融合的环境中，不断变化的市场和多元化的受众需求已经不能被单一产品所满足，生产融合新闻的目标是保证任何人在任何时间地点都能获得需要的信息。传媒企业必须建立功能全面的融合新闻生产平台，优化内容运营，实现不同媒介产品完成不同程度的信息挖掘，深度开发信息资源，使内容产品的运转效率不断提升，形成规模化和差异化的产品体系，实现生产集约化、经营一体化、经济规模化。以用户为中心，让用户对媒介的使用更加便捷，提升用户在媒介中的互动频率，持续优化个性化的用户服务。

（三）二次销售向多次销售、一种盈利模式向多种盈利模式转型

二次销售是传统媒介过去的销售模式，一边是广告商，另一边则是受众。融合媒体时代，发布多媒体信息的渠道要同时涵盖互联网、手机、广播、报纸、移动电视等多媒体，实现新闻的内容多重增值，从受众规模的扩大入手，保证媒介影响力不断增加。销售模式由二次销售升级为 N 次销售，盈利模式也由二八法则发展为长尾效应，充分利用新媒体拓宽长尾市场的利润空间。

二、媒介融合引领传媒产业的产业重组和产业融合

传统媒介产业之间的边界因为网络技术和数字技术的融入逐渐模糊，出版、信息、电信、传媒、文化等产业不断加大彼此之间的融合渗透力度，从而在全球引发了传媒企业的重组、融合和并购浪潮。这场声势浩大的产业变革，包含了内容生产的融合与网络终端的融合、受众市场的融合以及所有权的融合，从根本上改变了产业体系、产业结构和产业分工，未来将会诞生出全新的产品与服务，整个传媒产业都将得到长足的发展。

（一）媒介融合引领产业链横向延伸和纵向拓展

过去封闭且单一的产业价值链因为媒介融合而被改变，实现了内容生产融合与网络传输融通，网络化的产业集群逐渐成形。例如，随着媒介融合对产业影响不断加深，迪士尼、新闻集团等西方国家的传媒集团，在集团内部纵向整合了内容提供商、原材料供应商、渠道运营商等，横向整合了娱乐产业、新媒体和传统媒体，大幅降低了经营风险与生产成本，形成具有品牌效应的产业集群，打开了全新的市场。此外，西方传媒集团还运用广告、销售、品牌价值等整合了上述纵向和横向产业，实现了资源共享，其产品也在多方面增值。

（二）媒介融合引领传媒产业从资源整合到产业重组

过去的报业联盟与电视台的广告联盟如果只能看作是策略上的资源整合，那么近几年各个媒介之间跨所有制、跨地区的重组兼并就是真正意义上的产业融合。比如，我国一些出版传媒、电广传媒等传媒上市公司加快从产业运营向资本运营转变、从单媒体运营向跨媒体和跨地区运营转变、从内生型增长向外延型扩展转变，实现产业结构的调整，达到产业融合。

第二章　媒介融合语境中传统出版业面临的挑战与困难

第一节　数字媒介与印刷媒介的传播特性与效率比较

一、人类传播媒介的演进历程

随着人类文明的不断进化，人类传播活动经历了漫长的发展历程，传播媒介的产生与发展表现出明显的阶段性。我国传播学者郭庆光指出，人类传播活动可划分为口语传播时代、文字传播时代、印刷传播时代、电子传播时代，这一历史进程不是媒介依次取代的过程，而是一个依次叠加的过程。各发展阶段的命名主要由这一阶段带来传播变革的新的传播媒介决定，也表明该类媒介于所在阶段中对推动人类传播系统发展及人类社会文明进步发挥了巨大作用。

具体而言，在人类社会早期的口语传播时代，口语传播是人类社会的主要传播方式，由于人类依靠自身发声器官表达出的语言信息转瞬即逝，且在当时也只能近距离传播，因此信息依靠口语传播受时间和空间的限制较大，人类文明成果主要通过人使用语言口口相传、代代相传，传播效率低下。在口语传播时代，从某种意义上来说，人本身是当时人类社会主要的传播媒介。公元前 3 000 年左右，人类开始发明和使用文字，作为以符号形式记载信息的工具，文字对人类信息传播和文明发展具有里程碑意义。文字可以精确地记录知识与信息，克服了语言的转瞬即逝性及易变形性，并且可以突破时间和空间的限制，使人类文明成果可以长期保存，跨越地理限制传播到遥远的地区，使人类传播方式产生了质的飞跃，为人类文明的发展奠定了重要基础。但文字记录信息需要载体，传播这些信息需要进行复制，由于早期文字记录材料欠佳，且仅能通过人工手抄复制，文字记载的文明成果传播规模小、范围小、成本高，用文字记录的文献材料仅能被社会特权阶层或精英阶层所使用。

中国东汉时代的蔡伦改良了造纸术，使得文字信息有了适合的载体，促进了纸质文献的规模化使用。宋代出现了雕版印刷术，毕昇发明的胶泥活字印刷术大大提高了纸质文献材料的复制效率，促进了中国早期出版业的发展与书籍的普及和传播，使中国领先于世界其他地区步入印刷传播时代。但中国早期的印刷业长期属于作坊式的生产方式，印刷出版物的生产水平较低，生产规模有限，间接限制了中国古代出版业的发展。15世纪，德国的古登堡改进了活字印刷术，使用金属活字，并发明了印刷机械，使得一直采用手工作业方式的印刷术发生变革，得以通过机械化生产方式大规模复制书籍等纸质出版物，促进了近代书籍、报刊等出版物的大规模生产与传播，推动了欧洲出版业进入繁荣和高速发展时期，对近现代欧洲乃至整个人类社会的政治、经济、文学、艺术、科技等各领域的发展都具有重要的促进作用。印刷媒介尤其是纸质图书能够系统完整地记载人类文化与科技成果，并能够跨越历史时代和地理空间进行传播，至今仍是传承人类文明的重要且不可或缺的传播媒介。纸质印刷媒介现在仍是世界出版业的主要媒介形式。

19世纪上半叶，在电磁学发展完善的基础上，西方发明了电报技术。电报成为人类首个电子传播媒介，标志着人类社会开始逐步步入电子传播时代。电报产生后，电子技术在传播媒介领域的应用使电话、广播和电视等电子传播方式陆续诞生。进入20世纪以后，广播与电视作为电子化的大众传播媒介逐步普及。相对于使用纸质传播媒介的报纸，广播与电视不仅能够传播声音和动态图像，更重要的是，广播与电视能够实现新闻等信息的实时远程传播，能够将新闻事件的实况广为传播，这是印刷媒介无法实现的，使得人类大众传播效率产生重大飞跃。广播与电视也先后成为人类社会主流的大众传播媒介。

20世纪70年代以来，计算机与网络技术得到快速发展，计算机与网络技术以信息的数字化处理为重要特征，其普及与应用使人类社会各领域发生了深刻变革，即"数字化革命"。而计算机与网络技术也逐步渗透和改造了人类传播领域，使原有的书籍、报刊、杂志、广播、电视等传播媒介本身的生产流程开始数字化。尽管这些传播媒介最终呈现信息的形式并未改变，但其信息内容的生产与传输已全面借助计算机与网络技术完成，从而提高了其原有的信息内容生产与传播的效率与质量。不仅如此，20世纪末及21世纪初，互联网飞速发展，其本身逐渐成为新型传播媒介，在互联网中，文字、图像、音频、视频等所有形式的信息内容都能以二进制数"0""1"加以编码表达、处理和传播，使得原本通过书籍、报刊、广播、电视等传统传播媒介传播的内容均可以在互联网中传播，并通过台式电脑、平板电脑、智能手机等多种数字终端呈现出来，这种特性正是传播媒介层面媒介融合的典型体现，而网络也成为一种"融合媒介"。另外，互联网还具有传统媒介所不具备的传受双方即时互动的新特性，使网络成为迄今人类所创造的传播功能最综合、传播效率最高的传播媒介。信息数字化与网络化传播给人类传播领域带来了根本性变革。

由此可见，信息内容的数字化表达、存储与传输是传统媒介的生产过程数字化及网络成为具有变革性的"融合媒介"的根本原因。如今数字技术已全面渗透到人类社会政治、经济、文化等各领域，也给人类传播带来根本变革，给人类传播开启了一个新时代，而这种变革的深刻程度并不亚于19世纪末20世纪初采用模拟电子技术的广播、电视等电子媒介给人类传播带来的变革，因此，将当代以网络为代表的新媒介传播时代纳入电子时代并不足以反映数字技术给人类传播所带来变革的深刻性，考虑到当代传播变革的根本特征即数字化，将当代数字技术渗透与改造人类传播系统的时代称为"数字传播时代"更能明显地体现人类传播领域的进化。由此，笔者建议，将人类传播历史划分为口语传播时代、文字传播时代、印刷传播时代、电子传播时代以及数字传播时代。

二、传播媒介的传播效率变化规律

传播效率是体现传播媒介传播效能的重要指标。我国学者张晓群认为，从信息需求者的角度来看，传播效率可界定为一个信息需求者单位时间内通过传播媒介获得的信息数量。这一界定可有效用于定量分析，但并未涵盖传播效率这一概念应有的内容。事实上，一种传播媒介的传播效率应是其多方面传播能力综合体现出来的指标，既与传播者发送信息内容有关，也与受传者获取信息内容有关；既涉及时间效率（时间效率反映单位时间内传播的信息量），也涉及空间效率（空间效率反映传播的空间广度和远度）；同时还与传播的信息内容类型有关，不同的媒介传播的信息类型不同，广播只传播声音信息，而电视既能传播声音也能同步传播图像，可以认为其传播效率更高。但传播效率高低与上面这些因素都呈正相关的关系，越有利于传播者发送信息及受传者接收信息，时空效率越高，传播的信息类型越多，则传播效率越高。传播媒介根本上是人所使用的信息传输工具，因而也可以将传播效率界定为传播媒介满足人们传播需求的效能。

一种传播媒介表现出的传播效率的高低主要取决于传播媒介本身的物理特性和该种媒介在人类社会中被使用的程度和数量。一方面，不同形态的媒介对信息的承载和传播能力是不同的；另一方面，一种传播媒介在人类社会中被采用的程度，即采用该种媒介人群的大小、该种媒介被使用的频度、该种媒介已传播的信息量也是决定其传播效率的重要因素，媒介使用程度越高，信息发送者或需求者就更易于通过媒介达到自己的传播需求。就媒介形态方面而言，随着人类传播媒介的历史演进，总体而言，新媒介的传播效率会高于旧媒介，如数字传播时代的网络媒介，其传播效率从各方面衡量，均高于各种传统媒介，主要原因就在于网络媒介是一种"融合媒介"，不仅集传统传播媒介的传播功能于一身，且具有互动性等新的传播功能。

就使用程度而言，一种媒介自被发明出来到被社会普遍采用，需要一定的时间。根据美国学者罗杰斯的创新扩散理论，创新在社会系统中随时间的扩散曲线呈现 S 形。创新刚产生后，只有少数人采用，创新扩散的速度较慢，而随着越来越多的人采用，创新扩散加速，随着创新趋于普及，其扩散到达顶峰，扩散曲线则趋近于渐进线。不同创新在社会系统中的采用速度是不同的，一般而言，那些具有相对优势的创新往往具有较快的采用与扩散速度。在传播媒介演进史中，在特定历史阶段产生的新媒介的普及同样是创新扩散过程，美国学者诺里斯对美国几类传播媒介普及过程的研究表明，各历史时期新媒介的普及过程同样符合 S 形的扩散规律，20 世纪美国信息技术普及过程如图 2-1 所示。

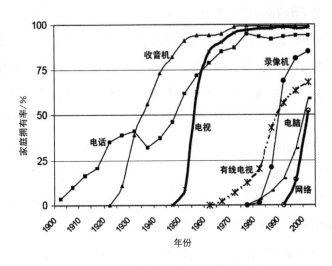

图 2-1　20 世纪美国信息技术普及过程

诺里斯的研究表明，新媒介的普及速度往往比传统媒介快。与此相关联的一个事实是，在人类传播媒介演进历程中，媒介变革发生的时间间隔表现出依次缩短的趋势。人类进化到使用语言传播经过了大约 200 万年，从语言传播到文字传播经过了大约 9.5 万年，从文字传播到印刷传播经过了大约 4 000 年，从印刷传播到电子传播经过了大约 1 200 年，从电子传播到数字传播经过了大约 102 年。

因此，伴随着传播媒介演变，媒介传播效率的总体变化规律：在人类历史发展进程中，新型传播媒介的问世时间间隔总体逐渐缩短，新媒介在传播特性上相比传统媒介会有显著优势，而新媒介一旦产生，其在人类社会中普及需要一个时间过程，这一过程符合创新扩散的 S 形曲线规律，而新媒介在人类社会的普及速度总是比旧媒介快。总体而言，伴随着传播媒介的变革及其在人类社会中的普及，传播媒介系统总的传播效率不断提高，能更有效率地推进人类社会文明进步。与单一类型媒介相比，随着技术进步，旧媒介不断演化进步，并不会被新媒介取代，而是和新媒介共存，但新媒介相对于旧媒介，传播效率还是更高。

三、印刷媒介和数字媒介的传播效率比较

由人类传播媒介演进及其传播效率的变化规律可知，印刷媒介比以网络为核心的数字媒介问世早了 1 300 余年，而数字媒介的传播效率相对于印刷媒介具有

显著优势，主要表现在如下几方面。

第一，在时间效率上，由于信息全部数字化为比特流，通过数字信号传输，信息内容在网络上从信息发送者传输到接收者可以在极短时间内完成，在新闻网站中，新闻信息一经采编完成，只要上传到其网站，读者打开网站的网页即可阅读到信息内容，甚至可实时直播新闻现场的信息。印刷媒介需借助于纸质实物载体，信息内容从传播者拟定，经过印刷再通过实物流通过程到达信息受众手中，往往需要经过较长时间，即使是每日出版的报纸，其信息内容从采编完成到通过销售派发渠道到达读者手中，也需近 10 小时的时间，印刷媒介的时间效率显然是远远低于网络等数字媒介的。

第二，在能够传播的信息内容的形态上，印刷媒介能够记载呈现的信息类型比较单一，只能为静态的文字和图片，且以文字内容为主，而信息内容一旦印刷于纸质载体上，就无法分离。而网络等数字媒介由于采用数字化技术，文字、图片、音频、视频等所有类型的信息内容均可数字化为比特文件，在数字媒介系统中传播，且信息内容数字化后存储于数字设备的存储器中，并根据需要在数字传播系统中传输，信息内容与其数字载体在某种意义上是可以分离的，因此同样的信息内容可以无限复制传播，并通过台式电脑显示器、平板电脑、手机等多种数字终端呈现出来。也就是说，就能传输的信息类型而言，数字媒介能够处理、存储与传播多媒体信息。多媒体，或者也称为复合媒体，通常被定义为将两种或更多种的内容形式集合为一个整体的媒体。显然，当信息获取者想获得形式比较丰富的内容，以获得对于信息内容更综合的认识、体验和感受时，数字媒介具有印刷媒介难以企及的优势。在信息内容组织方式上，印刷媒介上的内容只能为线性呈现，内容间的逻辑关系需要读者个人加以理解和识别，读者限于个人的知识水平，可能并不能完全认识到内容中的逻辑关系，甚至会产生错误的理解。数字媒介中的信息间可以建立一定的连接以表示其逻辑关系，例如，在 Web 网页中的链接就是这种建立好的信息间的连接，以表示信息与信息之间的逻辑关系，这样一来，在数字媒介中，可以在信息内容中用连接将信息节点（如概念）组织为知识网络，以便更为准确地表示信息间的关系，这有助于读者准确地理解信息内容。

第三，在所承载的信息量，尤其是信息量的增长速率上，网络媒介相对于印刷媒介也具有显著优势。印刷媒介问世千余年来，人类社会通过印刷媒介传承的文献典籍可谓浩如烟海，对人类文明的发展作出了巨大贡献，这是不可否认的。对于网络媒介而言，我们看到，网络不仅能用于信息内容的传输，也能够存储大量的数字化的各种信息内容，网络媒介普及迄今不及 20 年，但人们传播与存储到网络中的信息内容的增长速率极快，目前，覆盖社会生活各领域的网络信息内容已极为丰富，被称为蕴含了"海量信息"，而且这些信息内容通过搜索引擎即可非常方便快捷地获取。相对而言，如果人们要查找印刷媒介，比如图书中的信息内容，是较为费时费力的，典型的办法是到图书馆中检索，虽然图书馆中已拥有了计算机图书信息检索系统，但仅能检索到图书书目信息，还需要人工翻找书中的内容是不是所需要的，效率比较低下。换言之，人们从网络这一数字媒介中查找与获取所需信息内容的效率远高于印刷媒介，而获取信息内容的效率是媒介传播效率的核心指标，显然数字化网络媒介的传播效率是高于印刷媒介的。

第四，就载体信息存储物理空间效率而言，数字媒介也远优于印刷媒介。一本数百页的图书内容数字化成为电子书文件后，少则几百 KB 字节，多则几 MB 字节，而现在一般的 CD-ROM 就可容纳近 700MB 字节的内容，也就是说可以存储几百本电子书，而一张 CD-ROM 占据的空间甚至可以忽略不计，而且极为便携。目前的电脑硬盘动辄数 TB 字节，数千张普通 CD-ROM 的容量，其大小也不过相当于一本新华字典。目前，普通的电子图书阅读器，可同时存储数千本图书的内容，而大小仅相当于一本百页的 16 开大小的图书。就占据的物理空间与便携性而言，传统印刷媒介和数字媒介相比显然处于绝对劣势。

第二节　新媒介条件下文化内容的生产方式变化

一、新媒介条件下文化内容生产趋于大众化

新技术的应用往往带来人类社会生产生活方式的变革，20 世纪 80 年代初，个人电脑开始普及，在美国等发达国家，企业与个人开始购买和使用个人电脑，但当时个人电脑软硬件系统还十分昂贵，对企业与个人都是不菲的开销，尤其是软件系统的购买费用往往令购买者难以承担。硬件系统一次性投资即可获得并正

常使用较长时间，而软件系统非常昂贵，因为软件开发的成本非常高昂，软件公司和程序员需要获得回报以进一步开发新产品，这使得企业与个人用户需要在购进硬件后不断购买软件以完善或增加系统功能来满足办公等使用需求，从而使投资不断增加、积累，往往是电脑系统最后总的投入费用中软件系统要远高于硬件系统，除非使用盗版软件，而这又是违反版权法律的。软件系统费用的高昂从经济上来说是合理的，但是对于个人电脑系统的普及和软件技术的发展是不利的。就软件技术的发展而言，研究者和开发者之间的合作、共享和交流对于软件设计技术的完善非常有必要，而软件产品在软件公司技术保密条件下的封闭式开发以及高价收费模式显然与此相矛盾。1983 年，美国软件技术专家理查德发起 GNU（GNU's Not UNIX）计划，在早期的在线新闻组上予以公布并获得了广大软件研究与开发者的呼应与参与。GNU 即"通用公共许可证（General Public License）"，参与 GNU 计划开发的软件中携带一份 GNU 协议条款，其核心规则在于禁止他人对软件添加任何技术限制，在遵守这一规则的前提下，任何人可以获得软件的授权，从而使其他研究者、开发者或用户可以免费且自由地获取、学习、研究、使用、复制、修改和重新发布软件。GNU 计划旨在推进"软件界合作互助的团结精神"，以推动软件技术的进步，事实证明，GNU 计划及宗旨在此后的软件技术发展中起到了重要作用。事实上，GNU 计划并不仅仅用于软件，也可用于各种与软件或计算机技术相关的手册、教程，乃至其他功能、用途的文档或文献。GNU 计划的精神与模式在互联网时代也得到重现和更进一步的发展，在文化领域尤为显著。

20 世纪 90 年代末，国际互联网获得快速发展与普及，并在十来年的时间内迅速成为给传统媒体带来很大冲击的数字化新媒介。然而，网络不能被简单地视为传播媒介，网络不仅能使人们更高效地传播与获得信息、与他人交流及娱乐休闲，而且网络也逐渐给人们带来新的生活方式，成为一种数字化的生活"空间"，甚至被称为"网络社会""虚拟空间"等。但是，网络空间并非虚拟，网络对个人生活领域乃至整个社会都产生了深刻的影响，给社会很多领域带来了变革。在文化领域，我们可以注意到，在网络空间中，有大量全新的文化现象和事物不断涌现，如全新的语言和词汇、大量的文学及音视频作品等。值得注意的是，这些新的文化现象、文化产品是由很多普通互联网用户创造出来，并在网络空间中不断自由流传、演变、丰富的，换言之，这是一种大众化的文化生产方式，大众在网络空间中得以充分发挥其文化创造力。一个典型的案例是，2001 年，美国航空航天局 NASA（National Aeronautics and Space Administration）邀请一些普通的互联网用户参与整理和拼接飞行器在火星表面拍摄的四万多张照片，这项工作原计划是由专业的火星研究人员完成，但由于工作量太大，NASA 才尝试采用这种办法。参与项目的网民基本上并非 NASA 或相关专业机构的研究人员，然而最终网民完成任务的数量和质量都大大超出了项目发起和组织方的预期。这一现象引起了研究者的注意，美国学者本克拉称此事件显示了大众化生产的涌现（emergencing of peer production），并将大众生产的参与者称为大众生产者（peer producer）。大众化生产被认为是一种因互联网而产生的新型的知识与文化生产方式，本克拉于 2002 年将其描述为"散落在世界各地的社会大众，通过互联网自愿式地以互联网为平台进行合作式的知识和信息生产，并共享知识产品的现象"。2006 年，本克拉在其出版的《网络财富》一书中进一步提出，大众化生产是"一种生产的社会经济系统，借由一群个体通过合作而实现，他们之间共同合作、协调生产、相互间分享和提供信息、知识或文化产品，但是这种合作或者协调并不依赖市场定价机制或者是管理层级体系"。美国学者查尔莫利和克朗认为，大众生产指多个个体合作研究、共同开发复杂的计算机程序，共同编写百科全书或共同生成和改进复杂的人类知识系统。我国学者常静、杨建梅认为，大众生产广义上泛指一切基于互联网技术和网民自愿参与而进行的知识生产活动，狭义上指基于互联网进行的、网民自愿参与的、能生成明确的知识产品的知识生产活动。我国学者周学春认为，大众化生产具有合作共享的特征，也可称为共享式生产，这是在计算机和互联网普及和深入人们日常生活的背景下所产生的一种新型的知识生产方式，它是通过分散在世界各地的网民们通过互联网开展的自愿性的合作式的知识生产模式。

这种网络带来的大众化文化生产模式与传统社会环境下的文化生产模式有很大的区别，传统社会条件下，文化生产的主导方式可划分为两个发展阶段。以西方为例，在产业革命前，文化与知识的生产主要由政府或宗教机关主导，由他们发起和组织相关领域的专门人士进行文化内容与知识生产。而产业革命后，随着市场经济的发展，文化内容与知识生产则逐渐趋向于由各种企业主导，即由企业聘用或组织专业人员进行文化内容的研发和生产。总体而言，在传统社会条件下，文化内容和知识的生产主要是由各文化领域的社会精英在拥有各种普通大众所不能拥有的社会资源的权威机构的支持下开展的，是一种精英式的文化生产模式，而互联网普及后，普通大众也拥有了电脑和互联网这样的文化生产与传播手段，使他们能够发挥自己的创造力，在网络空间中通过高效的交流和共享机制共同而自由地创造、生产文化内容，而这种大众化的文化生产模式，目前已成为当代社会文化生产与传播的一种重要模式。有趣的是，在网络空间中，通过这种全新的大量普通网民参与的文化内容生产模式，大多数参与者并非为了获取经济报酬，而是为了获得其他网民的认可，已有很多学者对网络条件下网民参与的文化内容生产的动机开展了研究。美国学者本克拉和尼森鲍姆研究认为，人们并非只在有经济激励的条件下才能够高效地合作创造文化内容，在一些条件下，如在网络条件下，一些非市场的合作机制（nonmarket collaborations）往往可以更有效率地激励人们参与文化内容生产。

目前，大众式内容生产模式在互联网中已成为一种较为常见的内容生成机制，并表现出爆发性的内容生产力。这种模式在互联网文化内容领域也被称为UGC（user generated content，用户生成内容）模式，UGC即用户将自己原创的内容通过互联网平台进行展示或者分享给其他用户。网络内容服务早先被称为Web1.0时代，其内容主要由网站创建，用户浏览或下载；近年来，互联网的发展已进入Web2.0时代，Web2.0时代强调个性化，即发挥普通网民的创造性，由他们在网上创造和分享文化信息。这实际上造成了文化内容生产者的大众化，促进了网络上文化内容的飞速增长，而在海量的用户生成的内容中往往蕴藏着极有价值的成果。这种大众式文化内容生产模式的生产效率已远超传统的精英式的文化生产模式，对于当代社会人类文化知识的积累与传播有着显著的推进作用。例如，在网络文学领域，我国的盛大文学网站中，任何爱好或乐于创作小说等文学作品的人都可以将自己的作品上传到网站中，供读者阅读。在我国的百度文库中，所有用户都可以上传、分享各领域的文献材料，目前文库中的文献内容已极为丰富，对百度文库的用户的学习、工作和生活提供了较大参考作用。在我国的抖音、美国的 youtube.com 等著名视频网站中，每天都有大量的用户自己创作视频作品上传到网站中分享。在我国著名的图书、音乐、影视作品乃至各种时尚事物的评论网站"豆瓣网"中，用户可以自由地发表、分享与交流对有关书籍、电影、音乐及时代风尚的评论和意见，"豆瓣网"擅长从海量用户创作的内容中挖掘和创造新的文化价值，这也是网络时代的大众式文化内容生产模式的核心价值所在。采用大众式内容生产模式的网络百科，其内容生产乃至编辑把关机制都具有明显的大众参与和协同编辑把关的机制，其问世与发展甚至已严重威胁到传统的纸质版本百科全书。

二、网络条件下大众文化内容生产的典型案例——网络百科

百科全书是一种重要而特殊的书籍类型，世界上很多国家都会组织编撰和出版综合社会各领域较成熟的知识信息的百科全书，并随着社会的发展而长期对百科全书内容进行更新、增补和再版。世界文化强国往往都有非常具有权威性和影响力的一部或数部百科全书，能为各行各业的人们学习和研究提供参考，如中国的《中国大百科全书》和英国的《大英百科全书》。长期以来，纸质版本百科全书的出版是典型的精英式的生产模式，通常由出版机构组织各领域的权威专家等公认的社会精英编撰，纸质百科全书出版后，通常通过市场机制以高昂的价格售卖给机构及个人用户。

随着互联网的发展，提供百科内容的"网络百科"应运而生并逐渐被越来越多的人所使用。目前国际上最有影响力的网络百科是"维基百科"（Wikipedia），近年来"百度百科"也逐渐发展起来，在国内被互联网用户广泛使用。目前网络百科中内容的生成并非由所属网站组织专门人员采编，采用的是大众化内容生产模式。以 2001 年上线的维基百科为例，其内容的生成是开放式的，所有互联网用户均可在维基百科网站中创建内容条目，维基网站中由网络用户创建的所有内容均遵守 GNU 协议，所有互联网用户都可以在遵守 GNU 规则的条件下免费获取和使用其中的内容。和纸质百科全书的编撰相比，虽然参与纸质版百科编撰工作的均是出版方付费邀请的各行业、各领域、各学科的权威人士，属于社会精英，

但纸质百科的编撰群体显然是有限的，以《大英百科全书》为例，参与其纸质版本编辑工作的各界精英最多时为数千人。参与维基百科内容创建的则可以是任何人，虽然其中不乏社会精英，但总体上属于社会大众，而这些内容创建者人数众多，来自世界各地、各行各业，知识背景各不相同，他们并不能从网站得到经济上的报酬，但这并不妨碍他们乐于为丰富网站中的内容志愿做出自己的贡献，把自己专业领域的内容不断添加到网站中。据统计，截至 2013 年年底，维基百科网站上大约有 3 500 万名注册用户，其中有 10 万名用户长期积极参与维基百科内容条目的创建与编辑工作。显然，创建维基百科内容的网民群体人数远远超越编撰纸质百科的精英群体人数，这使得维基百科网站自创建以来，知识内容的总量一直保持高速增长，目前网站中的百科内容极为丰富，涵盖社会生活各个领域，其内容的增速和丰富程度实际上早已超越了世界上任何一部纸质版的百科全书。维基百科始建于 2001 年 1 月，到当年 9 月内容条目即达一万条，而此后随着维基百科知名度的提升及用户参与度的激增，内容条目呈加速增长态势，截至 2006 年 3 月底，维基百科英文版本的内容条目即达 100 多万条，当时已有 200 多年出版历史的纸质版本《大英百科全书》有条目 120 多万条。维基百科仅在五年时间内即达到这样的水平。据统计，截至 2021 年 6 月底，英语维基百科收录超过 600 万条条目，中文维基百科创建于 2002 年 10 月，据 2022 年年底统计收录了 250 万余条条目。维基百科中条目内容之丰富与其大众化的内容生产模式是分不开的，其内容规模的高速增长及丰富程度与参与其内容创建的网民大众来源极广、人数极多成正相关关系。

纸质版本的百科全书由于编撰人员都是出版方邀请的各领域专家和各行业精英，其编撰工作总体而言是认真负责的，而且在纸质百科的出版流程中也有着严格的编审把关机制，内容质量较有保证，这是其内容具有严谨性、可靠性和高水平的重要保障，也是《大英百科全书》等纸质百科具有权威性和影响力的重要原因。网络百科由于内容是大众式生产模式，创建内容条目的用户参与动机难以把握，其所创建上传的内容的质量是难以保证的，这就需要一定的编辑把关与内容修正机制，以确保维基百科中的内容质量达到一定的水准。维基百科也是存在编辑把关机制的，维基百科相信"更多的眼睛能够发现更多的错误""真理越辩越明"，其内容把关是由众多网民共同参与的，即所有参与内容创建的互联网用户都可以监督维基百科网站中的内容，参与者一旦发现某个条目内容有误、不充分甚至有不良内容，即可对其内容进行编辑、修订、增补，维基百科网站也具有智能化的内容版本控制技术，即"修订控制系统（revision control system，RCS）"，众多的参与者可以在内容条目前后不同的修订版本间进行对比，最后获得共同认可的正确的质量较高的内容。因此，这也是一种大众式的具有协同特征的编辑机制，而传统出版机构的编辑机制下，编辑人员是专职的，也可以说是一种精英式的编辑机制。维基百科的这种编辑机制相对于传统编辑机制而言具有创新性和突破性。维基百科创始人吉米·威尔士曾明确地指出维基百科的内容把关机制及其意义：维基百科里真正的创造意义在于，在知识交流的混乱中产生了有序的规则，同时凝聚了巨大的社群，大家一起来定义知识，并监督整个过程。这种大众协同编辑把关机制使得维基百科中的信息内容创建后能够得到不断修正和优化，直至其内容得到完善。目前，在总体上，维基百科中信息内容的准确性、全面性已逐渐被社会各界所认可。

在网络搜索引擎尤其是网络百科问世后，已经有越来越多的用户通过网络百科查询百科信息，据 Alexa 全球网站流量排名统计，全世界有近 3.65 亿民众使用维基百科，全球网站浏览人数排名第六（最高纪录第五）。相比之下，纸质版本百科全书的市场生存空间已越来越小，近年来急剧萎缩，甚至呈现出逐渐退出出版市场的趋势。以纸质版《大英百科全书》为例，其创办于 1768 年，坚持两年修订一次，连续出版了 244 年，被公认为是世界上最知名、最权威的百科全书。但 2012 年 3 月 14 日，大英百科全书公司正式宣布，将不再推出印刷版本，而全面实施数字化转型。纸质版《大英百科全书》的销售量在 1990 年达到顶峰，在美国售出 12 万套。在网络百科的冲击下，2012 年其销售额还不及大英百科全书公司总体收入的 1%，业界普遍认为，《大英百科全书》的主要竞争对手即是维基百科。而我国的《中国大百科全书》也面临同样的问题。《中国大百科全书》是我国最权威的综合性百科全书，最高峰时单卷销售 80 万册，全套销售十几万套。进入网络时代后，到 2009 年其第二版的发行数量已急剧下降至 1.7 万套，也只能实施数字化转型，优先发行网络版，在编撰过程中借鉴维基百科和百度百科的大众式内容生产模式，以提供专业性知识服务和定制化解决方案实现盈利。其他国家的纸质版百科全书的命运也并不好于《大英百科全书》或《中国大百科全书》，2013年法国《环球百科全书》同样宣布停印纸质版本，只发行数字版本。由此可见，纸质版本百科全书在世界范围内逐渐退出市场已成普遍趋势。

第三节 媒介融合时代受众的信息获取与阅读方式的变迁

一、媒介融合条件下数字媒介逐渐成为大众首选媒介

传播学中"使用与满足"理论认为，媒介接触活动是受众通过使用媒介来满足自身特定需求的过程。例如，人们阅读报刊、收看电视主要是为了获知新闻消息、社会动态、实用信息和新知识，以及作为一种休闲放松手段等。20世纪70年代，美国学者卡兹和日本学者竹内郁郎对"使用与满足"过程的基本模式进行了概括，如图2-2所示。

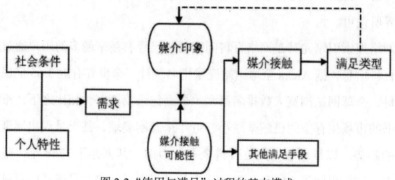

图2-2 "使用与满足"过程的基本模式

"使用与满足"过程与机制的研究揭示了受众进行媒介选择的影响因素。一方面，人们接触媒介的目的是满足他们的一些特定需求，除了人们所处的社会条件及他们的性格爱好等个人特性外，人们根据自己的需求实际选择何种媒介主要还受两个方面因素的影响，其一是媒介接触的可能性，即拥有怎样的媒介接触条件，能接触到何种媒介；其二是受众对特定媒介的使用印象和认知，受众更有可能选择那些以往给他们带来过类似满足的媒介。人们做出媒介选择并使用媒介后，会根据自身需求获得满足的情况而形成或修正既有的媒介印象，这将影响到他以后的媒介选择。显然，在面临多种媒介选择时，受众通常会倾向于优先选择能更

好地满足他们的特定需求的媒介。传播效率即媒介满足受众需求的效能，媒介满足受众需求的程度与媒介的传播效率往往有正相关的关系，即传播效率越高的媒介，往往能更好地满足受众使用媒介的需求，且当受众有多种媒介可用时，一般会优先选择传播效率高的媒介。

应该说，决定受众媒介选择的因素相当复杂，除上述因素外，在现实生活中，人们还会自觉或不自觉地根据媒介使用的相关成本来选择媒介。经济学理论的基本假定是人具有经济理性，即人们在做出行动决定时，总是倾向于寻找和使用成本最低同时收获最多的行动方案，在媒介选择过程中同样如此。人们要考虑的成本因素主要是：第一，经济成本，即获取某种媒介满足自身的特定需求所要花费的金钱费用，人们通常会选择费用较低的媒介产品，或者考虑效用价格比并作出权衡。第二，时间成本，即获取特定媒介内容所需要花费的时间，时间成本考虑也是决定人们优先选择传播效率高的媒介的一个重要原因。第三，人力成本，即人们获取特定媒介内容所需花费的自身体力、精力，人们会优先选择获取及阅读更为省力的媒介。与媒介选择成本相关联的因素是人们在获取媒介内容满足自身需求时所拥有的相应资源，包括：时间资源，即人们在完成学习、工作及家庭事务等必须完成的活动后，剩余的可自由支配的时间资源；经济资源，即人们能够或愿意花费于获得媒介并从中阅读内容的费用额度；人工资源，即人们能够或愿意用于获取媒介并从媒介中查找、阅读自身所需信息的体力和精力。

人类社会已经进入信息时代，书籍报刊、广播、电视等传统媒介早已高度普及，而数字化媒介如网络的使用率自 20 世纪 90 年代后一直呈现出高速增长的态势，如今智能手机等便携式数字媒介终端已成为继互联网之后数字化媒介使用率新的高速增长点。总体而言，当今人类社会传播媒介资源已非常丰富，而各种媒介所承载传播的信息量及其增长速度也已远远超越人类社会 20 世纪的水平，这在很大程度上得益于数字技术及网络媒介的发展。从某种意义上来说，在当代人类社会，很多国家已进入媒介资源和信息内容资源过剩的阶段，在中国，同样也表现出这样的发展趋势，而一度出现的"眼球经济""注意力经济"等称谓正表明，当代传媒业已进入买方市场阶段，诸多媒介需要争夺受众资源才能获得足够的生存空间。

在这样的媒介环境下，受众充分地掌握着媒介使用的主动权，一般情况下可以选择最能满足自身需求的媒介，不再受媒介资源及经济条件等的限制，但对于当代受众而言，由于工作生活节奏的加快，可用于接触媒介的时间及受众个人的精力等资源却是有限的。有研究者指出，新媒介与传统媒介的竞争主要体现在对以下4种资源的争夺上：消费者获得的满足、消费者的媒介使用时间、消费者的媒介消费金额以及广告投放金额，其中媒介使用时间是媒介至关重要的资源。因而当代受众需要使用媒介时，传播效率高即在有限时间内满足受众需求程度高的媒介自然成为了当代受众的首选媒介。互联网、智能手机等数字化媒介体现出了媒介融合的特征，集以往多种传播媒介的功能于一体，受众可以通过它快速地获取自己需要的所有形式的信息内容，是当代传播效率最高的新媒介，总体而言，越来越多的受众将选择数字媒介作为首选媒介，将能够用于使用媒介的时间和精力等个人资源更多地用于通过智能手机等数字化终端使用互联网获取需要的信息内容，分配给书籍、报刊、电视与广播等传统传播媒介的时间和精力将趋于减少。

上述趋势主要体现在使用网络媒介的受众群体规模的增长上。以我国为例，自互联网20世纪90年代末开始在我国普及以来，我国网民人数一直持续快速上升，根据中国互联网络信息中心（CNNIC）的调查统计，截至2023年6月底，中国网民达到10.79亿人，较2022年12月增长1 109万人，互联网普及率达76.4%，这表明在我国网络媒介使用人群范围已非常广泛。在上网时间上，据统计，截至2023年6月底，我国网民的人均每周上网时长为29.1个小时，较2022年12月提升2.4个小时。我国网民用于上网的时间近年来持续增加，表明我国网民网络使用的深入程度在增加，互联网的用户黏性不断增强，意味着网络逐渐成为人们获取新闻资讯的主要媒介之一，网络媒介的影响力也随之快速提升。值得注意的是，近两年用手机上网的网民规模增长尤为快速，CNNIC的调查显示，在使用上网设备方面，截至2023年6月底，我国网民使用手机上网的比例达99.8%；使用台式电脑、笔记本电脑、电视和平板电脑上网的比例分别为34.4%、32.4%、26.8%和28.6%。可见，我国网民在上网设备上越来越向手机端集中，智能手机已成为我国网民的"第一上网终端"，这表明，近年来传播功能更为融合的智能手机已成为人们首选的数字化媒介终端。总体而言，当代媒体用户群重心开始从传统媒介向互联网快速迁移。互联网正在快速争夺着传统媒介的受众资源，这对传统媒介的冲击和影响将极为深远，必将影响到传媒业的基本格局。网络等数字化媒介的快速发展将使图书、报纸、杂志、广播、电视等传统媒体的生存和发展面临挑战，也使后者加快向数字化媒介迁移。

二、媒介融合条件下受众阅读趋势的变化

"阅读"的含义有狭义与广义之分。在狭义上，阅读就是借助视觉感官，通过思考来理解文字、文本所表达的内容和意义的一种智力活动。从传播角度看，阅读多指人们使用书籍、报刊等印刷媒介从中获取信息内容的活动和过程。日常生活中的"读书""看报""看杂志"即属狭义上的阅读活动。在广义上，阅读就是借助于人的视觉、听觉、触觉等感觉器官，通过心理加工来理解文字、标符、图案、服饰、表情、姿态、自然现象和社会现象及其状态的内容和意义的一种复杂的心理活动、行为或过程。从传播角度看，阅读泛指人们使用各种类型的媒介并从中获取信息内容的活动过程，即人们从广播、电视、网络等媒介获取文字、图像、音频、视频信息内容的活动都属于广义的阅读活动。在传统媒介条件下，阅读多指向书报刊等印刷媒介与文本；对于广播这一听觉媒介的信息获取活动多用"收听"；对于电视这一视听综合并以视觉信息为主的媒介的信息获取活动多用"收看"，不同词语的使用场合可谓泾渭分明。但网络等数字媒介出现后，由于数字媒介具有媒介融合的特征，能够互动传播文字图像、音频、视频等所有形式的内容，在数字媒介中获取信息内容的活动则更适宜于用广义的阅读来概括。

网络等数字化媒介普及后，由于其传播效率高，正逐渐成为越来越多的受众获取信息时的首选媒介，但是，受众将减少对传统传播媒介的使用，也即受众将更多地通过网络来开展阅读活动，对传统媒介的阅读将减少。可使用"阅读率"这一指标来研究这一变化趋势，并通过实证量化研究来考察传统媒介与数字媒介阅读率变化趋势。在媒介调查领域，阅读率一般指在特定地区（如实证调查所选地区或相关媒介所覆盖地区）阅读某媒介的人数占该地区总人口数的比例。中国新闻出版研究院从 1999 年起开展"全国国民阅读调查"，该项目通过对我国国民的阅读情况进行多年持续跟踪式的问卷调查，具体包括我国国民阅读书报刊、音像出版物及数字媒介的相关情况，其中数字媒介阅读包括网络在线阅读、手机

阅读、电子阅读器阅读、光盘阅读等方式，并对数据进行统计分析，考察我国国民的阅读倾向及发展趋势。国民阅读调查的对象涵盖我国全年龄段人口，样本城市达 81 个，覆盖了我国 29 个省（自治区、直辖市），能较好地反映我国国民的阅读状况和趋势。

2023 年发布的全民阅读调查结果显示，2022 年我国成年国民的图书阅读率为 78.6%。对比中国新闻出版研究院发布的近十年阅读数据，中国人阅读量在持续缓慢提升。2010 年时，我国人均阅读总量仅 4.98 本，而到了 2022 年，人均阅读总量已经高达 8.11 本。无论城镇居民还是乡村居民，成年人或是未成年人，阅读率都有所提升。尤其是 14 ~ 17 周岁的未成年人，他们的阅读量始终远远高于全国平均水平。

在当代传播环境下，书籍、报纸、期刊等印刷媒介的受众群体总体上逐渐趋于减少，这显然与越来越多的受众选择使用数字化媒介获取和阅读信息内容有关。全国国民阅读调查数据显示，与印刷媒介的阅读率总体呈下降趋势相对比，数字化媒介的阅读呈现出明显的上升趋势，表明使用数字化媒介的受众群体规模确实表现出不断增大的趋势。由于目前数字化媒介终端呈多样化趋势，数字化阅读又主要细分为用电脑上网在线阅读、智能手机阅读、电子阅读器阅读等。数据显示，中国的数字阅读接触率从 2009 年的 24.6%，攀升至 2022 年的 80.1%。

调查显示，在不同的数字化阅读方式中，近十年网络在线阅读和手机阅读均表现出较高的增长率，而电子阅读器阅读率增速较缓，手机阅读表现出了最高的增长率，且增长最为迅速。阅读调查显示，在选择数字化媒介阅读读者中，对于选择数字阅读方式的主要原因，多数数字化阅读者表示"获取便利"是使用数字化媒介的首要原因，其他主要原因还包括"方便随时随地阅读""方便信息检索"等。显然，这些原因都是数字化媒介拥有而传统纸质印刷媒介不具备的优势。不同的数字化媒介在阅读率上的差异与其媒介融合的程度相关。相对于连接互联网的普通电脑，智能手机在功能上融合程度更高，即不仅像上网的电脑一样将多种传播功能一体化，而且还拥有电脑所不具备的便携功能，使受众可以随时随地获取信息内容。报告显示，网络在线阅读、手机阅读和光盘阅读的接触率均有所上升，电子阅读器阅读接触率略有下降。例如，2022 年有 49.4% 的成年国民进行过网络在线阅读，比 2022 年增加了 5.0 个百分点。值得注意的是，2022 年我国成年国民手机阅读接触率首次超过 50%，达到 51.8%，较 2022 年上升了 9.9 个百分点。同时，我国成年国民日均手机阅读时长首次超过半个小时。调查发现，手机阅读主力人群呈现年龄越小、阅读率越高的现象。手机阅读人群的年龄大多集中在 18 ～ 29 周岁、30 ～ 39 周岁、40 ～ 49 周岁这三个年龄段，占到手机阅读人群总体的九成（90.7%）。其中，18 ～ 29 周岁群体的手机阅读接触率最高，为 42.7%。

由此可见，随着年龄段的提高，数字化阅读率是逐渐降低的，表明年纪较小的读者更易于接受和使用数字化媒介。青少年的选择更能凸显未来阅读发展的趋势，即数字化阅读率未来还将增长。

如果考虑到所有的媒介形态，除了数字化媒介的高速发展与普及，在数字化技术的推动下，实际上传统媒介的内容生产效率也相应大幅提高，当代传媒体系能带给受众比以往远为丰富的内容和信息服务，在当代受众的学习、工作和生活中，接触传播媒介的机会要远高于以往，包括所有媒介形态在内的综合阅读率表现出增长趋势。我国国民阅读调查显示，2008—2015 年间，把传统媒介和数字新媒体算在内的综合阅读率从 69.7% 上升到 79.6%。这表明使用媒介已成为当代国民日常生活的重要组成部分，显然这与数字化媒介尤其是互联网和智能手机的普及密切相关。

值得注意的是，尽管广义的阅读活动涵盖了传统的纸质书、报刊等印刷媒介和数字化媒介，但传统阅读（指狭义的阅读）与数字化阅读有着多方面的深刻差异，尤其在二者对读者的作用和效果方面。有研究表明，人在读屏幕和读纸面上相同的文字内容时，视线的活动轨迹、注视焦点以及大脑中的思维活跃区域是不同的，相应地，人在数字化阅读和传统阅读方式下，对于阅读内容的选择、认知、感受和理解程度也会有所不同。实践表明，"数字化"阅读方式多表现为不求甚解的"浅阅读"以及不系统的"碎片化阅读"，虽有助于人们快速和大量获取信息，却不利于人们系统了解和深入思考阅读对象。传统阅读活动中人们更易进入"深度阅读"状态，能够持续阅读较为系统化和完整的作品内容。中国人民大学贺耀敏教授发现，现在的博士生上网看资料多过读纸本书刊，他们在一般性知识掌握上拥有的信息量相当大，但系统深入的专业知识则十分贫乏。这表明，如果长期进行数字化阅读而传统阅读较少将影响人的知识结构，当代青年人知识结构受数字化阅读的影响已经较为普遍地显现出来了。

由此看来，数字化阅读和传统阅读具有一定程度的互补性，传统阅读仍有着数字化阅读不可替代的价值。数字化阅读具有一定"副作用"，需要人们加以重视与反思。数字化新媒体正在改变当代人的阅读方式，如果在数字化阅读流行时忽视甚至放弃传统阅读，那么我们的损失或许难以估量。

第四节　媒介融合趋势下传统出版业面临的发展困境

一、媒介融合趋势下传统出版业整体上遭遇发展瓶颈

从广义上来说，所谓传统出版业，是指以纸质图书、期刊等印刷出版物为主要产品，并通过销售这些出版物获得经济收益支撑其发展的文化产业类型。一般而言，图书出版业是传统出版业的核心和主要组成部分。从狭义上来说，在大多数场合，出版业是图书出版业的简称。一方面，从传播媒介层面来看，网络媒介普及以来，由于数字化媒介传播效率更高，具有媒介功能高度融合的特征，更能够满足受众的多重传播需求，从而使越来越多的当代受众在其有限的可用于接触和使用传播媒介的时间里选择使用数字化媒介，导致图书等传统媒介的使用率有限，并呈现出下降的趋势。另一方面，当今网络媒介上的内容资源已极为丰富，而且查询非常方便，这是传统媒介无法比拟的。以图书为例，过去人们需要从图书中获取的知识信息，现在可以很方便地从网络中获得，使得图书等传统媒介不再是当代受众所必需的内容信息来源，图书的受众群体规模及受众阅读时间都有显著降低。对于出版业而言，这意味着图书消费市场整体规模出现下滑趋势，换言之，在媒介融合时代，以纸质图书为主要产品的传统出版业当前及未来整体上必将遭遇发展瓶颈，产业增长空间有限，甚至呈现出产业萎缩的态势。而当前，传统出版业遭遇发展瓶颈在很大程度上已成现实。

二、美国传统出版业的止步不前与电子书出版的快速发展

美国现代出版业有着 200 多年的发展历史。当代美国图书出版业在全球图书

出版业的地位举足轻重。20 世纪 90 年代以来，美国图书出版业规模一直稳居世界首位，但当前面临着较为严峻的发展形势，主要在于数字化媒体的普及造成纸质图书读者的流失，使得图书消费水平难以提高，图书出版业市场空间难以拓展，市场规模难以增长。有研究表明，随着网络等数字媒介使用率的上升，美国传统媒介的使用率徘徊不前，从每人每年在各种媒体上花费的时间来看，2005—2009 年传统媒介只增长了 2.1%，且平均每人每天使用传统媒介的时间还不到 1 小时。显然，美国当代传统媒介使用率的发展趋势和我国大致相同。对于图书来说，从美国国民总体消费增长比例来看，传统纸质图书消费所占比例还呈现出下降趋势。对于美国图书出版业整体的发展情况，可从其近十几年来市场规模的变化加以考察。美国出版商协会（associations of american publishers，AAP）和美国书业研究集团（book industry study group，BISC）合作，每年都调查统计美国出版业的相关行业数据，其数据来自全美近 2 000 家出版机构，涵盖所有出版类别，能较好地反映美国出版业的整体发展趋势，数据和结论的可靠性、可信度和权威性受到美国及国际出版业界普遍认可。美国图书出版业的"图书销售总额"（book publishing industry total sales）数据一直是反映美国图书出版业发展情况的核心指标。

2000 年，美国图书市场销售额达 253.2 亿美元，约占当年世界图书市场销售总额（850 亿美元）的 30%，足见美国图书出版业在当代世界图书出版业中的领先地位。2003 年，美国出版业图书销售额达到前所未有的历史高点（278 亿美元）。2004 年，为应对网络媒介的冲击和阅读的下滑，美国的传统出版公司采取了增加出版种数和提高价格等措施，但当年图书销售总额相比 2003 年仍大幅下滑。2005 年美国图书销售总额有所回升，2006 年稍有下滑，2007—2010 年均持续增长，但一直到 2009 年，美国图书出版业图书销售总额均未达到 2003 年的水平。2010 年，美国经济从 2007—2008 年爆发的世界金融危机中回暖复苏，美国图书出版业在一定程度上受益于美国总体经济状况的恢复，图书销售总额达到了一个新的历史高点（279.4 亿美元），但此后三年则出现连续下降的趋势。

值得注意的是，美国出版商协会的"图书销售总额"数据并非仅统计纸质图书，还包括了电子书（e-book）的销售数据，这里的电子书主要指出版社出版的图书的数字化版本。互联网发轫于美国，美国互联网产业非常发达，互联网是近20年来美国经济发展的重要增长点。美国的网络等数字媒介普及率在世界范围内也处于领先水平。美国 IT 企业及出版企业于 20 世纪 90 年代在全球率先研发电子书相关技术，逐渐掌握和拥有了电子书的核心技术及相关技术标准，如美国 Adobe 公司研发的 PDF 电子文档格式，实际上早已成为世界范围内普遍认可和使用的电子书格式标准。21 世纪初，为顺应媒介融合条件下数字化阅读快速超越传统阅读的发展趋势，美国互联网业和出版业逐步探索电子书出版商业模式，经过亚马逊、苹果及谷歌等信息技术与互联网服务提供商的开拓，借助美国较为完善的数字版权保护体系和发达的出版消费市场，美国电子书产业链逐渐形成与完善，同时也在世界范围内率先形成电子书出版的盈利模式。进入 21 世纪以来，美国出版市场电子书销售额高速增长，电子书销售额激增。根据美国出版商协会公布的数据，2001 年，美国电子书总销售额仅有 20 万美元，到 2005 年就增加到 1 200 万美元，4 年间增长了 59 倍，而到了 2010 年，美国电子书总销售额增加到 8.69 亿美元，比 2005 年又增长了 70 倍，2011 年，美国电子书总销售额达到 20.7 亿美元，比 2010 年增长了 138.2%，从 2001 年到 2011 年，美国电子书销售市场从 20 万美元发展到 20.7 亿美元的规模，销量增长了一万余倍。2012 年以来，美国电子书总销售额仍显现出持续增长的态势。

2009 年是美国图书市场发展的一个重要拐点，2009 年之前，电子书销售收入在美国出版商年度净营收总额中占比极低，2009 年后电子书销售收入占出版商年度净营收总额的比例快速提升，到 2018 年已达到 8%。考虑到美国电子书平均售价不到纸质图书平均售价的三分之一，要达到同样的销售额，电子书的销售册数约需超过纸质图书三倍，因此，对于美国大型出版公司来说，其同一品种图书的电子书销售册数已不低于甚至超过其纸质版本的销售册数。销售册数直接反映了读者的阅读量，是读者阅读消费更为真实的反映。

如果考虑到美国图书总销售额中电子书的份额，我们看到，在 2009 年之前，电子书销售额在图书总销售额中占比极少，图书总销售额可近似视为等于纸质图书的销售额，年份越靠前，近似度越高，2001 年美国图书总销售为 250 亿美元，电子书销售额仅为 20 万美元，在图书总销售额中基本可以忽略不计，直至 2006

年情况依然如此。在电子书销售额大幅增加的 2010—2012 年，纸质图书的销售总额需用图书销售总额数据减去电子书销售额，分别为 270.7 亿美元、251.3 亿美元、240.6 亿美元，这样，单纯从纸质图书的销售额看，2010 年美国经济回暖后，纸质图书消费需求经积压后补偿式释放所达到的 270.7 亿美元仍未达到 2003 年的 278 亿美元的历史高点。而 2011 年、2012 年美国纸质图书销售额不仅呈现下降趋势，甚至低于 2000 年的 253.2 亿美元，可见，2000—2012 年，美国出版业传统纸质图书的市场规模实际上总体呈现出萎缩的趋势。

在有声书方面，可下载有声书（Downloaded Audio）可谓是业界黑马，其销售收入在 2017 年达到 8.2 亿美元，与 2016 年相比涨幅为 28.8%，并且在 2013—2017 年，可下载有声书销售收入涨幅高达 146.2%。当然，可下载有声书收入的增长也以实体有声书（Physical Audio）的收入减少为代价，其 2017 年实体有声书的收入仅为 1.47 亿美元，较 2016 年下降了 10%。

由此看来，近年来，美国图书出版业已经遭遇发展瓶颈，主要体现在传统纸质图书销售规模徘徊不前甚至下降，而网络等数字媒介使用率的提高导致传统阅读率下降和读者流失是美国纸质图书出版面临危机的重要原因。但我们也应该看到，美国图书出版业已成功地探索出电子书出版的商业盈利模式和产业链，并使电子书成为新的产业增长点。回顾 20 世纪 30 年代，电波"新媒介"电视开始在美国普及，也造成大量图书读者流失，使得美国出版业受到很大冲击；20 世纪 30 年代正值美国经济危机期间，两方面因素使得美国 40% 的出版社倒闭。正是在这样的危机中，美国一些出版社创新利用电视这一"新媒介"为图书做宣传，使电视某种程度上成为出版的"加速器"，从而使图书和电视达到"双赢"。当前数字媒介对图书出版业构成了威胁，发展电子书产业，重构出版产业链和价值链，使得图书和数字媒介融合发展达到"双赢"，再一次成为美国出版业开拓新的发展空间的有效途径。

三、中国出版业面临的困境

（一）改革开放后中国出版业的发展情况及影响因素

中国出版业不仅受人类社会传播媒介发展大趋势的影响，也与中国政治、经济、社会与文化的发展有着密切联系，在一定程度上有着自身的特殊性和独有的发展轨迹。自 1978 年中国实施改革开放以来，中国当代出版业获得显著发展。这一过程中，中国出版业不断深化自身改革，逐步实现体制机制管理方式的变革，出版生产力不断得到释放，尤其是 20 世纪 90 年代初中国经济全面进入社会主义市场经济发展阶段后，中国出版业市场化和产业化程度不断增强，产业规模不断提升。2006 年，我国学者陈昕指出，具体考察中国当代图书出版业及图书市场自改革开放以来的发展历程，1978 年到 2006 年我国出版业可以划分为三个发展阶段。

1. 超常规增长阶段（1978—1985 年）

改革开放伊始，中国民众急切希望多学习了解文化知识，了解外部世界的信息，中国民众有着强烈而巨大的图书阅读需求，当时的图书市场严重供不应求。为缓解这一局面，相关机构一方面组织国内出版系统大力开发新书，一方面对之前出版的中外文学名著类图书进行修订、重印，扩大图书产能。1978 年劳动节，这些图书在北京、上海等国内大中城市统一上市销售，出现了大量读者通宵达旦在书店门口排队求购图书的情景，国人长期压抑的读书需求被集中释放。极为旺盛的阅读需求迅速拉动了图书市场规模的扩大，使得 1978—1985 年间出现了图书印数达到几十万册，甚至几百万、上千万册，仅七年时间图书出版总印数就翻了一番的超常规发展现象，中国图书出版业处于典型的卖方市场阶段。这一阶段，报刊、广播等其他媒介事业也获得恢复和发展，电视开始在中国普及，但拥有电视机的普通家庭尚不多，电视节目内容也非常有限，书报刊等纸质印刷媒介实际上是中国民众获取文化知识的主要渠道。

2. 调整与徘徊阶段（1986—1994 年）

1985 年后，虽然中国出版系统生产能力不断提升，市场供给能力不断增强，但中国图书市场高增长的态势已经难以为继，图书销量迅速下降，市场逐渐出现卖书难的现象，出版社出版的图书平均印数迅速下降，图书出版成本上升，图书价格上涨，但利润下降，且库存开始猛增，中国出版业一时陷入困境。图书市场这一骤变与国民阅读的需求出现了普遍的停滞和下降直接相关，数据显示，中国城镇居民日常消费总额中书报费在 1984 年到达顶峰后迅速下降，到 1988 年下降了 28%，这表明中国图书市场转为买方市场。造成图书阅读和购买需求下降的原因：首先，1985 年中国居民收入水平下降，影响了图书作为非生活必需品的需求和消费，而当时图书价格的普遍上涨更是加剧了图书购买量的降低；其次，20 世纪 80 年代后期，电视机在我国城乡居民家庭中快速普及，20 世纪 80 年代末至 90 年代初的这段时期也是我国电视事业高速发展的时期，有线电视、卫星电视基础设施建设在全国各地区进展迅速，用户收视规模快速加大，电视节目资源日益丰富，这使得在极短的时间内，电视媒介成为我国城乡大众获取信息、休闲娱乐的首选媒介，书报刊等印刷媒体的消费需求则受到电视的严重挤压而快速下降。这一阶段出版业的危机也暴露了计划经济体制下我国出版业不顾需求变化而盲目生产，图书生产与读者需求总体脱节的弊端，使得我国出版界深刻认识到买方力量对图书市场的成长具有巨大的影响。为应对新的市场形势和解决出版业自身的问题，在政府主管部门的支持推动下，我国出版业主要采取两项措施进行产业调整：首先，1988 年起出版社获得自办发行权，即图书总发行权，结束了新华书店系统统一发行的发行机制，这有助于出版社采取措施降低销售风险和库存压力。其次，1988 年起政府主管部门开始推动出版体制改革，出版社开始由单纯的事业单位体制转变为事业单位企业化管理，以促进出版社提高市场意识和管理水平，提高参与市场竞争的能力，但这一改革直至 1994 年才基本得以完成。

3. 新的增长阶段（1995—2006 年）

进入 20 世纪 90 年代，随着国家宏观经济调控措施的有效实施，以及大力发展社会主义市场经济所带来的国民经济的快速发展，我国宏观经济发展状况持续向好，进入到高速增长时期，国民收入水平稳步上升，国民日常消费水平和购买力也逐步提高，出版业有了非常良好的外部发展环境。同时，出版业一系列改革和调整举措的逐步深入推进，逐渐显现出成效，1995 年起我国图书出版业又进入了新的增长阶段，图书生产与销售规模均稳步提高，图书出版产业规模也进一步扩大，表明中国图书出版业已进了一个新的成长周期。在这一阶段，中国图书出版产业市场化水平不断提高，行业与企业管理也得到完善和加强，出版单位市场竞争能力得到提高。很多出版单位逐渐能够正确地把握市场经济的运行规律，通过优化和调整出书结构、明确市场定位、提高营销手段及树立品牌等方式来适应市场、占领市场，不断扩大规模和增强实力，在这一阶段我国出版业出现了一批销售规模超亿元的强社。数据显示，1994—2005年，中国出版业图书品种由103 836种增长到222 473种，图书总印张数由297.16亿增长到493.29亿，码洋由177.67亿元增长到632.28亿元，分别增长了114.25%、66.00%和255.87%，表现出高速增长的态势。到1999年，我国第一家出版集团——上海世纪出版集团成立，标志着我国出版业步入通过集团化来提高产业集中度的阶段。从2003年起，新一轮的文化体制改革措施也开始制定和启动试点，出版单位转企改制工作开始拉开序幕。

2006年以后，我国出版业规模仍然呈现出较快的发展势头，据统计，至2009年，中国新闻出版业总产值已超万亿元，2010年的统计数据表明，中国图书出版品种与出版总量已居世界第一，印刷业总产值居世界第三。生产能力和产出总量都表明，中国已成为世界首屈一指的出版大国。《新闻出版业"十二五"时期发展规划》指出，中国出版业已成为文化产业的主力军，国民经济增长的新亮点。2009年以来，中国出版业全面实施新闻出版体制改革，这是中国当代出版业面临的最深刻的生产关系变革，通过转企改制，中国出版发行机构由事业单位转变为现代企业，成为真正的市场主体，按照市场化、产业化、集团化发展道路加快发展，做大做强，参与国际竞争。基于这一良好的发展态势，2010年，中国还确立了"向新闻出版强国迈进"的战略发展目标。

自2012年起，传播技术、舆论生态、受众对象发生深刻变化，出版传媒领域催发一场前所未有的变革，使出版这一古老的行业"变幻"出各种各样的新业态。这场变革，经历了质疑迷茫、理性认知和积极探索的过程，而传统出版和数字出版的深度融合则真正成为出版业融合发展的核心要义。2012—2022年，出版融合从政策引领、技术迭代、重大项目、人才培养、内容建设、产业融通等方面呈现出新形态新样貌。

（二）当前中国出版业已陷入"滞胀"

我国图书出版业经过1995—2006年的快速发展后，虽然目前产业规模仍然保持着增长势头，但相关产业发展数据显示，图书出版业目前正面临着发展瓶颈，我国图书出版业规模的进一步扩张和"做大做强"事实上存在一定困难。

图书出版总品种数、总印张数、总印数是衡量中国图书出版产业规模的三个最重要指标。2005—2014年，我国图书出版总品种数、总印张数和总印数在总体上呈现出持续增长的势头，但增长幅度有差异。2014年总品种数比2005年增长了101.6%，表明我国图书出版总体规模高速扩张。同时，2014年图书总印张数比2005年增长了42.8%，2014年总印数比2005年增长了26.6%。

但是，2020年中国图书共出版40.4万个品种，较2014年减少了约4万种，同比减少9.91%，其中新版品种19.5万种，重印品种20.9万种。同时，随着中国图书出版品种数量的减少，总印数也随之减少，2020年中国图书出版总印数为65.2亿册，较2014年减少了16.65亿册。

对于中国图书出版业的上述发展症结，有学者认为，中国图书出版业实际上进入了"滞胀"阶段，出现了较为严重的泡沫，危及产业的进一步健康发展。"滞胀"即"膨胀性衰退"，是一种市场表现出通货膨胀这一经济增长期的特征，经济发展状况实则停滞、衰退或萧条的现象。图书出版业出现"滞胀"，具体表现是图书出版总品种和总码洋大幅增长，但图书实际销售没有明显增加，出版企业盈利水平趋于下降。2005年，我国出版人巢峰指出，自20世纪90年代下半叶起，在我国国民经济高速发展的同时，图书出版业却出现了"滞胀"现象。这引起学界和业界普遍关注，并引起一定争议。我国出版人李昕于2013年再次提出，中国出版业正陷入"滞胀"困境。他认为图书出版业出现"滞胀"现象，与一味产业化的导向有关。产业化的核心内涵包括"规模化"和"市场化"，产业化中出版社纷纷"做大做强"，比拼规模和经济效益，其结果就是给出版业带来严重泡沫。尽管中国图书出版业是否进入"滞胀"阶段是存在争议的，但巢峰、李昕等所指出的显示"滞胀"发生的一些特征现象和问题的确是我国出版业目前现实存在的，如巢峰列举了我国当代图书出版业发生"滞胀"的十大具体表现：①图书品种急剧上升，每种年平均销售册数急剧下降。②图书销售册（张）数增长率远远低于国内生产总值增长率；图书销售册数，从1999年就开始呈下滑趋势。③人均年购书册数20多年变化不大，近年已呈下滑趋势。④图书总定价增长远远高于总印张增长。⑤图书出版成本年年上涨，居高不下。⑥图书出版利润停滞不前，已呈下滑趋势。⑦图书发行折扣愈来愈低，图书退货率不断上升。⑧图书货款结算期愈来愈长，信用危机愈演愈烈。⑨图书销售设施（书店面积）大幅度增加，销售成本不断提高。⑩图书库存金额直线上升，资金周转慢。巢峰列举的这些现象确实不同程度地存在于当前的中国图书出版产业，业界普遍有同感。这表明中国图书出版业目前"繁荣"的表象下确实真切地面临着发展瓶颈。总体而言，在当前的发展模式下，我国图书出版业的扩张并非是"健康"和可持续的，"做大做强"将面临很多现实制约，并不易实现。

（三）中国图书消费水平下降与互联网的普及有关

巢峰所提中国出版业的"滞胀"表现中有关人均年购书册数20多年间无明显增长甚至于近年下滑的现象值得引起注意。国民人均年购书册数是衡量所观测年度图书市场消费状况的重要指标，人均年购书册数的增长，意味着国民购书和读书的需求在整体提高，这是图书出版业发展的根本动力。1986—1994年我国出版业的调整与徘徊的产业历史已经表明了国民阅读需求这一买方力量对于图书市场的成长具有决定性作用。如果人均年购书册数停滞不前，即使图书出版品种和总量增长，增量也无法转换为销量，结果必然导致大量图书滞销，或出版企业库存普遍增加，实际上就表明了图书出版业已经产能过剩，存在产业泡沫，其产业规模必然难以实现有效增长。改革开放以来，我国国民人均年购书册数在1978—1985年超常规增长阶段中曾快速增长，由1978年的年人均3.9本增长至1985年的6.3本，这一阶段我国国民购书读书需求十分旺盛，是拉动这一阶段我国出版业高速增长的重要原因。然而，1985年人均年购书册数6.3本事实上成了一个历史高点，迄今我国国民人均年购书册数也未达到1985年的水平。此后，1986—1994年的出版业调整阶段中人均年购书册数整体偏低。1995年后随着我国图书出版业进入新的增长阶段后，人均年购书册数于1997年回升到5.9册的水平，但此后再次徘徊不前，至2011年仅为5.72册，低于1997年的水平，更远低于发达国家同期水平。20世纪90年代末以来，我国国民购书读书需求持续低迷，甚至有缓慢下降的趋势，国民人均年购书册数的缓慢下降必然导致图书市场总销售量的相应下降，然而这一段时期我国图书出版品种规模持续快速增长，进一步说明我国图书出版业生产过剩，产业泡沫严重。这一阶段国民购书需求下降的原因有别于1985年由于经济通货膨胀导致的国民收入水平下降，20世纪90年代末以来我国国民经济水平持续保持高位运行，年均国内生产总值增长率均不低于 8%，国民收入水平整体是不断提升的。

　　事实上，1997 年左右正是中国普通民众接触和使用互联网的开端。中国于 1994 年 4 月 20 日实现与互联网的连接，被国际上正式承认为真正拥有全功能互联网的国家，这一事件同时被国家统计公报列为中国 1994 年重大科技成就之一。但中国在建设国内互联网的早期阶段，并未向普通民众开放网络连接服务，互联网使用范围仅限于教育科研领域及有关政府部门。直到 1996 年 1 月中国公用计算机互联网（ChinaNet）全国骨干网建成并正式开通，全国范围内的公用计算机互联网络才开始为一般用户提供互联网接入服务，标志着互联网在中国开始了普及进程。此后互联网在中国快速普及，使用互联网的用户被称为"网民"，显示了使用互联网的用户规模日益庞大。

　　1997 年年底，中国互联网用户仅 62 万，从全国范围来看，互联网用户还非常少。1997 年后中国网民规模快速增大，到 2000 年每年约翻三番，此后平稳快速增长，到 2006 年网民规模达到 1.37 亿人，中国互联网普及率达到 10.5%，所谓互联网普及率是互联网用户人数在所统计地区内总人口数中的占比。2006 年 10.5% 的互联网普及率并不高，但根据美国学者罗杰斯的创新扩散理论，创新扩散曲线通常呈 S 形分布和发展，创新扩散之初，扩散过程会表现为平缓增长，当扩散率达到一定程度后，扩散过程会加快，直至达到一定扩散率之后才会慢下来。互联网普及率的增长符合创新扩散规律，美国和韩国等国家的互联网普及率的增长规律表明，当互联网普及率达到 10% 以上时，网民规模及网络普及率会加速增长。事实证明，2006 年同样是我国网民规模和互联网普及率增长的一个拐点，此后我国网民规模和互联网普及率加速增长，直到 2015 年年底均呈现出高速增长的态势，2010 年后，增速稍有放缓，这同样符合创新扩散规律。截至 2022 年年底，我国网民达到 10.79 亿人，而互联网普及率达到 76.4%，表明我国城乡居民使用网络已经非常普遍，根据目前的增长趋势，我国互联网普及率还将进一步提高，且还有较大提升空间。

　　1997 年以来，我国国民人均年购书册数指标的停滞不前、呈缓慢下降趋势与我国互联网普及率的快速提升有密切关系。根据前文的分析，作为一种数字化的新媒介，网络的传播效率在各方面均高于印刷媒介，如图书报刊和电波媒介，如广播和电视，作为媒介使用者，一般而言会选用传播效率高的媒介来获取或传播信息。更重要的是，网络具有高度的媒介融合特征，是一种融合媒介，几乎集成了所有传播媒介的传播功能，使得在功能上网络媒介具有了替代传统媒介的可能性。这必然导致网络媒介使用率越来越高，使用者越来越多，而传统媒介使用率趋于降低，使用者趋于减少。从内容资源角度看，由于网络上的内容资源的生产和生成具有大众化的特征，使得其内容资源增长极快，目前已非常丰富。大量以往需要从传统媒介获取的信息内容，在网络媒介中，可以通过搜索引擎快速地搜寻获取，使得人们无须再使用传统媒介来获得相同的内容，也必然使得传统媒介逐渐被人们旁置，其使用需求和使用率均趋于下降。对于传统媒体产业而言，这种现象意味着其用户资源和市场销售规模因受到网络媒介的争夺而难以实现增长，甚至萎缩。

从对各种媒介的使用时间对比上，也可以看出网络媒介的使用率已高于传统媒介，尤其远高于图书、期刊和报纸等印刷媒介。近年来，我国网民上网时长不断增加，2010 年我国网民人均每周上网时长为 18.3 小时，人均每天上网时长则约为 2.61 小时，2022 年我国网民人均每周上网时长增长至 29.1 小时，比 2012 年增长了 10.8 小时，人均每天上网时长达到约 4 小时。网民上网时长的增加与数字化传播终端、网络传播技术水平的提升有关。近年来，5G 无线网络快速发展，智能手机和平板电脑等上网终端性能快速提升，这些都有助于人们随时随地使用网络媒介，使得网民用于上网的时间更多。随着上网时间的增多，网民将逐渐从碎片化阅读与信息获取转向用时较长的网络内容与服务的使用，这又进一步增强了网民对网络媒介的黏性。相比之下，根据我国国民阅读调查数据，2022 年，我国成年国民人均每天阅读纸质图书时长仅为 23.13 分钟，远低于网民人均每天上网时长。由于人们每天能够用于使用媒介的时间是有限的，如果网络媒介使用时间较长，必然会挤压其使用传统媒介的时间，对于图书而言，就意味着人们阅读图书的时间减少，图书的购买需求和购买量也必然随之下降。这对于图书出版业必然意味着图书总体销量的下降和产业总体盈利水平的下降，在这种趋势下，图书出版业规模也将难以"做大做强"。

需要说明的是，目前我国图书出版业总体仍属于传统纸质图书出版业范畴。

与美国电子书产业增长迅速、销售额在图书出版业整体收益中占比越来越显著不同，我国电子书出版业并未发展壮大。其原因是多方面的，我国当前的产业环境下，业界未找到可靠的电子书出版盈利模式，也未形成电子书出版的完整产业链，同时我国数字版权保护水平不高，电子书易遭盗版，使得出版社蒙受巨大损失，读者对于电子书的阅读习惯也未形成。目前，虽然不少出版社尝试在出版纸质图书的同时，将其数字版本即电子书同时出售，但销售额总体均非常低，甚至于远低于其纸质版本的销售额，在总销售额中占比微不足道，这也使得出版社出版电子书的动力不足。总体而言，电子书出版目前远未成为我国图书出版业的增长点。总而言之，在目前网络媒介快速普及的媒介融合趋势下，纸质图书消费市场持续低迷的发展态势已使得我国图书出版业的进一步发展面临瓶颈。

第三章 媒介融合趋势下我国出版业的转型发展

第一节 传统出版工作环节及出版媒介的数字化

英国学者西蒙·穆雷认为，传统媒介内容从传统传播平台迁移到网络数字平台的过程，以及传统媒介实现数字化转变的过程都被包含在媒介融合的进程中。现代人类社会的知识生产与传播所倚靠的最重要的手段之一是出版，而出版也在数字化的浪潮中受到了深刻的影响。从 20 世纪 90 年代开始，出版产业中开始广泛地应用计算机技术与网络技术，传统出版业务的生产流程、方式与经营管理手段等都在进行数字化改革。在出版业，传统媒介的数字化改革具体体现在出版的各个工作环节以及生产经营方式中，传统媒介内容从传统媒介向网络平台的迁移则表现为出版媒介数字化，数字出版成为新业态。

一、数字技术对出版业生产经营的影响与改造

（一）数字技术在编辑出版流程中的应用

编辑环节中对数字化的应用主要表现为图书编辑过程中全面运用计算机网络技术。选题策划时，编辑能够在互联网中寻找构思选题的灵感并获取相关信息；组稿阶段，编辑能够与作者在互联网中完成有关稿件的沟通与传输；对于稿件的审核与编辑，编辑能够在线上完成，相关软件还能帮助编辑大大提升校对工作的效率；在图书的设计与装帧环节，相关的专业图像处理软件和排版软件能够简化编排工作，既丰富了设计手段，还大幅提升了图书的精美程度。在发行与营销图书的阶段，互联网也彻底改变了过去的工作模式，主要的图书零售渠道被网络取

代，电子商务平台成为主要的图书售卖方式。由于网络营销显著降低了营销成本，互联网也打开了更大的市场，图书销售效率得到了明显的提升。

（二）数字印刷促进了按需出版的实现

作为生产纸质图书的关键环节，印刷在数字化改革中逐渐实现了按需印刷与按需出版。从 20 世纪 80 年代开始，印刷受数字技术的影响就开始得以体现，传统分色和手工拼版被 DTP（桌面排版）技术去掉，印前工作则因为 CTP（计算机直接制版）技术彻底电脑化；到了 20 世纪 90 年代胶片制版工艺全面接管印刷业，使印刷效率和印刷质量都得到了大幅提升；20 世纪 90 年代中后期，数字印刷技术被印刷业界所重视并得到大力发展。相比传统胶版印刷，数字印刷简化了工序，完成了无版印刷和实时印刷的变革，实现了印刷周期缩短、印刷效率提升、印刷成本降低。按需印刷也因数字印刷的特点得到满足，让市场中不断扩大的个性化定制出版实现产业应用。

（三）出版企业经营管理的信息化

从 20 世纪 90 年代开始，计算机网络技术帮助出版企业向信息化经营管理转型，企业的经营管理效率由此开始提升。为了在激烈的出版竞争中赢得市场，出版企业必须具备快速、准确的反应和决策能力。构建出版信息管理系统与 ERP（Enterprise Resource Planning）系统是出版企业向信息化经营管理转变的主要方式。出版信息管理系统的核心是数据库及相关网络技术，在当时该系统的技术已经非常成熟，因此在出版业中得到了快速推广；ERP 是指企业资源计划，兴起于 20 世纪 90 年代，代表着以数字化信息管理为基础的全新企业管理手段，其核心管理理念是供应链管理，在企业的资源系统中整合纳入供应商与经销商，帮助企业经营管理者掌握供应、生产、销售三条业务线上的实时动态，有效扩大企业的经济效益。

二、数字出版形态的产生与发展

到了 21 世纪初，出版业的编辑、印刷、发行以及企业的经营管理都完成了数字化改革。而对于出版业来说，数字技术带来的更深刻影响是数字化的出版物，也就是数字出版形态。

（一）电子出版率先发展

20世纪80年代之后，计算机领域的存储技术得到了突飞猛进的发展，传媒界开始广泛应用更高容量的存储媒介——CD-ROM。20世纪90年代，多媒体功能赋予了计算机系统更多的可能，使图像、文字、音视频可以被综合集中处理，展现图文声三位一体的内容；与此同时，数据库技术也在不断更新迭代，海量数据的存储与特定信息的检索功能向更高效进化。使用CD-ROM来存储数据库或者多媒体的内容，批量复制后开展出版发行，即实现了产业意义上的电子出版活动：将图文声像等数字化的信息在磁、光、电介质上进行存储，而后复制并发行，用户可以在计算机等多媒体媒介上使用。相对于过去的纸质出版物，电子出版物的特点是容量大、多媒体化和方便检索等。电子出版业自1994年起大力发展CD-ROM光盘的出版物，开启了数字化出版物形态的变革之路。但是，以光盘为主要形态的电子出版业利益深受盗版的伤害，始终无法有效发展，网络出版很快占领了出版形态变革的引领地位。

（二）网络出版应运而生

20世纪末到21世纪初，互联网飞速发展，对人类社会产生深刻影响。人类社会的信息传播产业因互联网而发生了翻天覆地的变化，并被称作"第四媒体"。现代出版理念与计算机网络技术的结合诞生了网络出版，其本质是原始稿件经采编加工后成为数字形式的内容服务与产品，以互联网作为传播介质进行流通的信息传播行为。相较于纸质出版、电子出版等书报刊的传统出版形态，网络出版有了本质上的改变。对比纸质出版，网络出版全过程都是数字化进行的，包括内容输出、发行阅读等；对比电子出版，网络出版在数字化生产发行阶段存在显著的差别。可以认为，网络出版引发了出版领域的一次全方位革命。网络出版包括互动多媒体、数据库和网络图文等多种类型，其中，网络互动多媒体出版涵盖了网络视听出版和网络游戏等。2010年以前，尽管网络数据库、网络游戏、网络音视频等出版产业已经建立了完整的产业链和行之有效的商业模式，也获得了明显的收益，但从整体来看，网络出版因为网络安全、版权、用户习惯等原因还没有找到完善的商业模式和盈利机制。

（三）新型数字出版形态不断涌现

进入 21 世纪之后，数字技术的飞速发展催生出了更多新型信息产品与传播渠道，出版的数字化改革又迈进了新的征程，网络出版面临着被新型出版技术和模式代替的局面。例如，近十年突飞猛进的 4G/5G 通信技术和智能手机的发展，使得几乎人人都随身携带了一个具有完善的多媒体功能的交互式个人信息终端，这样的变化甚至被称作"第五媒体"，代表着一个广阔的移动出版阅读市场。还有一个典型的技术是电子纸，电子纸在阅读体验、节能等方面有着杰出的优势，在出版业有着不可预估的前景。平板电脑作为常见的数字阅读终端，拥有着巨大的市场潜力。此外，数字电视在普及之后也会帮助推进家庭数字阅读。由于数字技术与产品的不断迭代，以上这些技术与产品打破了数字出版产业中网络出版单一的 PC 终端形式，商业模式开始逐渐多元化，盈利能力也稳步提升。传统出版商携手网络平台，打造出智能手机、平板电脑、数字电视等多种形式的有线与无线便携阅读共存的市场新格局。现有的比较成功的商业模式，如亚马逊的电商平台搭配自有终端的电子书销售模式，苹果公司利用其销量全球领先的手机与平板电脑推广的电子书出版模式，我国中文在线以提供数字阅读产品、数字出版运营服务、数字内容增值服务为核心的全产业链式的数字出版模式均取得了商业成功，展示了数字出版无限的市场潜力，也促使传统出版行业通过数字化转型升级开展数字出版业务。

三、我国数字出版业发展仍面临诸多制约因素

技术创新的速度通常快于产业与市场的形成，近年来，虽然随着数字技术的发展，数字出版技术不断创新升级，但是数字出版形成有效的产业化模式并能产生客观收入并非易事。目前，美国的数字出版业已逐渐形成成熟的商业模式，产业链也趋于完善，数字出版已逐渐成为美国出版业新的增长点，表明数字出版业确实有良好的发展前景。但是在我国，目前影响数字出版产业发展的瓶颈因素仍然很多。我国传统出版企业在数字化转型的过程中面临的困难也非常多，以图书出版社为例，其开展数字出版业务的收入相对于纸质图书销售收入甚至微不足道，原因是多方面的。

目前，我国数字出版业还不具备成熟的市场环境，难以形成完善的产业链和有效的商业模式。目前，我国出版社开展电子书业务的主要方式是借助网络平台在线售卖。出版社可以建设属于自己的数字出版网络平台来在线销售数字图书产品，但是一般的出版社无法负担这类平台高昂的建设和维护成本。即便出版社都能自行建设平台，这样的运营方式最终会造成数字版权分散、产业不够集中，这明显违背了数字内容产业的集约化经营初衷。所以，目前我国只存在极为少量的实力雄厚的出版社或出版集团在经营自建平台。

由于主流平台拥有资金与技术的双重优势，在数字出版产业中掌握了多数的话语权，提供数字出版内容的出版社和作者在交易谈判环节不能强势争取定价权，所以数字出版的利益分配非常不合理、不均衡，作者和出版社分到的利益太少，大部分的产业收益都由平台商占据。相关调查数显示，即便是我国知名畅销作家的数字作品版权收入，也远远低于其纸质出版物的版税收入，相比起来数字版权收入甚至可以忽略不计。我国数字出版市场缺乏完善的相关规范，导致了这种完全失衡的利益分配局面。

第二节　媒介融合中欧美出版传媒企业的整合与转型

一、欧美出版传媒企业整合重组的历程与趋势

出版传媒集团（简称出版集团）是指那些以出版为主业或出版业务收入在集团经营总收入中占较大比重的传媒企业集团。出版业是传媒业的重要组成部分，集团化是现代欧美国家传媒企业组织发展演变的主要趋势，对于其出版业亦是如此。在欧美国家，出版业集团化的进程总体是与其传媒业整体的集团化趋势同步的，二者存在同样的发展轨迹和发展规律。欧美国家的现代出版业总体上起步于西方资本主义工业化革命时期，已有数百年的发展历史。发展之初，欧美的现代出版业主要在市场机制下生存发展，其出版企业经历了从私人小企业向现代企业的转变。进入 20 世纪后，欧美出版企业的发展方式逐渐由自我积累滚动式的发展方式转变为联合兼并和资本经营的发展方式，开始出现现代出版集团。欧美出版企业集团化进程中资本运作起到了主要作用，由于资本的流通不受行业限制，

有的出版集团甚至由其他不相关产业领域的企业发展而来。例如，英国培生出版集团在 1844 年创建时是一家建筑企业，19 世纪末发展成为欧洲最大的建筑商之一，但进入 20 世纪后，培生出版集团于 1921 年以其积累的资本进军传媒出版业，首先通过多次并购地方报纸进入报业领域，其次逐渐进军图书出版业，经过不断扩张，最终发展为世界领先的出版传媒集团。

欧美出版业大规模的集团化发生于 20 世纪 50 年代以后。第二次世界大战以后，随着世界政治军事局势的相对稳定和科学技术的迅猛发展，世界经济也迅速复苏，欧美传媒业快速发展扩张，传媒企业之间的并购逐渐频繁，逐渐形成一些体量庞大的传媒集团，大型出版集团也相继发展起来。20 世纪 50 年代到 90 年代，欧美出版业集团化趋势有增无减。除了通过并购实现规模扩张，欧美出版集团还充分运用股市融资等其他资本运作方式增强资本实力。这一时期内，欧美出版业爆发了一股势头强劲的企业发行股票和上市狂潮，使得欧美出版集团得以通过金融市场快速融资，吸收了大量的资金，这一快速有效的资金筹集方式使得欧美出版集团的资本实力迅速扩张。欧美许多著名的出版集团正是抓住了这一契机迅速发展壮大起来，一些经营规模庞大的大型出版集团在美国、英国、德国、法国、荷兰等欧美国家相继出现。欧美国家出版业大规模的集团化使得出版产业资源趋于集中，出现了集聚效应，大型出版集团均成为这些国家出版业的产业中坚力量和市场主导者，也是产业内主要的战略投资者，对这些国家出版产业的整体发展有着积极意义。

以美国为例，美国出版业在第二次世界大战以后经历了前所未有的发展变化，其中最为显著的就是大型出版集团的形成与快速发展。美国是当今出版业最为发达的国家之一，目前在世界图书销售总额中美国出版企业的销售总额就占了约三分之一，其主要原因在于美国出版企业在 20 世纪 80 年代和 90 年代间大规模的集团化所带来的产业资源集中化，以及通过并购形成的超大型出版集团在全球出版市场的竞争优势和市场统治。20 世纪 50 年代后美国出版企业并购及上市融资活动较为活跃，20 世纪 80 年代后期，美国又集中出现了一轮企业并购浪潮，20 世纪 90 年代，美国出版业的集中化、集团化发展达到了历史最高峰，使美国出版业的整体实力大为增强。从出版产业集中程度来看，20 世纪 60 年代至 70 年代间，美国出版 20 强企业所占市场份额一直在 60% 以下，到了 20 世纪 90 年代，集团化浪潮使产业集中化程度急剧提高，美国前 20 家大型出版集团所占市场份额上升到 85% 以上，1999 年美国最大的 10 家出版公司创造了其国内大众图书市场销售收入的 71%，其中兰登出版公司一家的销售收入就占了美国国内大众图书总销售收入的 1/5。

与欧美大型传媒集团整体的发展趋势相同，欧美大型出版集团在扩张主业的同时，也积极开展多元化经营，进军其他传媒领域，甚至投资其他行业实现资本增值，其资本扩张的步伐一直没有停歇。随着经济全球化进程的深化，当代欧美大型出版集团已不满足于在本国出版市场占据显著份额，开始通过全球范围的资本扩张和并购逐步实施跨国经营。20 世纪 80 年代开始，欧美发达国家的出版集团和出版企业积极在海外建立子公司，相互之间也频繁发生跨国的投资并购，使得欧美出版产业资源在欧美国家范围内实现跨国整合与配置，导致欧美出版业市场逐渐一体化，一些大型出版集团也逐渐成为国际化的巨型出版传媒集团。此后欧美出版产业资本又逐步进入其他国家和地区出版市场，例如，在中国加入 WTO 后，一些欧美国际出版集团正逐步利用 WTO 规则以多种方式进入中国出版市场。至此，总体来看，当代欧美大型出版集团的集团化过程也都涵盖了欧美传媒业集团化的四个阶段，即在本产业内的规模扩张阶段、跨媒体扩张阶段、跨行业的多元化发展阶段、国际化扩张阶段。目前，欧美国家已经形成若干资本实力极为雄厚，在全球出版市场占据重要份额和有着显著行业影响力的巨型跨国出版传媒集团。

值得注意的是，20 世纪 90 年代末至 21 世纪初，随着互联网等数字传播媒介的快速发展，传统媒介用户大量迁移到网络媒介上，世界各国传统出版业都受到了冲击，在这一趋势下，实施数字化转型已成为当前欧美出版业发展的新方向。事实上，欧美出版企业集团化的上述四个阶段可视为分别在不同历史时期常见的四种不同发展模式，而数字化转型则是当前的一种发展模式。另外，当代欧美出版传媒集团还出现了专业化整合的趋势，包括六种发展模式：同领域扩张、跨媒介经营、跨行业多元化经营、国际化经营、数字化转型、专业化整合。这六种发展模式是不同的发展战略，可以帮助出版企业或出版集团实现特定的发展目标。

这些发展模式并非只能依次出现在不同历史时期，实际上，对于当代欧美出版业和出版企业，这些发展模式是并存或交叉的。

由于网络等数字媒介的使用率快速上升，当代世界各国传统出版消费市场规模的增长空间已非常有限，甚至有下降的趋势，传统出版市场竞争必然日趋激烈，与此同时，数字出版市场在美国等出版业发达国家已快速发展。在这一新的市场形势下，欧美出版企业和出版集团都不得不寻找新的市场定位和发展方向，并重新调整自身的发展战略，主要途径则是上述发展模式中的一种或若干种的组合，仍然是通过并购等资本化运作手段实施的。这实际上是数字化传播技术造成的当代出版产业资源布局的再一次调整。从媒介融合的视角看，这是当代出版企业的新一轮重组，这种重组主要体现为当代欧美大型出版集团的构成与经营方向的转变。

二、当代欧美出版企业转型发展的典型模式

互联网普及至今，面对数字媒介的传播优势和由此带来的传统媒介消费市场的逐渐低迷，发展数字出版业务、实施数字化转型几乎是所有出版企业必须实施的战略举措。随着数字出版相关技术与产品的逐渐成熟，数字出版销售平台、销售渠道乃至产业链的逐步完善，以及欧美读者已逐渐接受和习惯数字化阅读所带来的数字出版消费市场逐步形成并快速增长，数字出版已逐渐成为不少欧美出版商越来越重要的营收来源，使得欧美出版企业尤其是大型出版集团近年来数字化转型力度不断加大。美国出版业调查机构的相关调查表明，进入21世纪以来，欧美出版业涉及数字新媒体企业的并购交易较为频繁，一度快速增长，而传统出版集团和出版企业之间的并购数量则大为减少。欧美出版企业及出版集团在数字化转型过程中的重组程度各有不同，但发展转型的方向有一定共通性，主要存在三种典型的转型发展模式，以下通过个案加以说明。

（一）在数字化转型中彻底实现由出版商向信息提供商的转变

以曾位居世界三大教育出版巨头、教育出版业务规模仅次于英国培生集团的加拿大汤姆森集团为例。汤姆森集团的发展历史本身也是一部企业并购与出售史。可以说，并购与出售相关企业资产是汤姆森集团发展与扩张的基本手段。20世纪 30 年代加拿大汤姆森家族公司通过收购加拿大第一张报纸《提明斯出版》进入报业领域。《提明斯出版》总部位于加拿大多伦多，此后陆续通过并购成为一家以报业为主的传媒集团。20 世纪 50 年代至 70 年代，汤姆森集团在报业领域继续通过并购扩张规模，并通过收购图书出版公司进入图书出版业，同时投资于英国电视业、石油勘探业和旅游业，成为涉足多个产业领域、实施多元化经营的国际传媒集团。20 世纪 80 年代至 90 年代，汤姆森集团通过并购大举进军图书出版业和专业信息服务业，同时也通过出售旗下企业逐渐退出报业、旅游业、石油勘探业等领域。至 20 世纪 90 年代末，汤姆森公司扩张成为全球出版领域和行业信息服务领域最大的跨国集团之一，在全球 40 多个国家设立了分支机构，市场重心则转移到了美国，其业务板块根据规模依次是：第一，汤姆森法律与法规（条例）信息集团，从事法律、税务、会计、知识产权和商业领域的出版业务及信息咨询服务，并为上述行业提供业务解决方案。第二，汤姆森学习出版集团，主要出版各种教科书和教辅用书，拥有彼得森公司等前期并购的多家欧美著名教育出版商。第三，汤姆森金融信息集团，主要为全球金融界提供电子信息服务和业务解决方案。第四，汤姆森科技与医疗卫生信息集团，在科技与医疗领域出版各种工具书，并提供计算机软件、数据库服务及业务解决方案。

进入 21 世纪以来，借助于数字化信息处理技术与网络媒体的快速发展，信息服务业在世界范围内快速发展。信息服务业是对相关行业或专业领域内的信息资源进行有效的分析加工，并将结果提供给顾客以获取收益的新兴行业，信息服务业的终端市场通常是购买信息服务的各行业用户。由于美国金融服务业在全球的领先地位及在本国（GDP）来源中的极高占比，美国与财经金融有关的信息服务业快速发展，2006 年美国 GDP 增速为 3.4%，信息服务业增速为 7.2%，而财经金融类的信息服务业增速达到 8.7%。事实上，世界范围内财经金融类信息服务业都有着巨大的市场前景。随着互联网在各行业日益广泛的应用，当代世界范围内财经金融领域的信息量已今非昔比，财经金融信息市场也前所未有地迅速扩大。汤姆森集团早已涉足财经金融等领域的信息服务业，到 2006 年已是世界三大财经金融信息服务提供商之一，另外两家分别是路透集团和彭博资讯社。面对快速增长的信息服务业市场，2006 年，汤姆森集团再次明确提出向信息服务业领域纵深发展的目标。截至 2007 年 4 月底，在国际财经金融信息服务业终端市场中，彭博资讯社、路透集团、汤姆森集团所占份额分别为 33%、23% 和 11%。汤姆森集团通过收购证券公司而快速进入财经金融信息服务领域，但入行的时间要晚于路透集团和彭博资讯社，相对于这两个行业领先者，一时仅能充当市场追随者的角色。这种市场地位决定了汤姆森集团只能通过占领一些边缘市场来获得较微薄的利润。但汤姆森集团并不甘心充当市场追随者的角色，一直试图巩固和加强在财经金融信息服务市场的份额，以增加市场影响力，获取对价格和服务的话语权。2007 年 5 月，汤姆森集团通过重大战略举措，以 87 亿英镑并购在世界财经金融信息服务市场排名第二的路透集团，初步达到了这一目标。并购后组建的新集团命名为"汤姆森 - 路透"集团。

事实上，此次并购标志着汤姆森集团从出版集团向信息服务提供商的重要战略转型。在此次并购发生前的 2006 年年底，汤姆森集团将旗下世界第二大教育出版公司——汤姆森学习出版集团以 50 亿美元的高价挂牌出售，成为当时震动国际出版业的爆炸性新闻。汤姆森出售汤姆森学习出版集团的主要原因在于网络媒体对传统媒体市场的冲击，传统出版市场发展空间有限，教育出版领域的利润日益微薄。汤姆森通过出售教育出版业务，可将资产转移到财经金融信息服务领域，以这一领域作为核心产业加以发展，集中资源把握高速发展的财经金融信息服务业的产业机会，加快发展核心产品并加快开辟相关产品的市场，从而实现产业结构调整和经营方向转型的战略转变目标。在出售汤姆森学习出版集团前，出版业务仍是汤姆森集团的主业，汤姆森集团仍是典型的大型出版传媒集团。出售汤姆森学习出版集团及完成对路透集团的并购后，新组建的"汤姆森 - 路透"集团业务分为财经金融服务和专业出版两大板块，相应由两个集团负责运营，总部设在美国纽约。其中，财经金融服务集团（使用"路透"品牌）规模约 200 亿美元，业务包括金融交易服务银行投资及管理服务、企业服务和财经金融媒体，在集团总收入中占比约 59%。专业出版集团（使用"汤姆森专业"品牌）规模约 330 亿美元，其业务包括法律法规、科技、医疗卫生保健、税务和会计四个领域的出版及信息服务，收入在集团收入中占比约 41%。由此可见，财经金融信息服务业已成为汤姆森 - 路透集团的主业，汤姆森 - 路透集团通过并购由出版传媒集团转型为大型专业信息服务提供商。事实上，汤姆森 - 路透集团在 2007 年 5 月的并购声明中就明确强调"新集团将持续向电子金融和专业信息提供商的定位转型"，这表明，在汤姆森 - 路透集团并购后的长远发展规划中，会进一步扩张与发展财经金融服务业，而专业出版业务则可能遭到削减，这将导致汤姆森 - 路透集团的绝大部分销售额来自基于互联网的以财经金融领域为主的专业信息产品和服务，而财经金融等领域当前高速增长的信息服务市场将是汤姆森 - 路透集团组建后实现快速发展的重要保证。

汤姆森对路透集团的并购自发起后历经近一年时间，2008 年 4 月，经过欧洲和美国监管部门的反垄断调查以及原汤姆森集团和路透集团的谈判，汤姆森 - 路透集团正式完成合并。合并后，汤姆森和路透在市场竞争上可以共同应对已经在提供专业实时金融信息方面遥遥领先的彭博资讯社，这是促成双方合并的重要因素和基础。汤姆森集团和路透集团的合并带来了双方的企业经验、资本、业务和资源等多方面的优势互补。路透集团的财经金融服务始于 1851 年，至 21 世纪初已有 150 多年的发展历史，具有极为丰富的经验和勇于创新、善于把握技术革新的企业文化，而汤姆森集团则具有巨大的资本优势及资本运作能力，擅长于企业扩张。在财经金融信息服务业务上，汤姆森集团和路透集团各有优势，合并可实现双方优势的结合。例如，在信息与数据内容上，路透集团的优势在于财经金融新闻和即时信息，汤姆森集团的优势在于历史数据和数据分析；在电子交易服务方面，路透集团强于货币与外汇交易，而汤姆森集团则强于固定资产交易；在企业服务方面，路透集团长于风险管理及提供交易场所，汤姆森集团则擅长投资组合管理及提供股权解决方案。在市场资源上，据彭博资讯社所提供的合并前的统计数据，2006 年路透集团的收入中约 54% 来自欧洲市场，28% 来自美国市场；汤姆森集团的收入中则近 81% 来自美国市场，在欧洲市场的收入仅有约 14%。显然，双方的市场资源与营销渠道具有互补性，通过合并，汤姆森 - 路透集团可以实现对欧美市场的全面覆盖，这有利于汤姆森 - 路透集团在全方位市场份额争夺中居于明显优势地位。双方业务和资源方面的优势互补直接带来了经营上的协同效应，可以有效地降低集团运营成本，并扩大集团收入。汤姆森集团和路透集团合并后，在全球财经金融信息服务业市场至少能够占据三分之一以上的份额，从而在规模上超越彭博资讯社，成为全球最大的财经金融信息及数据服务提供商。

（二）在数字化转型中经营主业由出版业切换到信息服务业

以英国和荷兰合资的励德·爱思唯尔集团为例。20世纪90年代以来，励德·爱思唯尔集团首先成功地从纸质出版转移到数字出版领域，是世界范围内数字出版转型最为成功的出版商之一。进入21世纪以来，励德·爱思维尔集团逐渐由STM（科学技术及医疗）专业出版商向专业信息服务提供商转型，由出版业转战基于网络等新媒体的信息服务业。

1993年，荷兰STM（Science，Technology，Medicine）出版商爱思唯尔出版公司和英国图书、报纸、杂志综合出版商励德国际公司合资组建励德·爱思唯尔集团，总部分别设在英国伦敦、荷兰阿姆斯特丹和美国纽约，是个典型的大型国际化出版传媒集团。励德国际公司创立于1894年，爱思唯尔的学术出版历史则可追溯到1580年，现代的爱思唯尔出版公司则于1880年正式成立。励德·爱思唯尔集团由两个子集团公司构成：励德·爱思唯尔出版集团和爱思唯尔·励德金融集团。其中，励德·爱思唯尔出版集团主营出版及信息服务业务。爱思唯尔·励德金融集团则专为励德·爱思唯尔集团提供财政、金融和保险服务。

20世纪90年代，励德·爱思唯尔集团组建，在出版业务方面，其进行了一系列的并购、出售和重组，出售了杂志类、报纸类和大众类图书出版公司，买进了STM类、法律类、商务类和教育类的出版公司。这一时期，励德·爱思唯尔集团非常看重教育出版市场。2000年年底，励德·爱思唯尔集团和汤姆森集团合作，兼并了美国哈考特教育出版公司，后者是美国乃至全世界最大的教育出版商之一。励德·爱思唯尔通过此举的主要收获是得到了哈考特教育出版公司位居全美第二的中小学教材业务。励德·爱思唯尔集团将这部分业务并入旗下的海涅曼集团，海涅曼集团在英国教材市场排名第一，它的业务包括学术期刊、全球医学出版和医学信息业务，合并后成立励德教育专业出版有限公司。20世纪90年代，励德·爱思唯尔集团的出版业务绝大部分仍是传统印刷出版业务，但已开始投资电子出版业务。

20世纪90年代末，互联网对传统媒体的冲击和威胁开始显现。励德·爱思唯尔开始认识到实施数字化转型的必要性。面对目标客户群体需求的快速而急剧的变化趋势，1999年新上任的励德·爱思唯尔集团CEO克里斯平·戴维斯认为，"在信息行业能否成功，取决于一个公司对市场变化能否作出迅速的反应"，因此必须"走在这个潮流的前面"。由此，励德·爱思唯尔集团迅速确立了从传统的纸质印刷出版商逐步转型为数字出版商及在线信息服务提供商的发展战略，开始在网络数据库出版及其他线上产品开发方面进行大规模的投资，将这方面的年度研发费用从6 000万英镑大幅度提高到了2.5亿英镑。

2006年左右，励德·爱思唯尔集团在提供数字内容服务的基础上，进一步加强开发针对科技医疗与法律工作者以及商务人员特殊需求的在线工具。1999—2009年，励德·爱思唯尔集团聘用的技术研发人员从400人增加到约4 800人。通过这些措施，励德·爱思唯尔集团在快速发展的在线STM内容资源以及在线法律、商务信息服务市场占得先机及竞争优势，其数字业务快速发展，并远远领先于同行。

在实施数字化转型的同时，励德·爱思唯尔集团的传统出版业务大幅度消减。2007年5月，励德·爱思唯尔集团全面出售2000年并购的哈考特教育出版公司业务板块，将哈考特评估测试公司和哈考特国际教育出版公司出售给英国培生集团；将哈考特美国中小学教育业务、哈考特大众读物出版部以及参考书出版部出售给霍顿·米夫林-瑞沃迪集团，表明励德·爱思唯尔集团基本放弃传统教育出版市场。这主要是因为，与科技、医药、法律和商务这些板块相比，教育出版物转变为数字产品的速度相对较慢，因而发展教育出版业务已不符合励德·爱思唯尔集团实施数字化转型的整体战略。另外，由于欧美教育出版市场不景气，能够获取的利润水平已较为微薄，也是促使励德·爱思唯尔集团进行转型的主要原因。尽管哈考特和海涅曼覆盖了全球英语国家市场，但是，由于教育体制和课程设置的不同，教学资料的跨国交流十分有限，同时，校园市场还要承受来自政府的经济压力，如在美国，教材销售情况会受到政府教育拨款及教材采购周期的直接影响和限制。因此，教育出版物的销售价格和所得利润比其他类型出版物都低。

2008年年初，励德·爱思唯尔集团又决定出售旗下的锐德商讯（Reed Business Information，RBI），由于遭遇金融危机竞拍价格过低而不得不暂时放弃。RBI主要以B2B出版业务为主，出版400余种商业刊物及报纸；其营收主要来自纸质期刊及报纸上的广告，在线数字业务收入不足 30%。暂时放弃出售后，励德·爱思唯尔集团计划削减纸质刊物及报纸的出版业务，并转换依赖广告的经营模式，集中发展增长更快的网络订阅和商业信息服务业务，大幅度提高 RBI 的在线业务比例，帮助其实现数字化转型并创新营利模式。2008 年，励德·爱思唯尔集团贷款 40 多亿美元重金收购了美国数据分析公司 ChoicePoint Inc.。ChoicePoint Inc. 专门为保险业和信用评估公司提供数据整合服务，其数据整合业务主要收集海量的且非常详细的个人信息并存储于数据库中，需要时可从该数据库中提取并汇编出对客户有价值的信息并销售给客户从而获取盈利。励德·爱思唯尔集团并购 ChoicePoint Inc. 意在进一步加强其商业信息服务业务，而在收购 ChoicePoint Inc. 的同时，励德·爱思唯尔还裁减了传统出版业务部门规模以降低运营成本。

20 世纪 90 年代以来，经过一系列并购和业务重组，励德·爱思唯尔集团的具体业务由其子集团励德·爱思唯尔出版集团下辖四个公司承担，分别为爱思唯尔公司、律商联讯公司、锐德商讯公司、励展公司。

励德·爱思唯尔集团的四个子公司的业务领域及近年来的发展状况如下。

爱思唯尔公司根据业务领域又划分为科技分部和健康科学（医学）分部，主要从事 STM 出版业务，其产品主要包括印刷版、电子版或在线版的学术期刊、学术专著、教科书和参考书等。目前，爱思唯尔公司在 STM 期刊及专业文献数据库出版领域的经营水平已全球领先，其运营的 Science Direct 是目前全球规模最大、最为权威的 STM 学术文献数据库，全球范围内的大学、研究机构及图书馆大都订购爱思唯尔公司的数据库产品。此外，爱思唯尔公司也提供基于数字技术与网络的专业辅助工具及信息服务，以提高科技与医疗专业人员的创新能力和工作效率。如科技分部提供科研流程工具，有助于研究人员提高获得科研成果的效率，有助于具有创新性的科学发现的达成；其医学分部则提供在线实时健康信息服务，此类业务近年来快速增长，增长最快的则是临床决策支持系统，该系统可通过在线医疗信息分析，为医疗人员提供针对具体病人的医疗解决方案。近年来，爱思唯尔公司总体业绩持续增长，主要得益于 Science Direct 等数据库、电子图书业务、在线医疗信息服务等数字业务的增长。

律商联讯公司则是全球领先的法律法规、税务和商业信息服务提供商，主要为法律机构、企业、政府及学术机构提供全面权威的信息服务，包括专业的数字化和网络化的数据库、平台、工具服务，以及法律、税务等领域的解决方案服务，并定期出版所涉领域的相关资料。励德·爱思唯尔集团 2008 年并购 ChoicePoint 后将其与律商联讯公司合并。近年来，律商联讯公司业务收入增长迅速，主要体现在在线信息服务解决方案服务、专业工具业务方面。收购 ChoicePoint 后，借助 ChoicePoint 的信息收集与分析优势，德商联讯公司的保险业务也发展较快，逐渐成为主力业务。

锐德商讯公司主要出版涉及多个行业的商业期刊与报纸，并为各行各业提供相关信息及在线数据服务、专业工具以及市场解决方案。锐德商讯公司接近五成的收入来源曾经是传统期刊与报纸的广告业务。但近年来，锐德商讯公司的传统广告业务收入一度快速下滑，但在线业务增长良好，2008 年励德·爱思唯尔集团欲出售锐德商讯公司未果后，着力于提升其在线业务。

励展公司在世界范围内提供会展服务，涉及 40 多个行业的展览、研讨会和论坛业务。其市场份额占全球会展业的 10% 左右，业务收入近年来总体上呈现出增长势头。

总体而言，励德·爱思唯尔集团近年来的业务保持了持续良好的增长势头。其业绩增长及收入来源主要得益于各种在线数据库资源和信息服务，而非传统出版业务，显然，正是其领先于竞争对手实施的数字化转型战略带来了其目前整体业务的持续快速增长。在励德·爱思唯尔集团的整体收入中，数字化的信息服务业务占比已超越其在线及印刷形式的出版业务。据 2009 年的统计数据，四个业务公司的业务收入在励德·爱思唯尔集团总收入中的占比分别为 33%、42%、14% 和 11%。爱思唯尔公司的业务以出版为主，且主要收入来自 Science Direct 等在线专业文献数据库，但其收入总额仅占集团总收入的三分之一，而仅提供专业信息服务的律商联讯公司一家，其业务收入在集团总收入中已超过 40%。事实上，爱思唯尔公司、锐德商讯公司的业务中相当一部分也是针对特定行业用户的信息服务业务，而非出版业务，如爱思唯尔公司的在线医疗信息服务等。由此可见，在励德·爱思唯尔集团组建以来，其经营重点首先由传统出版业务转向数据库出版等数字出版业务，实现了数字化转型；其次，从出版业务转向了成长性更好的面向特定行业用户的信息服务业务，实现了业务转型。转型过程中，励德·爱思唯尔集团总是能够率先把握科技革新和市场发展机遇，果断放弃增长缓慢的业务转向高增长行业领域，同时在特定领域极力寻求领先优势，发展战略总体来说均通过并购等资本运作方式实现。正如有学者所指出的，励德·爱思唯尔集团已全面转向信息服务，离传统出版越来越远。目前，励德·爱思唯尔集团从以纸质出版业务为主的媒体垄断巨头转型为一个专注于高定价、高增长率的全球性信息提供商，并成为该领域的领头羊。

（三）以出版业务为核心和基础，积极开拓延伸产业市场

汤姆森集团和励德·爱思唯尔集团在数字化转型过程中，逐渐远离甚至放弃了其原本的出版主业，转向了基于网络等数字媒介、面向特定行业用户的信息服务业。两大集团在切换主业的过程中存在一个共同的特点：基本放弃了传统教育出版市场，尤其是汤姆森集团，其出售的汤姆森学习出版集团曾是世界第二大教育出版公司。同样是面对教育出版业，英国培生集团则选择了与上述两个集团截然不同的经营与发展战略。英国培生集团在20世纪以来长期的并购扩张过程中，前期主要实施多元化发展战略，20世纪90年代后期越来越注重专业化经营，其集中资源发展的首要专业领域正是教育出版及相关业务。英国培生集团的发展总休可划分为以下三个阶段。

第一阶段：多元化发展阶段（20世纪20年代至1997年）

培生集团于20世纪20年代就进入了报业领域并一度以报业为主业。1957年，培生集团收购了主要出版金融类报刊的英国金融时报集团，使金融报刊出版业逐渐成为其主要专业领域之一。培生集团于1968年收购专营英语教育出版的朗文出版公司，1988年收购专营数学及科技出版业务的艾迪逊-维斯利出版公司，此后培生集团的教育出版业务快速发展。艾迪逊-维斯利公司与朗文公司于1996年合并为艾迪逊-维斯利-朗文集团公司，成为当时全球最大的英语教材出版机构。同年，培生集团收购了出版学校教育读物的哈珀·柯林斯教育出版公司，使其教育出版业务规模进一步扩大，逐渐成为培生集团经营的首要专业领域。1970年，培生集团收购了企鹅出版公司，后者是全球主要的英语图书出版商之一，主

要出版面向英语市场的大众类图书，使得大众出版成为培生集团的又一个主营业务。由此，培生集团构建起金融报刊出版业、教育出版业及英语大众出版业三大主要业务领域。在经营出版业务的同时，培生集团还经营着很多非出版业务，涉足多个不同行业，如广播电视业、银行业、文化娱乐业等，甚至还拥有著名的伦敦蜡像馆的股份。总体而言，在 20 世纪 90 年代中期之前，培生集团虽以出版为主业，但同时积极实施多元化发展战略。

第二阶段：多核心专业化发展阶段（1997 年至 2007 年）

20 世纪 90 年代，欧美传媒业出现波及全球的企业收购兼并浪潮，表明世界传媒业市场格局发生深刻变革。1997 年，玛乔丽·斯卡尔迪诺出任培生集团首席执行官，推动培生集团明确了立足于教育、商业信息和大众出版（或称消费出版）三大核心业务开展专业化经营的战略，进而对培生集团的经营业务进行了大规模的战略重组，以形成集团核心竞争力，在世界传媒业新的发展趋势下获得竞争优势。此后培生集团出售了大量非核心业务，先后卖出其拥有的伦敦蜡像馆、拉萨德银行、西班牙主题公园的股份以及英国第五电视频道的部分股份，并围绕三大核心业务领域进行了新的并购和业务整合。

1. 教育业务。

在教育业务方面，培生集团首先通过并购，扩大并重组教育出版业务部门。1998 年 5 月，培生集团兼并了维亚康姆传媒集团旗下的西蒙-舒斯特出版公司的教育出版部、参考书出版部、商业及专业类图书出版部；1998 年年底又将西蒙·舒斯特出版公司的教育出版部与艾迪逊-维斯利-朗文集团合并成培生教育集团。培生教育集团组建后迅速成为世界范围内经营规模、市场份额最大的教育出版商。根据培生集团的战略规划，培生教育集团主营教育业务，以"提供终身教育产品与服务"为发展宗旨，提出了"帮助所有人发挥其最好的潜质"的宣传语。教育出版业务所扮演的角色是培生教育业务中的重要一环，即教育内容生产业务，同时也是最为基础的一环，但并非全部。培生教育集团成立后继续实施了一系列并购和重组，这些并购中有些属于教育出版业务领域的并购，但很多并购与教育技术或教育服务有关。这些并购行为的目的是构建和完善培生教育涵盖内容技术与服务的教育业务体系。

例如，培生教育集团 2000 年出资 25 亿美元重金并购美国教育考试公司 NCS（National Computer System）；2003 年收购了教育理论和教学技能研发公司 LessonLab，并以其为核心整合与发展职业培训业务；2006 年在美国收购了世界领先的职业测试公司 Promissor，使其快速获得了美国职业考试市场的领先地位。值得注意的是，进入 21 世纪以后，欧美国家的教育出版市场呈现低迷趋势，2006 年前后出现了欧美很多出版企业纷纷抛售教育出版业务的现象，如前文所述汤姆森集团及励德·爱思唯尔集团，培生教育集团则反其道而行之，趁机买进不少经营教育出版业务的企业，扩大了自身在教育出版市场的地盘，同时巩固了其全球最大的教育出版商的市场地位。例如，2005 年培生教育集团收购了专营美国中小学教辅出版的 AGC 出版公司，2007 年收购了励德·爱思唯尔集团出售的哈考特评估测试公司和哈考特国际教育出版公司，使其在美国考试市场占据了支配优势，提高了其在英国、澳大利亚等英语国家教材市场的地位。培生教育集团非常重视发展数字化教育业务，2007 年，培生教育集团收购了美国远程在线学习服务商 eCollege 公司，该公司主营网络在线教育业务，具体包括网上学位教育、证书教育、文凭教育和职业发展教育项目的设计、构建和支持业务，此次收购为培生教育集团发展数字化和全球化教育业务提供了有力支撑。

经过一系列符合其发展宗旨的并购扩张，培生教育集团近年来逐渐构建起较为丰富的教育业务群和较为完整的教育产业链，其教育价值链得以不断延伸。其中，在提供教育内容的教育出版业务方面，围绕其提供"终身教育"的宗旨，培生教育集团提出了"一个人一生的学习，用培生的教材就足够了"的宣传语，其各类教育出版物总体上涵盖了幼儿园、小学、中学、大学、博士后教育甚至老年教育。培生教育集团在高等教育、中小学教育、职业教育、工具书出版等领域在世界范围内占据了市场领先地位，在工程与计算机类、经济与管理类、英语语言学习类教材出版领域的品牌优势和市场竞争优势尤其明显。以中国市场为例，培生教育集团的英语教学图书和计算机图书一直占据中国图书市场此类引进版图书的最大份额。培生教育集团旗下的朗文品牌语言类教材和工具书是中国英语教学领域的权威用书。在教育服务方面，培生教育优先发展了考试测评、培训认证业务；在教育技术方面，培生教育集团大力发展教育信息技术，尤其是网络教育等方面的能力和业务。培生教育集团有专门的家庭教育网络公司——培生宽带公司从事软件生产，还有网络服务、电子图书与教育相关的数字化业务与服务。目前，培生教育集团在数字化学习材料提供、学生信息系统、在线测试与评估、网上家庭作业等领域的技术与服务业务都领先于业界。除了教育业务的完善与扩张，培生教育集团的扩张战略还包括全球化，其产品与服务已覆盖超过50个国家和地区，其中包括中国。培生教育集团在全球教育市场通过并购获得越来越多的教育培训机构和校区，以大力发展教育培训业务。培生教育集团由此打造出规模庞大的教育产业链，从而在广阔的全球教育市场获得越来越重要的市场地位和越来越丰厚的市场回报，培生教育集团也因此成为全球最大的跨国教育集团。

2. 商业信息业务。

欧美出版传媒集团近年来越来越重视信息服务业市场，汤姆森 - 路透集团和励德·爱思唯尔集团等甚至将主业转型至信息服务业。培生集团同样注意到信息服务业的良好市场前景，将商业与金融信息业务列为其第二大战略性核心业务加以开拓。培生集团的商业信息业务主要依托其下属的金融时报集团开展。金融时报集团是世界范围内金融、财经及商业领域最具有影响力的报刊出版商，其主要媒体《金融时报》是世界范围内最具权威性的财经、金融类时报之一，《金融时报》是以经济、金融报道为主的英文对开日报，集新闻、评论、分析为一体，其权威性、真实性、准确性深受全球业界认可。除了商业和财经新闻报道外，《金融时报》详列每日的股票和金融商品价格方面的数据，其30种股票价格指数是反映英国乃至世界金融业发展情况的重要晴雨表。在欧洲，金融时报集团还拥有法国的重要报刊出版商——法国回声报业集团，以及西班牙主要的财经商务报纸《扩张》。此外，金融时报集团还拥有世界著名的政治与商业杂志《经济学人》所属经济学人出版集团50%的股份。《金融时报》等财经报刊是金融时报集团发展商业信息服务的重要基础。

当代信息服务业以数字化、网络化及为特定用户群体提供定制信息服务为特征。为发展信息服务业务，一方面，金融时报集团积极实施数字化与网络化转型，如建有《金融时报》网站，该网站收录了约14 000家公司的相关信息，以及约3 500家报刊的数字化内容。2001年金融时报集团进军英国的移动通信市场，利用英国电信公司遍及英国的移动通信网络使得读者可以在手机上阅读《金融时报》的数字版内容。另一方面，金融时报集团通过自办或并购积极发展信息服务业务。其《经济学人》杂志就有为一些政府、贸易和交通社团提供商务数据及评论信息的业务，其下属公司 IDC（Interactive Data Corporation）则专门为金融机构和个人提供金融市场的各种数据和分析。2006 年，培生集团收购并购市场资讯公司，以此来扩张金融时报集团网络在线金融信息产品的品种范围。市场资讯公司专门以电子形式向其客户传送信息，其客户包括全球前 30 大投资银行中的 29 家，前 20 大律师事务所中的 18 家，前 30 大私募资金公司中的 25 家，是典型的商业信息服务提供商。通过上述举措，金融时报集团逐渐由传统的报刊出版商向当代商业信息服务商转型。

3. 大众出版业务。

培生集团原本的三大出版业务板块——教育、金融及大众出版中，教育出版及金融出版业务事实上已分别被整合及重组到培生教育集团的教育业务和金融时报集团的信息服务业务之中，大众出版业务则并未被整合进其他相关集团，而是被视为培生集团三大战略核心业务之一，足见培生集团对大众出版业的发展前景具有一定信心。培生集团的大众出版业务由旗下企鹅出版集团专门承担。

企鹅出版公司于 1935 年创建，20 世纪 70 年代被培生集团并购。此后，企鹅出版公司不断购入其他出版公司，组建了企鹅集团。1996 年，企鹅集团收购了美国知名大众类图书出版商普特南出版集团，成为世界上最大的大众图书出版商之一。企鹅集团实施专业化经营战略，专注英语大众类图书的出版业务，涉及出版类别包括高品质的小说、非虚构类大众图书及儿童图书等。企鹅集团尤其注重出版各种文学奖得主的小说作品和经典文学名著等，还致力于开发和宣传文学界新人的作品。企鹅集团出版的图书每年均会有众多品种成为欧美乃至世界图书市场的畅销书，登上各权威畅销书排行榜。企鹅集团的大众出版业务一直是培生集团总体业务收入中较为稳定的一环，自 1997 年培生集团重组以来开展的并购并不多。2000 年，培生集团收购英国多林·金德斯利出版公司（DK 公司），并将其并入企鹅集团。DK 公司出版的插图书非常有特色，专门为企鹅集团的各类图书尤其是儿童图书出版插图版。20 世纪 90 年代末，培生集团在出版业务方面开始为数字化转型做准备，要求旗下以企鹅集团为主的所有经营出版业务的公司建立"数字仓库"，将图书等出版物的数字化版本存储于其中，以此为基础实施跨媒体出版，以满足不同读者对不同媒介形式出版物的购买需求。以此为基础，企鹅集团给读者提供纸本书、电子书、有声书乃至可下载文件等多种形式的出版物。1999 年，企鹅集团启动了图书"现需现印"的业务及按需印刷（POD）业务，实现了按读者需求生产图书的出版新模式。

第三阶段：深度专业化发展阶段（2007 年至今）

自 1997 年培生集团实施战略重组后，虽然其核心业务组合包括教育、商业信息和大众出版三大领域，但培生集团在资源投入上明显倾向于教育业务，在多核专业化经营中更加侧重于教育业务，而这一发展战略经事实证明是正确的，给培生集团带来了丰厚的市场回报。在 1997 年至 2007 年的十年间，培生集团的教育业务总销售额增长了 5 倍，利润增长了 6 倍，至 2007 年，培生教育集团在培生集团总体销售中的占比达到 60%，利润占比达到 64%。培生的教育业务仍呈现出快速增长的态势，在培生集团总收入中的占比还在提高，据统计，2009 年培生集团的整体营收中培生教育集团占了 67%，而金融时报集团以《金融时报》品牌为核心的商业信息业务收入占比仅 15%，企鹅出版集团收入占比约 18%。值得注意的是，近十年的发展表明，培生教育集团乃至整个培生集团的整体收入中分量最重的一块业务是中小学教育出版，2006 年，这部分业务的销售额占培生集团的 33%，培生教育集团的 56%，而且呈现出较快的增长势头，同比增长了 6%。培生集团的中小学教育出版收入的 65% 来自以美国为主的北美市场。在 2006 年，美国中小学教育出版市场整体下滑 9%，但培生教育在美国的中小学出版业务却逆势上扬了 3%，主要得益于培生不断投资于新的基础教育项目，并不断创新数字教育技术服务。同时，其他企业抛售教育出版业务的潮流中，培生的逆势买进使得培生在美国中小学教育出版领域占据了越来越高的市场份额，在多方面有着绝对领先的市场地位，这也是培生中小学教育出版营业收入逆势增长的重要原因。

教育业务显著的商业成功使其事实上成为整个培生集团的经营主业。教育出版尤其是中小学教育出版业务对于培生集团经营收益的巨大贡献也使其认识到了

"内容"根本性的重要作用。2009 年，培生集团首席执行官马乔里·斯卡迪诺用四个关键词概括了培生集团的发展战略——内容（content）、服务（services）、国际主义（internationalism）和效率（efficiency），表明培生集团确立了在内容、新技术、服务、国际市场运营效率四个方面开展进一步投资的发展战略，这四个方面无一不与进一步发展教育业务有关，事实上，培生集团已逐渐将原本为集团三大核心业务之一的教育上升为整个集团的主要业务，但其发展思路有所调整，将其下一阶段努力方向确定为"全球教育业务"，即在全球范围内构建起教育产业链。培生集团开始整合更多的资源来推进和发展其"全球教育业务"，甚至不惜出售或转移其在另外两大核心业务领域的资源转向该领域。这使得培生集团进入了围绕教育业务实施深度专业化经营的发展阶段。

2010 年 7 月，培生集团出售金融时报集团旗下的子公司 IDC 的 61% 的股权，套现资金达 20 亿美元左右，是近年来培生集团出售的最大规模的企业资产。IDC 主要从事金融信息服务提供业务，由于在欧美国家金融及财经领域信息服务业的快速发展，IDC 事实上是金融时报集团最具成长性的部分，在某种程度上是金融时报集团不可或缺的支柱型企业。2013 年 11 月，培生集团出售了金融时报集团旗下的并购市场资讯公司，该公司是培生集团 2006 年并购的，同样具有较好的成长性，在金融时报集团的金融信息服务业务中能够起到重要作用。2013年 7 月，培生集团下属企鹅出版集团与贝塔斯曼集团下属兰登书屋合并各自在全球范围内的所有出版业务，组建"企鹅兰登书屋"出版集团，其中贝塔斯曼集团拥有 53% 的股份，培生集团仅拥有 47% 的股份。这些重大并购重组举措表明了培生集团正整合集团资源，集中发展其教育相关业务。IDC 和市场资讯公司的出售表明培生集团认为其金融信息服务业务不符合培生集团当前发展全球教育业务的战略定位，尽管金融信息服务业务同样具有快速增长的市场。出售所得的资金则被培生集团发展教育产业，围绕其发展"全球教育业务"的战略。具体而言，培生集团主要通过并购等举措发展全球新兴市场、数字化教学数字化出版以及其他教育服务。在数字化教育方面，2012 年 10 月，培生集团收购了美国在线教育服务提供商 Em banet Compass 集团。

在发展全球新兴市场方面，中国市场是培生集团的首要目标。培生集团在

20 世纪 90 年代初就开始发展在华业务，但至 21 世纪初在华业务的主要形式是和中国相关出版社合作出版英语及其他学科的教材、参考书或工具书，即主要是教育出版业务。但 2007 年以后，随着培生集团大力发展新兴市场的教育业务，培生教育在中国的经营战略有了新的发展方向，不再仅仅专注于以英语教育图书出版为主的教育出版业务，而是开始大力开拓英语培训业务，形成英语教材推广与培训相结合的经营模式，利用教材与培训业务的相互协同、相互促进来获得远超仅仅依靠教材所获的品牌影响力和经济收益。培生教育集团自办或与中国相关培训机构合作建立朗文学校，作为其开展英语培训的自有品牌连锁机构，培生教育集团主要通过并购中国境内的英语培训机构在中国市场发展英语培训业务。2008 年，培生教育集团收购了上海乐宁教育中心和北京的戴尔英语。

2009 年，培生教育集团收购了知名跨国英语培训机构华尔街学院旗下的中国分支华尔街英语（中国），华尔街英语（中国）在中国大中城市有近 40 家培训中心。2011 年，培生教育集团更是收购了中国英语教育培训行业的领先企业环球天下教育集团，环球天下教育集团在与培生教育集团合并前一直表现出良好的成长性。伴随着中国教育培训市场的高速发展，环球天下教育集团逐渐实现了集团化、全国化和资本化，成为纳斯达克上市公司，是国际公认的中国出国语言考试领先培训提供商，其教育培训业务已实现多元化，从英语教育逐渐拓展到其他语种培训、留学咨询、中小学辅导、科学普及等领域。培生教育集团对环球天下教育集团的并购使其跃居成为中国境内英语培训市场规模与所占市场份额数一数二的企业，从而足以与中国本土英语教育服务商新东方教育集团一争高下，同时也使培生教育集团能够以发展英语教育培训业务为基础，在中国教育市场进一步拓展其他业务。培生集团在中国所构建起的规模庞大的以英语教育为主的培训业务与其图书出版及相关教育服务业务相辅相成，使其能够在中国教育市场获得极为可观的经济收益。

第三节 媒介融合中我国出版业的集团化发展

一、中国出版业集团化发展历程

在当代世界传媒业发展变迁进程中，围绕各类传媒产业组织发生传媒产业资源的聚合和重组是媒介融合趋势的重要表现形式，传媒企业的集团化或由传媒企业集团推动开展的并购和重组则是当代媒介融合的具体途径和方式。20世纪以来欧美一些国家的传媒业发展历程表明，集团化是提高产业集中度、实现规模效应最有效的途径，20世纪八九十年代以美国为代表的欧美国家的出版传媒集团均通过不断地并购重组来实现扩大自身规模、提高市场份额、不断优化企业资源组合以应对市场变化或转型发展、开拓全球市场等战略发展目标。欧美出版强国的产业实践表明，集团化已成为当代出版业发展壮大，在世界出版业大市场中获得一定竞争优势的必经途径。20世纪80年代后期，我国出版界也开始认识到实施集团化发展的重要性，有了一些初步的尝试。

1988—1989年，我国出版业在发行领域率先尝试组建了若干跨地域的发行集团。1988年11月，全国多个地方的文艺出版社联合成立了"地方文艺出版社联合发行集团"。1989年6月，华东6省1市（山东、江苏、浙江、安徽、福建、江西、上海）的新华书店联合成立了"华东省级新华书店发行集团"。这两个集团的组建都是由具体的出版发行单位自发地组织实施的，并非由政府主导推动，但集团结构较为松散，成员单位之间只是以出版物销售业务为纽带，并没有资本及行政上的关联，严格来说不能视为真正意义上的企业集团，仅可视为集团的初级形式，或出版单位间的联盟关系，这种出版集团存在时间很短，很快自行解体。1992年后，我国加快发展社会主义市场经济，出版行政主管部门也开始重视出版业的集团化发展，1992年4—5月，我国出版行政主管部门在相关工作会议上明确提出了要加强出版行业的联合，开展建立出版、印刷、发行集团的试点工作，我国出版业再一次开始集团化尝试，在一些省份开始出现地方出版集团，如1992年成立的山东出版总社、四川出版集团公司和1993年成立的江西出版集团等。这些出版集团及下属各成员单位仍属于事业单位性质，并未实现企业化运作，内部以行政关系为纽带，集团的成立并未带来经营和绩效上的改善，但这一阶段的地方集团化试点也为此后我国出版业的集团化积累了一定经验。

1998年，我国出版行政主管部门正式确立了通过集团化推进我国出版业发展的战略部署。1999年，中宣部与原新闻出版署开始批准成立试点出版集团，标志着我国出版业的集团化在中央政府的政策推动下进入快速发展时期，出版集团在全国范围内集中快速涌现，对我国出版业格局产生深刻影响。1999年2月24日，上海世纪出版集团作为经中央主管部门批准的首家试点出版集团成立，在我国当代出版业发展进程中具有里程碑意义。1999年12月，广东出版集团也挂牌宣告成立，此后至2000年年底，全国先后成立了8家地方或行业出版集团。2002年4月，中国出版集团作为国家级大型出版集团宣告成立。

为促进我国出版业的集团化工作，国家的一系列宏观指导政策也陆续出台。2002年6月，原新闻出版总署出台《关于新闻出版业集团化建设的若干意见》，指出要在试点集团的基础上加快新闻出版业集团化的建设，并明确了出版集团建设的相关政策、体制和规划。2002年7月，中宣部、原新闻出版总署出台《关于进一步加强和改进出版工作的若干意见》，再次要求积极推进出版业集团化建设，重点工作是培育大型出版集团，且要以资产为纽带进行体制创新。2002年8月，原新闻出版总署出台《出版集团组建基本条件和审批程序》和《发行集团组建基本条件和审批程序》，对我国出版集团的组建提供了重要的政策指导和规范要求。截至2002年年底，全国共成立10家出版集团，但此时我国出版集团及其成员总体上均为实行企业化管理的事业单位，即出版集团还不是企业集团，并没有确立市场主体地位。

2002年11月，党的十六大对深化文化体制改革、加快发展文化事业和文化产业作出重大部署。2003年，我国开始开展文化体制改革试点工作，确定了9个省市和35家文化单位作为试点地区及单位，中国出版集团及上海、广东、辽宁、吉林四家地方出版集团位列其中。2003年12月，国务院办公厅发布了《关于印发文化体制改革试点中支持文化产业发展和经营性文化事业单位转制为企业的两个规定的通知》，明确提出了出版集团可以转制为企业，出版集团转制为企业后，在保留原有投资主体的前提下，允许吸收国内其他社会资本投资，还可通过股份制改造，实现投资主体多元化，符合条件的可申请上市。2005年12月，中共中央、国务院下发《关于深化文化体制改革的若干意见》，对全面开展和深化文化体制改革工作作出了部署，提出要重塑文化市场主体，按照现代企业制度的要求，加快推进国有文化企业的公司制改造，完善法人治理结构。文化体制改革工作的开展进一步加速了出版业集团化建设的进程，河北、山西、河南、湖北、江苏、浙江、安徽、四川、云南等省级出版集团陆续组建。在文化事业单位改制政策推行后的集团化建设工作中，转企改制开始成为出版集团化工作中的一项重要内容。2004年3月，在国务院授权批准下，中国出版集团公司成立，使中国出版集团首先在身份上从事业单位转换为企业。2005年11月，安徽出版集团成立时就直接设立为有限责任公司，成为全国第一家在组建时就实现转制的大型出版集团。

　　转企改制为出版集团进行股份制改造及兼并重组、上市融资奠定了重要基础。2005年12月，上海世纪出版集团与上海大盛资产有限公司、上海精文投资公司、上海联和投资有限公司、东方网股份有限公司、浙江出版联合集团等国有投资主体共同发起设立上海世纪出版股份有限公司，成为中国出版业第一个整体转企改制的股份制公司，是我国出版业转企改制后最早探索股份制改造并以此募集发展资金的大型出版集团，首次实现了真正以资产为纽带的跨地区、跨媒体的资源、资本整合，也揭开了我国出版集团实施兼并重组的序幕。欧美出版传媒集团的发展经验表明，兼并重组是发展壮大及实施转型最重要的"助推器"。2006年及以后，一些大型出版集团在完成转企改制的基础上积极开展股份制改造，并进一步筹备上市融资、尝试兼并重组，谋求通过资本运作实现集团跨越式发展。2006年7月，原新闻出版总署出台《关于深化出版发行体制改革工作实施方案》，明确鼓励出版集团和发行集团相互持股，进行跨地区、跨部门、跨行业并购重组。出版集团的跨地域及跨行业的兼并重组有利于突破我国出版业条块分割的分布状况。据不完全统计，2007—2010年，我国出版集团跨地域、跨行业、跨所有制的整合多达二十多起。2007年12月，江西出版集团联合中国宋庆龄基金会重组中国和平出版社方案获批，这在我国出版业首次实现跨地域兼并重组，也是首例由地方出版集团公司对中央部委所属出版单位进行重组。2009年，安徽出版集团签约重组安徽省中国旅行社，实现跨行业重组。2009年，长江传媒股份有限公司所属的湖北教育出版社与民营出版策划人王迈迈组建湖北商文出版传媒股份有限公司，实现了跨所有制的重组。长江传媒股份有限公司与非公经济联合组建的北京新世纪文化公司（北京图书中心）、海豚文化传播公司也是跨所有制重组的成功案例。《关于深化出版发行体制改革工作实施方案》也提出要积极推动有条件的出版集团、发行集团公司上市融资，做大做强做优。2006 年 8 月，辽宁出版集团有限公司作为主要发起人以发起方式设立辽宁出版传媒股份有限公司，2007 年 12 月，辽宁出版传媒股份有限公司在上海证券交易所上市并公开发行股票，成为国内首家将编辑业务与经营业务打包上市的出版企业，被称为"中国出版传媒第一股"。2008 年 1 月，时代出版传媒股份有限公司在安徽合肥成立并成功上市，安徽出版集团有限责任公司作为第一大股东，成为我国实现整体上市的首家出版集团。这些情况表明，中国出版集团开始步入资本化运作时代。总体而言，2003—2008 年，是我国出版业集团化建设的一个快速发展期，至 2008 年年底，我国共组建出版集团 29 家。

2009 年，原新闻出版总署出台《关于进一步推进新闻出版体制改革的指导意见》，中央政治局常委会发布《关于深化中央各部门各单位出版社体制改革的意见》，我国出版业开始全面推进转企改制工作，我国出版集团建设又有了新的发展，又有若干大型出版集团得以组建，并在组建的同时实现转企改制。截至2014 年年底，我国已组建出版集团共计 32 家，发行集团共计 27 家。上市融资已成为我国出版集团普遍寻求的资本运作方式，也成为我国出版集团建设的亮点。截至 2014 年年底，在政府的积极扶持下，我国已有 15 家出版业上市公司，业绩总体上呈现出较为良好的发展势头，其中地方出版集团是上市主力。与此同时，政府鼓励和促进经营业绩良好的出版集团开展兼并重组以进一步增强自身实力和市场竞争力。《关于进一步推进新闻出版体制改革的指导意见》明确提出，我国出版业要通过支持跨地域、跨媒体、跨行业、跨所有制的战略重组，培育出若干家资产超百亿、收入超百亿的"双百亿"大型出版传媒集团。2012 年，江苏凤凰出版传媒集团有限公司、湖南出版投资控股集团有限公司、安徽出版集团有限责任公司和山东出版集团有限公司 4 家出版传媒集团的主营业务收入和资产总额均突破 100 亿元，成为"双百亿"集团。2014 年，江西省出版集团公司与安徽新华发行（集团）控股有限公司也跻身"双百亿"集团行列，使我国"双百亿"

出版集团的数量由 4 家增至 6 家，表明我国出版传媒骨干企业的实力在持续提升。总体而言，近年来，产品经营和资本经营并重已开始成为我国出版集团的主要经营法则，我国出版集团实力不断显著提升，产业骨干作用和地位较为凸显。而战略性兼并重组的开展将促进我国产生若干个重量级的出版传媒集团，参与国际出版市场竞争，推动我国文化走向世界。

二、政府是我国出版集团前期发展的主导力量

我国出版业集团化建设最主要的特点是，迄今为止，政府在出版集团的组建与发展过程中始终起着主导性作用。换言之，政府是我国出版集团前期发展的主导力量，一直以行政力量推动着我国出版业集团化建设的进程。纵观我国 20 世纪 90 年代末以来的出版集团化进程，政府一直是出版集团建设战略的总体设计者、政策制定者。我国出版业集团化是出版体制改革的重要组成部分，从新制度经济学中的制度变迁理论来看，政府事实上在我国出版集团化这一重大体制变迁过程中扮演着制度供给者的角色。制度变迁包含"自上而下"的强制性制度变迁和"自下而上"的诱致性制度变迁两类，强制性制度变迁是由政府以行政命令和法律形式引入和实行的制度变迁；诱致性制度变迁则是由个人或非政府社会组织受新制度获利机会的引诱，自发倡导、组织和实现的制度变迁。显然，政府主导带有相当的强制性，政府在出版集团化的发展路径、推进进程及转企改制、股份制改造、上市融资等重要集团发展行为实施的时机上起着决定性作用。应该说，我国出版业集团化的政府主导特色符合我国出版业发展的现实需要，具有重要且积极的意义。

我国当代出版业自改革开放后才开始重新发展，和欧美出版强国相比产业底子非常薄弱，在计划经济体制和条块分割的产业布局之下，我国出版业总体产业规模有限，出版生产单位普遍存在个体实力偏弱的问题。由于缺乏大型出版企业，产业集约化经营的水平不高，规模经济效益差，产业集中度较为低下，使得我国出版业整体实力不强。但随着我国改革开放的不断深入及我国加入世界贸易组织（WTO），我国出版业将逐步向世界开放市场，允许国际出版产业力量的进入，这使得我国出版业将面临来自国际出版市场的具有显著品牌优势及资本优势的超

级跨国出版集团的强大市场压力。显然，我国出版业只有积极应对国际化的市场竞争，打造实力强大、具有国际竞争力的大型出版集团，才能在日趋全球化的出版业市场中生存与发展。但在 20 世纪八九十年代，一方面，我国出版业长期处在计划经济体制之下，市场敏感度低，竞争意识薄弱，经营缺乏长期规划，自身改革发展动力和意愿不足，虽然少数具有国际化视野及远见卓识的出版业精英提出了一些发展建议，但并不足以唤起我国出版业的整体觉悟和行动。另一方面，我国出版社长期作为事业单位性质存在，市场要素的流动程度比其他国有企业还低，客观上也不具备通过市场机制由自身发起组建集团的条件和实力。

在这种情况下，由政府高瞻远瞩地制定相关政策与规划，强力推动我国出版机构组建一批出版集团，并通过一系列扶持与引导政策推动出版集团发展壮大就非常具有必要性。因为如果我国出版企业完全在市场的推动下自发行动组建出版集团，在时间上将相对较漫长，出版集团数量与规模的发展也会比较缓慢，很可能错失有限的发展时机；在国际出版业强有力的产业竞争者进入中国市场后，我国出版业很可能被整体迅速击垮，出版市场快速被国际出版巨头占领。而政府强力推动出版集团建设，在出版集团的组建与初期发展阶段将体现出极高的效率。在政府的强制力下，出版单位资产重组的难度和障碍会低很多，也能够迅速整合各种政策及产业资源，从而实现资产的快速聚合与出版集团规模的迅速扩张，使得重大集团化发展举措能够快速广泛地实施，在较短的时间内实现我国出版业的集团化和规模化发展，提高我国出版业的产业集中度，使我国出版业在逐步面对国际竞争的过程中赢得极为宝贵的发展时间，不断增强对抗实力。

从世界出版业的发展情况来看，当今欧美国家的一些在国际出版市场上具有领先优势的出版传媒集团都是在市场竞争的环境下，受到市场变革及技术变革等外部因素的推动，并根据自身扩大规模、实现特定发展战略的需要，通过不断地并购、重组，经历了数十年或上百年的时间才发展壮大的。这种集团发育成长方式更加符合产业与经济发展的规律，集团各种产业资源的聚合和配置均是通过市场方式实施的，即在集团资源不断配置的过程中市场起着主导性作用。通过这一途径发展起来的欧美大型出版传媒集团的各种业务组合及资源的配置更为合理，由于符合市场规律，其集团各项资源配置能不断得到优化，一般而言能够带来充分的规模经济与范围经济效益,业务间也常具有协同效应,集团的产业价值链清晰,战略目标明确,从而带来较好的集团经营效益,使集团具备较强的市场竞争力。

一方面,我国的出版集团化由政府主导,虽然具有迅速完成组建转企、上市等重大发展步骤,在短时间内发展到可观规模等益处,但我国所有出版集团的组建过程相比于欧美大型出版集团的发展历史来说时间极短,在资源与业务整合的合理性上难以保证,资源配置过程中未充分发挥市场的作用,由于政府行政力量对集团资源配置的强势主导,导致资源配置过于仓促、结构不尽合理,很多出版集团的组建被称为是众多单体出版社及相关企业通过行政力量"捏合"而成,而非由成员企业"融合"后在业务上具有整体协调性和关联性的集团,使得出版集团难以获得规模经济效益。另一方面,我国出版体制改革及出版业集团化发展总体上属于市场化改革,政府主导出版集团的组建与发展显然与改革的方向相矛盾,政府在集团化过程中的种种制度安排带有一定的计划经济色彩,阻碍了出版集团发展过程中市场资源配置作用充分发挥,在出版集团运营过程中带来权力意志盛行、政企不分、效率低下等问题,很可能使得我国出版集团在今后转型发展成为真正意义上的现代出版传媒企业集团的路途中为解决这些问题付出较高的成本与代价,从而对我国的出版集团乃至整个出版业的进一步发展造成严重制约和障碍。

三、我国出版集团今后发展面临的制约因素

(一)出版集团分布区域化

在我国已经组建的出版集团中,根据省级行政区划组建的地方出版集团占了多数,几乎一个省一个出版集团。多数省级出版集团是由各省不同类别的出版社加上省辖的发行单位、印刷厂组合而成;在所辖出版机构上都包括了各省原本存在的人民社、科技社、教育社、少儿社等;出版的图书产品种类同样体现为上述各类出版社所出版的图书类别的加总,并没有整合出版资源,形成少数市场竞争优势突出的出版领域,在出版市场竞争中也体现不出自身品牌竞争力与特色。各省级出版集团之间及全国出版集团分布大格局中产业同构性严重。此外,国务院部委系统也主要依托系统内原有的各级各类出版社组建出版集团,如中国出版集团和科学出版集团等。换言之,我国出版业的块状分布在集团化时代得到了延续,

在地域性上甚至由于各省出版集团在本省一家独大，导致这种块状分割局面有所强化，造成全国出版市场被各省级地方出版集团"割据"的局面。

集团化发展本是打破我国出版业的地区分割、布局均衡局面的重要途径，但出版集团的区域化分布，某种程度上促使区域性出版经济的壁垒加剧，在全国范围内难以形成非均衡性的市场竞争和兼并重组环境。

虽然我国出版集团已开展了一些跨地区的兼并重组，但对这种出版经济区域性分割的局面还难以起到改善作用。出版集团分布的区域化十分容易带来新的区域垄断和省域间的壁垒，使得我国出版业难以形成全国一体化的大市场，也使得我国出版集团在今后的发展中跨区域的兼并重组难度加大。目前，我国省域出版集团数量虽多，但每个出版集团的规模都还不够大，出版集团的区域化分布不利于跨地域的更大规模的市场竞争优势突出的出版集团的形成，从而使得我国出版产业集中度难以进一步提高。最后，在当前世界经济一体化的趋势下，世界传媒与出版集团都纷纷通过跨国并购实施全球化发展，以抢占世界传媒与出版市场份额，我国目前基于省域分别构建出版集团的模式显然是与这种趋势背道而驰的。

（二）出版集团的跨领域扩张及引资存在行业壁垒

在媒介融合趋势下，集团框架内实施跨媒介经营已成为当今世界领先的大型传媒集团或出版传媒集团的重要经营战略，此举可使集团获得显著的经济效益。媒介业务的协同和融合可使内容资源一次开发后便可通过多种媒介形式发布和售卖，从而使内容资源获得充分开发，也使媒介业务上升到内容产业或创意产业领域，并获得非常可观的综合经济效益，媒体业务间也可通过协同实现共同发展，从而提高市场竞争力。

在跨媒介经营中，欧美出版集团主要有两种参与方式：

一是出版集团是更大规模的大型传媒集团的子集团，而出版集团的出版业务是传媒集团的跨媒体产业链的重要一环。例如，西蒙‐舒斯特出版集团是世界领先的出版集团之一，在畅销书出版领域尤其具有领先优势。其母公司为维亚康姆传媒集团，维亚康姆集团同时还拥有派拉蒙集团等子公司经营电影业务、广播电视业务和广告业务等。在维亚康姆媒体帝国的产业链中，出版业务与电影、电视等业务可协同开展畅销书的延伸开发。如西蒙‐舒斯特出版集团可销售派拉蒙集团电视作品的图书版以及其他延伸版权。另外如世界性出版巨头哈珀-柯林斯出版集团，其母公司为新闻集团，新闻集团在全球拥有800多家企业，业务涉及电影娱乐、广播电视、有线电视节目网、卫星直播电视、杂志和插页、报纸、图书出版和其他相关行业，而哈珀-柯林斯出版集团的组建也是新闻集团通过并购完成的。

二是大型出版传媒集团以出版业务为主，通过并购将业务拓展到其他媒体领域，以顺应媒介融合的发展趋势。典型的如贝塔斯曼出版传媒集团。贝塔斯曼集团在发展历程中，始终坚持出版主业，但同时也以打造内容产业为核心，价值链为思路，以资本运作为手段，形成先出版后传媒的出版传媒集团。今天的贝塔斯曼集团的主要架构，包括古纳亚尔（杂志出版）、兰登书屋（一般图书出版）、施普林格（STM专业出版）等传统出版业务，还包括广播电视、音乐娱乐业务，此外还有图书俱乐部及印刷业务，成为由出版扩张到全媒体的全球化出版传媒集团。值得注意的是，无论是哪种方式，目前，出版业务在欧美传媒或出版集团的总收入中通常占比都不高。在维亚康姆集团总的媒体收入中，西蒙-舒斯特出版集团的贡献率一般不超过5%。以2012年为例，图书出版和期刊出版分别仅占贝塔斯曼集团总收入的13.4%和13.9%。

事实上，跨媒介经营是欧美传媒或出版集团实施或参与多元化经营的最典型形式，多元化经营并不限于媒体业务领域，往往还涉及其他产业领域。传媒或出版集团通过并购进入其他产业实施多元化经营，也可获得可观经济利益。另外，欧美一些大型跨产业集团通过注资或并购经营传媒或出版集团并不少见。例如，法国的拉加德尔集团主营产业包括机械制造、航空航天以及电信等，同时也经营出版和媒体业务，拉加德尔集团拥有阿歇特出版集团41%的股权。2004年，拉加德尔集团收购了维旺迪环球出版集团。2006年，拉加德尔集团又收购了美国时代华纳集团旗下的时代华纳出版集团，进入美国传媒与出版市场。拉加德尔集团的绝大部分经营收入同样来自其工业领域，其经营媒介与出版业务的原因主要在于将优质的出版业及传媒业资产作为战略性资产进行投资，以获得长远的经济利益，因为当今内容产业已逐渐成为知识经济时代世界经济新的增长点。从上述情况来看，在市场经济条件下，出版集团通过资本化运作参与跨媒介经营，甚至涉及业务不相关领域的多元化经营,在很大程度上能够增强出版集团的资本实力,提升市场竞争优势,有助于实现出版集团的跨越式发展。这应是我国出版集团今后顺应媒介融合趋势取得更大发展的主要成长途径之一。但目前我国出版集团还难以通过这一途径实现快速扩张和参与媒介融合进程,主要是因为我国出版业及传媒业跨行业发展还存"行业壁垒"。对出版业而言,行业壁垒具体表现为以下两种形式。

1. 出版企业进入其他媒介及文化行业的壁垒

这一壁垒是由我国传统媒介分割管理体制造成的。一直以来,我国对新闻出版单位的管理实行严格的业务分工,书、报、刊等不同媒体之间界限分明,新闻出版单位不准涉足广播影视等其他文化领域。与国外综合性传媒集团相比,我国出版集团的内容资源结构较为单一,以纸媒为主,还无法与我国广播影视媒体实现整合。一些出版企业在集团化过程中,虽然有效整合了当地的书、报、刊,但也只能局限于本行政区域,很难对全国的纸媒资源进行整合。这使得我国出版集团难以顺应媒介融合趋势,实施跨媒介经营,打造全媒体化的产业链,获得显著范围经济效益。同时,媒介分割的管理体制也阻碍了我国传媒业构建业务涵盖广播电视业、新闻出版业、互联网业等领域全媒体化的大型传媒集团,这种传媒集团能以其产业链和价值链优势带动我国出版业发展。

2. 其他行业进入出版业的壁垒

这一壁垒主要来自政府对出版业架设严格的准入门槛。由于我国出版业被赋予强烈的意识形态属性,因此被设置了极高的进入门槛,行业外资本不能随便进入,国有资本也不例外。近年来,为了加快出版企业股份制改造,实现产权多元化,政府开始在政策上逐渐允许业外资本进入出版业。2012年,原新闻出版总署发布《关于加快出版传媒集团改革发展的指导意见》,提出"引入其他行业大型国有企业作为战略投资者"。虽然政府放松了对行业外国有资本的进入限制,但其他行业的国有资本也只能以参股的方式进入出版业。目前我国出版业以传统图书出版业为主,总体产值并不是很大,每年约600亿元,在新闻出版业的1.2万亿元的总产值中占比只有5%左右。目前我国传统图书出版业陷入"滞胀",利润水平显现出下降趋势,使得行业外国有资本以参股方式进入出版业的意愿并不太强烈，我国出版集团融资的实际状况也表明了这一点。这使得我国很难出现像法国拉加德尔集团那样的愿意对出版业进行战略性投资的跨产业集团，缺少业外资本的强力支持，我国出版集团的资本实力显然难以实现快速增长。

（三）非公有资本参与出版集团化面临所有制壁垒

我国出版业的所有制壁垒主要指非公有资本进入出版业的屏障。在我国，非公有资本经营的图书出版业务一般被称为"民营书业"。20世纪80年代间我国出现了小型民营书店，涉足图书发行业的零售环节，成为当时新华书店系统这一我国当时唯一的图书发行体系的补充力量。小型民营书店促进了我国图书产品的销售，也给读者购买图书提供了便利。这些小型书店市场敏感度高，经营机制灵活，其中一部分迅速发展成为规模化的民营图书发行公司，2003年我国部分民营图书发行公司获得"总发行权"，在发行领域开始与新华书店系统并驾齐驱。20世纪90年代，我国也出现相当一部分民营图书公司、民营文化企业，包括一些民营图书发行公司，主要出于追逐利润的动机，开始向图书出版核心业务如图书策划及图书编辑业务渗透，逐渐形成一批民营图书文化公司，这些民营图书文化公司具备机构精简、管理高效、市场意识强等特点，在我国教辅出版及大众出版领域成功占据越来越多的市场份额，极富市场竞争能力，从而获得快速发展。至2011年，我国从事图书出版策划业务的民营图书文化公司达3万家。在一定意义上，我国民营书业对国有图书出版业逐渐从从属和依附关系发展为竞争关系。2009年相关统计数据显示，当时我国图书市场上约有50%～70%的文艺类图书、40%的社科类图书、80%的教辅图书、50%的少儿图书以及90%以上的大众畅销书出自民营图书文化公司之手。可以说，民营书业事实上已经占据了我国图书出版市场的"半壁江山"。

2009年4月，原新闻出版总署发布《关于进一步推进新闻出版体制改革的指导意见》，首次明确肯定"非公有出版工作室"已成为我国新闻出版产业的"重要组成部分"，提出要将非公有出版工作室纳入行业规划和管理，引导其健康发展。2010年1月，原新闻出版总署出台《关于进一步推动新闻出版产业发展的指导意见》，将民营书业视为"新兴文化生产力"，并明确提出要"鼓励、支持和引导非公有资本以多种形式进入政策许可的领域"。

从当前我国民营书业规模的发展趋势来看，未来我国民营出版企业通过兼并重组发起组建民营出版集团是符合产业发展规律的，但目前我国的出版管理制度显然不允许此类出版集团的出现。当前，我国民营出版企业只能被国有出版集团并购和控股，民营出版企业则不能参股国有出版企业。民营出版力量理论上是最愿意注资国有出版集团及出版企业的非公有资本，而在其他产业领域我国还存在着大量的非公有资本，但我国出版业引入非公有资本还存在严格的政策限制，制约了这些非公有资本投资国有出版企业及出版集团。所有制壁垒的存在，一方面打击了壁垒之外的资本力量参与推动我国出版产业发展的积极性，另一方面又助长了壁垒之内的依赖性，总体而言是降低了我国出版产业的整体效率。此外，所有制壁垒也是导致我国出版业难以顺利实现数字化转型的因素之一。欧美数字出版业的发展历程表明，信息技术商、数字媒体商和出版商之间展开基于共赢的合作和资本层面的并购是数字出版业能够取得快速发展的重要原因之一。由于所有制壁垒的存在，我国国有出版集团或企业收购和控股非公资本信息技术商和数字媒体商是政策允许的，而由非公有资本信息技术企业或数字媒体企业收购或控股传统出版企业或出版集团则受到体制制约。当前我国优秀信息技术企业和数字媒体企业几乎都是非公资本背景，往往有着远超我国普通单体出版企业的资本实力，显然不愿意被国有出版资本收购和控制。所有制壁垒的存在导致出版内容和信息技术无法通过资本运作实现双向融合，无疑在一定程度上影响了我国数字出版业的发展。

第四节　在媒介融合视角下重新认识出版的本质与价值

一、传统条件下出版等传媒门类间存在"载体技术壁垒"

"出版"一词，法语为 publier，英语为 publish，这些词来源于古拉丁语 publicare，本义为"公之于众"。在人类社会进入到工业文明时代后，印刷术得到广泛应用，以纸质图书、报纸、期刊为主要产品的现代出版业得以形成并成为人类社会重要的行业门类，书籍、报纸和期刊的印刷出版成为大众传播业的一种重要形态，出版在概念上逐渐具有了现代意义。在国际上，具有代表性的是联合国教科文组织 1952 年讨论通过，1971 年修订出版的《世界版权公约》第六条给出的定义：可供阅读或者通过视觉可以感知的作品，以有形的形式加以复制，把复制品向公众传播的行为。在我国，2001 年国务院公布的《出版管理条例》中，出版活动被确定为包括出版物的编辑、复制（印刷）和发行等方面工作在内的活动过程。显然，这些有代表性的界定都是结合印刷载体的物理特性及生产途径来表述的，如《世界版权公约》强调"有形的形式"和"复制"，而我国《出版管理条例》强调印刷这一出版物的复制方式。值得注意的是，这一类的出版定义基本均是在数字化的网络媒介产生或广泛普及之前给出的，换言之，主要是针对传统出版的特征总结的。

在数字技术及网络技术被应用到大众传播领域之前，即在传统媒介技术条件下，人类大众传播业各门类间存在着较为显著的差异，不同的传媒业部门经营着不同的媒介形式，部门之间可谓泾渭分明，媒介产品之间在外在形态、所传播内容的属性上均差异明确，媒介生产工作各环节也存在显著不同，其区别见表3-1。换言之，在传统技术条件下，不同的媒介形式必须由不同的媒体生产机构承担生产经营工作，媒介生产技术设备、媒介内容采集加工手段和流程的不同使得一种媒介形式的媒介生产机构无法介入另一种媒介的生产领域。表3-1所列的传统媒介形式中，印刷媒介、电波媒介和光影媒介均有各自的经营机构和产业链，这三种媒介细分类别在产业之间几乎没有交叉领域。即使在同一细分类别中，不同的媒介也难以由相同的媒介经营机构兼营。例如，图书出版社依靠相同的人员机构、生产流程无法同时经营期刊，而图书出版社显然更加无法从事新闻时事报纸的出版工作。这就造成传统的大众传播活动清晰地分为图书出版、期刊出版、报纸出版、广播、电视、电影等几大独立的类型，这几类大众传播活动也属于不同的独立的社会专业分工，相应的也分别有独立经营这些媒介的产业存在。进一步来说，在传统媒介技术条件下，造成这种不同大众传播活动通过各自独立的产业来运营的主要原因，首先在于和这些大众传播活动相联系的传播媒介的物理特性及其生产技术差异，即存在"载体技术壁垒"，造成出版、广播、电视等不同传媒子产业各自分立运行，无法相互取代；其次在于这些大众传播活动所传播的内容及其组织形式上的差异，例如，在出版领域中图书出版活动和期刊出版活动之间的差异。上述差异性的存在是传统意义上的出版活动、出版业、出版机构或企业得以存在与发展的基础。

表 3-1 传统大众媒介的特性与区别

媒介类型		内容的主要形式	内容的存储与传送载体	内容的呈现载体	受众对内容的获取方式
细类	具体形式				
印刷媒介	图书	同一主题的文字作品	纸质图书	纸质图书	视觉
	报纸	文字形式的新闻报道及评论	纸质报纸	连续定期面世的纸质报纸	视觉
	杂志	多篇由不同作者撰写的文章	纸质期刊	连续定期面世的纸质期刊	视觉
电波媒介	广播	以口语、音乐表现的各种声音内容	有线或无线传送的电磁波	收音机	听觉
	电视	以图像为主要表现形式的各种视频内容	有线或无线传送的电磁波	电视机	视觉
光影媒介	电影	以图像为主要表现形式的单一主题视频内容	电影胶片	大幅投影屏幕	视觉

二、媒介融合条件下载体技术壁垒趋于消失

在数字技术推动下，互联网媒介快速发展，并形成媒介融合的趋势，上述情况发生了很大变化。互联网不仅集所有传统传播媒介的功能于一身，能够传播文图声像等所有形式的信息内容，而且在传播功能与效率上还远超传统媒介，当前，互联网上的各种应用与服务非常多样化，所存储的信息内容更是极为丰富，涵盖人类社会迄今为止的各个知识门类，涉及人类社会生活的每一个领域。在当代社会，人们已经越来越多地通过互联网来获取各种信息内容，网络这一数字新媒介在一定程度上已对各种传统传播媒介产生了替代性，以往需通过不同的传统媒介承载与传播的信息内容得以脱离对相应的传统媒介载体和媒介生产技术的依赖，都可以以数字化形式在互联网上存储与传播，并通过相同的数字化终端媒介呈现

给受众。也就是说，在网络媒介上，不同形态的信息内容数字化后在存储与传输上已经没有差异了，在载体和传播上的差异性消失后，传统意义上的不同传播活动类型之间的差异仅剩下内容本身。图书出版社可将其生产的数字化的图书产品，即电子书放在网站供读者通过自己的普通电脑、平板电脑或智能手机阅读，电视台同样可以将自己采编的电视节目放在网站上，观众仍然通过自己的台式电脑、平板电脑或智能手机收看。在这种情况下，以图书出版为例，出版活动可以表述为：它是使特定作者具有统一主题的，一般以文字为主要表述方式的著作公之于众的活动，出版活动的产品仍然称之为图书（book）。值得注意的是，在数字技术条件下，数字图书的内容形态及组织方式和传统的纸质图书可以有很大的差异，纸质图书只能线性地呈现文字及图表内容，数字图书则可以是多媒体化的，可以包含音频和视频，内容间也可以通过超链接互相联系，数字图书可以是互动的，数字图书甚至也有"有声书"这种诉诸人的听觉而非视觉的特别形式。这表明在数字条件下，图书在形态上与纸质图书可以有很大的差异。事实上，数字图书已是一种"多媒体作品"，之所以将其称之为图书的一个原因在于，在台式电脑、平板电脑或智能手机等内容显示终端上，数字图书通常以一个独立的"文件"或"应用"的形式存在，但完全相同的内容在互联网上完全可以以一个 Web 网站的形式存在。这提醒我们，使用"数字图书"这一概念是人们在传统媒介条件下对不同内容产业按其载体形式作划分的思维的延续，更具体来说，是从传统出版视角出发对于互联网上所传播的内容的刻板认识。网络媒介所传播的均是信息内容，只不过在表现形态上包含文字、图像、音频和视频等多种形式。从这个意义上来说，假设网络成为人类社会信息传播的主要媒介，那么大众传播业的整体格局会发生巨大的变革，目前的大量传统媒介生产部门在数量上将急剧减少，将被边缘化，很多将不复存在，取而代之的将是新生的信息内容生产部门。

三、媒介融合视角下对出版本质与价值的认识

上述分析和假设仅是一种理论推演，但不争的事实是，以往各类传统媒介生产经营的载体技术壁垒已被数字技术和互联网冲破，各类传统媒介的经营者和对应产业因"载体技术壁垒"获得的一定程度上的垄断经营优势也因互联网而丧失，

这就使传统传播媒介产业企业和经营企业产生了一定的生存与发展危机。当然，每一类传统媒介产业目前都在积极进行数字化转型，通过互联网提供信息与内容服务，在此过程中获得经济收益。在传统出版中，出版活动包括编辑、复制（印刷）和发行等环节，出版活动是建立在工业化物质商品生产和流通基础上的生产方式。尽管出版的目的和价值在于出版物上所承载的精神内容，但是，出版活动的价值却是按照工业化有形商品的生产消费过程来实现的，尽管出版活动传播的是文化知识内容，但知识的承载物生产仍要经历工业化生产环节进入物质流通领域，人们必须购买实物形态的纸质图书等出版物才能消费出版物所承载的知识内容和信息。在数字化的网络媒介条件下，经编辑加工后的作品的精神内容独立于纸质图书等有形物品而存在，以数字化形式在网络中存储与传播，最终阅读时可采用多种终端载体，使作品中精神内容的共享与消费完全脱离了物质载体的限制，购买和消费作品就是获得对作品中的精神内容和知识信息的访问和阅读权利。如果将这种作品的编辑加工生产过程称之为出版活动，那么可以很清楚地看到，出版的本质是对人类精神文化内容的发掘与传播，出版活动的核心内容就是对承载了人类精神文化内容作品的采集、编辑加工和传播。出版的价值集中体现于出版物之上，出版物的价值来源于其附加了作者的创造性精神劳动的价值，以及出版者在编辑出版工作中所付出的创造性精神劳动的价值。对于凝结了作者大量创造性精神劳动的作品，如果再附加上出版者发掘与编辑加工等工作中所付出的大量创造性精神劳动，那么，最终的出版物无论采用怎样的媒介形式，都能够带来相当的经济效益和社会效益，这就是媒介融合时代出版的价值所在，以及出版业继续生存与发展的根基。正如世界出版巨头培生集团的核心出版理念所言——有价值的信息值得付费。

第五节　政府应给出版转型发展提供市场空间与制度环境

从人类传播媒介的发展与演进的角度出发，当代的媒介融合趋势意味着以网络为代表的新兴数字化新媒介因集传统媒介功能于一体，将逐渐成为人类信息传播的主导媒介，在这个意义上，所有传统媒介都必须实施数字化转型，将其信息内容产品通过网络这一融合媒介传播。从传媒产业的发展角度出发，媒介融合意味着在巨大的技术变革和市场变革背景下，围绕着产业组织开展的媒介产业资源的大规模重新整合，目的在于充分利用优质产业资源，淘汰价值不高的产业资源，使产业组织更有效率，充分开发新市场，从而使产业的经济产出更高。媒介融合是当代媒介技术与市场发展带来的必然趋势。结合前文分析的当代中外传统出版业的发展状况、媒介融合趋势下欧美出版企业转型发展的趋势与经验，本书认为，在媒介融合趋势下，我国出版业转型发展的方向在于：顺应媒介融合大趋势，优化传统出版业务，积极开展数字化转型，深入实施集团化发展，开拓产业融合领域，努力进军全球市场。我国出版业要顺利实施转型发展，目前还需要政府提供良好的市场空间和制度环境。

一、政府应简政放权，使市场充分发挥资源配置作用

从欧美出版业的发展经验来看，无论是出版企业或企业集团的数字化转型，还是出版企业的集团化发展，都是在开放、自由、规范的市场环境下实施的，由市场机制充分发挥资源配置作用是欧美出版业实现产业资源优化配置，顺应媒介融合取得跨越式发展的重要条件。市场机制是依靠市场的供需矛盾进行资源分配和组织生产的一种产业经济运行机制，实践证明它是一种符合市场经济运行规律并能有效推动产业经济发展的资源配置机制。市场机制源于从事经济活动的人或组织进入市场后追求利益最大化的经济理性和动机，以及由此产生的市场交易行为。市场机制应是市场经济体制下资源配置的主要机制，具体而言，市场机制通过价格机制、供求机制、竞争机制、利益机制支配着资源配置的方向、资源配置的数量和资源流动的速度，使各类资源能够以最快的速度配置到市场短缺的或最需要的部门和行业。在我国社会主义市场经济条件下，我国的手机、家电和汽车等产业的快速发展已经证明充分发挥市场机制的作用对于产业的发展至关重要。

要推动我国出版业顺利转型发展，应使其符合市场经济规律，也应让市场在随出版产业转型发展而产生的产业资源大规模重新配置的过程中起到主导作用。当前，我国出版业对体制改革的目的、方向及自身利益有了更为清晰的理解，作为出版制度变迁的两种力量，政府和出版企业都有了自己的理性预期，希望通过改革实现各自的目的。我国出版体制改革逐渐呈现出强制性制度变迁和诱致性制度变迁相融合的特征，即在统一的改革方向下，政府和出版机构可以相互借力，共同推动出版体制的重构和出版业的转型。我国学者孙宝寅、崔保国 2004 年曾提出一种"准市场机制"，这种机制一方面依靠市场表现出的供需矛盾进行资源的分配、组织生产与服务，同时发挥政府行政指令机制的宏观调控的约束作用，可作为我国出版体制改革和出版业转型由政府主导向市场主导过渡过程中的产业调配机制，这种机制在一定程度上与我国出版业改革与转型现阶段的进程相适应，具有一定现实适用性。但值得注意的是，党的十八大报告指出，经济体制改革的核心问题是处理好政府和市场的关系，必须更加尊重市场规律，更好地发挥政府作用。《中共中央关于全面深化改革若干重大问题的决定》进一步指出，经济体制改革是全面深化改革的重点，其核心问题是处理好政府和市场的关系，使市场在资源配置中起决定性作用和更好发挥政府作用。显然，党和国家在推进改革的布局中，已经要求市场在资源配置中需要从"起基础性作用"发展到"起决定性作用"，这就表明，我国出版业下一步的发展转型应加速推进市场在产业资源重组中发挥决定性作用。

在我国出版业的转型发展过程中，要处理好政府与市场的关系，目前主要是处理政府"做得太多"的问题，出版业的市场化改革与转型发展应以效率为导向，我国出版企业需要通过市场激励实现技术创新、生产率提高和资源的更有效配置。政府行政力量应逐渐减少对行业与企业的多方面干预。政府需要尊重市场规律，逐渐简政放权，要逐渐加快还权于市场、还权于企业。市场、企业能做的一定要让市场、企业去做，市场、企业办不了、做不到的，政府也应尽可能地减少行政干预手段，较多地运用经济、法律手段来干预调控。但改变政府"做得太多"的现状并不意味着政府"做得越少越好"，事实上，发展经济学理论中的"刘易斯悖论"指出，政府"做得太少"，也不利于经济与产业发展。政府应加快转变职能，健全相关法律法规，对出版行业的管理向法治化、规范化方向发展。政府在我国出版业的发展转型过程中，应通过法律和必要的经济规制，防止各种垄断行为，保护市场竞争的公平性和充分性，鼓励创新和优胜劣汰。政府对出版业转型发展也应提供必要的基础设施保障，如出版业实施数字化转型，政府应在发展网络设施的基础上为出版业提供服务与保障。政府应积极鼓励出版行业组织的发展，并与其开展合理分工。政府对出版产业运行还应履行一定的宏观调控职能，主要应通过财政手段，最大程度地减少直接干预。

二、政府应变革出版管理制度，消除媒介融合的各种体制障碍

在媒介融合的发展趋势下，我国出版业已开始数字化转型的步伐，在政府的主导下，出版业集团化进程在较短的时间内实现了快速推进。根据党和国家的战略部署，我国出版业顺应媒介融合的趋势，进一步发展转型主要需依靠市场起到资源配置的主导作用。目前我们看到，在我国出版业产业资源进一步深度重组进程中，还存在很多制度性障碍和壁垒，包括一些计划经济时代的出版管理制度的延续，以及如前文所提及的行业壁垒和所有制壁垒等。政府部门在将权利逐渐让渡于市场和企业的过程中，必须着重消除这些障碍和壁垒，促进我国出版业形成开放、公平、统一的产业要素和资本市场，使得产业资本能够在符合经济发展规律的条件下顺利流动，以便为市场充分发挥资源配置作用奠定基础。为此，政府必须尊重市场和产业发展规律，实施管理思维和管理制度创新。

（一）消除行业壁垒和地区壁垒，促进多元传媒或出版传媒集团的形成

一直以来，我国采用媒介分割管理制度，不同的媒介受不同的媒介管理部门垂直领导，不能越界经营其他媒介业务，媒介管理与经营的条块分割致使跨媒介融合在我国传媒业难以实现。不同媒介之间的融合和交叉是未来传媒发展的趋势，为顺应媒介融合趋势，政府部门在媒介管理上应打破媒介行业间的壁垒，促进其渗透和融合，这符合传媒业发展的内在逻辑。

同时，我国出版业还缺乏来自其他工商业领域资本实力雄厚的战略投资者，政府应研究制定具体的政策措施，加快引入战略投资者，使我国出版企业和出版集团获得实施转型发展更充沛的资本。一方面，在率先引入业外大型国有企业集团国有资本的过程中，应进一步放松有关限制，尝试使业外资本实力远超我国出版集团的国有企业集团并购或控股出版集团，这在经济上对于我国出版集团及出版业的发展有着强大支持作用。另一方面，目前我国出版业集团化建设呈现出按省域分布的特点，省级出版集团虽多，但规模都不够大，不利于进一步提高我国

出版业的集中度，我国中央和地方政府部门应充分协调，着眼于我国出版业的整体发展，打破出版企业和出版集团跨地区经营及实施兼并重组的种种限制和地区壁垒，使出版产业在全国形成生产要素能够充分而自由流动的统一大市场，为我国出版业组建跨地区的，远超现有省域出版集团规模的全国性大型出版集团创造条件。

（二）消除所有制壁垒，汇集各方力量推动出版业转型发展

在数字出版领域，我国一些新兴的民营数字内容与信息服务提供商近年来利用互联网经济的高速发展而快速崛起，这些内容服务提供商早已涉足数字出版领域，且拥有了已超过大多数国有出版企业的资本实力，但这类数字内容提供商还无法主动参与我国出版集团建设与发展。在产业之外，同样有大量的非公有资本因政策限制无法参与到我国出版集团的建设发展进程中来。

从提高我国出版产业效率及加快实施业态转型的角度来说，我国出版业建设具有世界竞争力的大型出版集团及实现数字化转型，理应充分吸引这些非公有资本背景的产业力量参与集团的发展与转型。非公有资本和市场主体具有完全的市场特性，是市场上最有活力的力量，给予非公有资本和市场主体参与我国出版业转型发展平等的市场地位和公平参与竞争的权利，符合产业经济发展规律。我国出版业所有制壁垒的存在主要是出于历史原因形成的意识形态安全考虑。但在当代社会开放的传播环境下，所有制壁垒的存在并不能成为意识形态安全的主要保障手段。在我国开展文化体制改革的大方向下，在出版领域打破所有制壁垒，建立主体多元的出版业格局，实现出版业投资主体的多元化，建设能够自由竞争的公平的出版业市场环境，有利于出版业的整体转型发展。在吸引非公有资本和市场主体助推我国出版业转型发展时，应注意渐进性和有序性，逐步放开相关限制领域，不断尝试并积累经验。对非公有资本和市场主体参与我国出版集团建设或国有出版业数字化转型予以规范管理，制定相应的政策与制度，引导其有序参与和助推我国出版业的转型发展。

第六节　出版企业的转型战略

我国各类出版企业转企改制后，成为了真正的市场主体，在我国出版业的转型发展过程中，应充分发挥市场主体的地位，顺应媒介融合的大趋势，正确定位自身在我国出版业改革发展转型大格局中的方位，并由此积极进行转型发展。出版企业实施转型发展还需若干前提与基础：首先，我国出版企业应完善自身的经营管理机制，提高企业运营效率。具体来说，我国出版企业目前应进行规范的公司化改造，逐步建立现代企业制度，完善公司治理结构，提高企业内部决策的科学性和有效性；同时完善公司管理机制，建立有效的管理制度，提高企业各环节工作的效率，以此为企业的转型发展奠定良好的基础。其次，我国出版企业应根据媒介融合趋势，结合传媒业及出版业发展的总体规律与趋势，积极寻找适合于自身的转型战略和转型发展路径。不同的出版企业与出版集团，资本实力各不相同，也有着各自的细分业务领域和业务组合，以及各自的优势与短板，需要根据自身情况确定发展目标，再结合媒介融合大趋势，制定相应的经营与发展战略。

虽然不同的出版企业与出版集团个体的转型发展战略可能各有侧重，但在媒介融合大趋势下，对我国出版企业和出版集团而言，也存在着共同的宏观转型战略方向，可作为我国出版企业与出版集团制定个体战略时的参考依据。总体来说，为顺应媒介融合趋势，我国出版企业转型需要实施两大宏观发展战略，分别是数字化转型和集团化发展。

一、数字化转型

当代媒介消费市场的总体趋势是，媒介使用者使用网络等数字媒介的时间远超过任何一种传统传播媒介。网络已逐渐成为当代人类传播与获取信息的主要媒介。互联网作为融合媒介，不仅集中了人类信息传播系统几乎所有的传播功能，也在集聚越来越多的使用者，这就要求出版企业将其生产的出版产品以数字化形式通过网络来进行传播和销售。如果出版企业固守纸质出版，那么很可能会面临市场份额的减少，进而面临生存与发展危机。在媒介融合趋势下，由于消费需求的减少，传统出版业总体上已经很难再实现规模增长，因此当代世界各国的出版企业，都必须实施数字化转型。

（一）积极发展数字出版新业态

目前，在美国等出版业发达国家，出版企业实施数字出版的技术条件与市场条件均已成熟，其数字出版业市场如电子书市场快速增长，数字出版业务在美国出版企业总体收入中的占比逐年增加，已经成为美国出版业新的增长点，电子书业务也将逐渐成为美国出版业的主要收入来源。但是在我国，虽然目前传统出版企业实施数字出版的外部技术条件也已成熟，但市场环境还不成熟，出版社的主要收入来源还是印刷版图书的销售，电子书业务收入还非常低。主要原因有三点，首先是我国数字出版产业利益分配严重失衡，出版社与作者的合理回报得不到保障；其次缘于数字版权保护力度不够，侵权现象一时还难以全面遏制；最后也与市场不规范，一些数字出版企业的商业伦理缺失有关。

因此，我国出版企业要实施数字化转型，顺利开展数字出版业务，必须首先营造一个良好的市场环境，这一环境的营造需要政府及数字出版产业链各方的共同努力。政府应尽快完善数字版权立法、提高数字版权法律保护水平，也应采取措施加强行业管理，规范数字出版产业市场，督促一些占据数字出版产业链关键环节的数字出版平台服务商开展诚信经营，以此为众多传统出版企业转型开展电子书业务创造良好的市场环境。数字出版平台服务商也应认识到，当前无论是"平台为王""渠道为王""终端为王"，均只能维持一时，出版产业从根本上来说，仍然是"内容为王"，因此必须充分尊重作者与出版社的合理利益，要认识到只有与作者、出版社平等合作，多方共赢，才能共同推动数字出版产业快速发展。当前，数字版权产业链相关各方应着眼于产业发展大局，在合作中寻求共赢。对于我国传统出版企业而言，也应为开展数字出版业务做好各方面准备，而非被动等待条件成熟，同时探索突破困境的有效办法，以积极的姿态迎接出版转型。

（二）努力开拓融合市场业务

值得注意的是，在媒介融合趋势下，传统出版企业实施数字化转型，销售传统出版物的数字化版本并非唯一选择。在媒介融合条件下，由于内容产业、信息技术产业间的产业融合与渗透，在各产业市场重叠领域已产生一些融合市场，近年来正处于高增长与高收益发展阶段，出版企业开展数字化转型时，也应积极关注这些新生的融合市场，条件具备时应积极开拓融合市场业务。当前尤其值得关注的是信息服务业市场,欧美大型出版传媒集团因为信息服务业市场的高收益性,大多凭借原有出版传媒业务或通过并购进入该市场领域占据可观市场份额,获取高额利润。例如,汤姆森集团已完全从出版传媒集团转型为信息服务提供商;而励德·爱思唯尔集团通过数字化转型,积极扩展信息服务业务,同时收缩传统出版业务,专业信息服务业务的收入已超过传统出版业务成为集团收入的主要来源;信息服务业务也曾是培生集团的主营业务之一;其他如美国著名教育出版商麦格劳-希尔集团,信息服务业务也已成为其核心业务之一。我国开拓或转型发展经营信息服务业的出版企业或出版集团目前仍较为少见。事实上,信息服务业可视为出版传媒业务的衍生业务,出版传媒企业原有的内容资源可成为开展信息服务业务的重要基础。我国出版企业或出版集团有必要尝试通过数字化转型积极开拓信息服务业务,尤其是在专业出版领域。

（三）优化传统出版业务

在向数字化转型的过程中,我国出版业还需要找到传统纸质出版业务发展方式的有效转变之路。21世纪以来,我国传统图书出版业虽然增加了各种出版品种的规模,但始终是表面繁荣,图书出版行业已经陷进"滞胀"的局面,规模的扩张并未带来收益的提升,纸质图书出版业务的盈利水平明显不及预期。所以,在传统出版市场已经难以进一步扩张规模的情况下,改善传统出版业务是我国出版业转型发展道路中必须完成的课题。出版业必须转变思路,停止一味追求出版数量的增长,在出版质量方面下功夫,控制出版品种,力求做精、做优,从选题阶段开始优化出版品质,尽力提升图书产品的质量和效益,打好传统出版企业数字化转型的内容基础,推动数字出版业务获得更高收益。政府也需要采取合适的经济手段或财政手段来调控传统出版业,引导传统图书出版业走出"滞胀"的困境,有效提升我国传统出版业的效益与发展质量。

二、集团化发展

当前,世界范围内传统出版业都面临市场规模难以增长甚至逐渐缩减的困局。出版业要获得进一步发展,必须转变发展方式,延伸出版业务价值链,开拓新的市场领域。20世纪90年代欧美出版业的发展表明,产业资源通过出版企业的集团化实现集聚，以此为基础提高出版业的规模经济效益，是当代出版业实现增长的重要和必经的途径，这一途径是媒介融合的重要表现形式，符合传媒与出版产业总体的发展规律。

（一）实施规模化和集约化经营，形成大数据优势，部署数字化转型

集团化可为出版业顺利实施转型发展、开拓传统出版业务以外的市场领域提供条件和可能。我们看到，在媒介融合趋势下，传媒业、出版业与信息技术产业发生融合，产生了基于互联网的新型信息服务业。信息服务业实际上与传媒业及出版业有着密切的联系，其业务的开展必须以大规模的内容和信息资源作为基础，也就是说，传统出版企业要实施数字化转型，进入信息服务业市场，获得新的增长点，首先必须在数字化内容资源上实现规模化和集约化经营。例如，剑桥大学出版社共出版 300 多种学术期刊，使得剑桥大学出版社能够充分发挥内容资源的规模优势，将旗下的 200 多种学术期刊过往卷册全部数字化并在全球销售，创建了剑桥期刊回溯数据库。进军信息服务业必须以能够实现内容资源的"大数据化"为前提，这对于传统的单体出版社实际上并不现实，尤其在我国，传统出版社的内容资源规模大多不足以单独开展数字出版或信息服务业务。出版企业实现集团化发展后，就可以在集团范围内聚合内容资源，形成大数据优势，为开展数字出版业务乃至进军信息服务业创造有利条件。这表明，我国出版企业实施数字化转型和集团化发展是密切相关的，推进集团化有助于我国出版业实现数字化转型，数字化转型也应是我国出版集团下一阶段的重要战略部署。

（二）以出版业务为基础，开拓关联产业大市场

出版业集团化发展，有利于个体出版社抱团发展，并通过资本化运作，在更大的相关产业领域中寻找新的市场机会，同时使出版集团获得新的市场定位和市场地位。以培生教育集团为例，培生教育集团的业务以教育出版为主，教育出版业务也是其主要收入来源。但单纯依靠教育出版，虽然有着稳定和可观的经济收益，但增长与发展空间有限。培生教育集团积极实施战略转型，集团经营领域以教育出版为基础，拓宽到整个教育产业链，使有着更大市场空间的教育业务成为集团的主营业务，教育出版作为其教育业务的重要一环。不唯培生教育集团如此，其他欧美集团的发展体现了同样的转型趋势，都是以集团化和资本化运作为基础，

在原有出版业务的基础上，将主营业务扩大化，使得出版成为新的主营业务的重要一环。例如，世界著名出版集团麦格劳 - 希尔集团，其核心业务包括教育信息与媒体、金融服务，和培生集团的业务领域拓展方式类似。这些出版集团的转型发展方式体现了世界出版产业的总体发展趋势，对于我国出版业集团化发展有重要启示。

我国出版业集团化后，要实现快速发展，如果固守出版业务已难以达到发展目标，但可以以出版业务为基础，根据出版业务所属的更大科技、文化或教育领域，将集团主营业务定位为涵盖出版业务、覆盖更广泛市场空间的更大型的业务，例如，将教育出版业务扩展至教育业务，进而通过并购等资本化运作手段打造包含出版业务在内的，新的业务产业链与价值链。这无疑将使我国出版集团得以在更大的市场领域获得发展，而新的大型业务的开展也有助于原有出版业务的发展，从而实现产业协同效应和范围经济优势。事实上，由教育出版业务拓展到教育业务，与发展信息服务业一样，同样是产业融合带来的新的产业机遇。出版集团发展教育业务，开拓整个教育市场，是在媒介融合的趋势中，出版企业集团化后，出版业与教育业发生交叉和融合的结果。也就是说，在产业层面，媒介融合不仅体现为传媒业、出版业产业资源的聚合，也体现为传媒业、出版业与其他相关产业的资源聚合。

（三）建设规模和竞争力国际领先的国际化出版传媒集团

20 世纪 90 年代以来，欧美出版业通过行业并购，产生了为数更少但规模更为庞大、市场地位更为重要的出版传媒集团，这些出版传媒集团在其所在国家乃至全球都占据较大市场份额，欧美出版业已呈现高度集中化的局面，这也是世界出版业的发展趋势。但现阶段我国出版集团仍表现为省域分布的格局，几乎每个省都有一个出版集团，出版集团数量较多，但规模都不够大，即使是目前的数个"双百亿"集团和欧美大型出版传媒集团相比，规模差距还非常大。例如，在 2009 年，作为当时我国综合经济规模最大的出版集团，江苏凤凰出版传媒集团的盈利规模仅为培生集团 2008 年盈利规模的 11% 左右。这就要求我国出版业集团化下一阶段应尽快打破集团化发展的地域限制，使我国出版集团能够顺利实现跨地区并购和重组，进而打造全国性的更大规模的出版集团，使其足以在世界出版市场上与当今欧美大型跨国出版集团相抗衡。

我国出版集团还应积极向跨媒介、跨行业的业务多元的出版传媒集团发展。在媒介融合趋势下，媒介之间的界限正在逐渐消解，综合开发利用各种媒介形式，聚合海量信息并以最便利、最快捷的方式传播信息，即"一次创建、多次使用、多渠道传播、多媒体发布"，从而获得最大的经济收益，已经成为内容产业最经济的生产手段。实施跨媒介发展，整合全媒体业务，有助于我国出版传媒集团有效地发挥规模经济和范围经济的优势。实施跨媒介和跨行业发展，尤其是在开展跨行业的多元化业务时，我国出版传媒集团应处理和协调好多元化和专业化的关系。我国出版集团发展时间短，通过多元化经营可增强整体资本实力和抗风险能力，因而多元化经营就成为出版集团的发展战略之一。如安徽出版集团涉足医药行业，凤凰出版集团涉足房地产领域等，这些高利润行业可为出版集团创造丰厚的利润，在一定程度上能够起到反哺出版主业的作用。国外出版集团的发展历史也证明了多元化经营在企业特殊发展阶段的作用。但是，当前大多数国际著名出版传媒集团经历了多元化发展之后，都逐渐收缩了业务领域，出售与主业相关性不大的产业，逐步转向专业化，将自己的目标定在范围较狭窄、专业性的业务上。如培生集团目前已集整个集团的资源发展教育业务。专业化有利于在细分市场中形成规模优势和品牌优势，我国出版集团在下一阶段的发展过程中，也应逐步向专业化转型。目前，我国出版集团同质化严重，缺乏专业特色，难以在特定市场领域确立领先优势，今后应通过内涵式专业化重组发展，培育核心竞争力，形成自己的品牌优势、规模优势和市场优势。

此外，我国出版集团还应积极推动跨所有制整合，我国民营出版业已是非常重要的产业力量，在大众出版和教育出版领域竞争力极强，我国出版集团增强实力和市场竞争力，应充分整合民营出版业的力量，这有助于提升我国出版业整体实力。在数字出版领域，我国国有传统出版企业的数字出版业务发展缓慢，但非公资本背景的数字出版企业近年来发展非常迅猛，我国出版集团整合非公资本背景的数字出版企业有助于加快推进数字出版转型。总体说来，经过充分开展跨地区、跨媒介、跨行业、跨所有制整合重组，我国应形成少数专业优势突出，集团规模和竞争力堪比国际一流出版传媒集团的大型出版传媒集团，在此基础上，我国出版传媒集团应参与世界出版市场竞争，在世界出版业大格局中占据若干席领先位置，这应成为我国出版传媒集团新的发展目标，也是我国发展成为世界出版强国的重要途径。

面对媒介融合，需要突破传统媒介视角下对出版的刻板认识。在媒介融合视角下，出版的本质是对人类精神文化内容的发掘与传播，具体而言是对承载了人类精神文化内容的作品的采集、编辑、加工和传播。出版活动的价值在于提供有价值的信息和作品。作为出版物的作品的价值来源于其创作者和出版者付出的大量创造性精神劳动。

媒介融合趋势下，出版业必须通过转型来实现可持续发展。基于这一认识，并借鉴欧美出版业的发展经验，可将我国出版业转型发展的方向与战略设计为：顺应媒介融合大趋势，优化传统出版业务，积极开展数字化转型，深入实施集团化发展，开拓产业融合领域，努力进军全球市场。为实现这一转型发展战略，应完善我国出版业市场，促进我国出版业形成开放、公平、统一的产业要素和资本市场，使得市场在出版产业资源配置中起决定性作用。应调整政府与市场关系，政府应简政放权，改革出版管理制度，消除我国出版业顺应媒介融合转型发展的各种体制障碍。我国出版企业和出版集团应尽快建立现代企业制度，在宏观转型战略上应实施数字化转型和深化集团化发展。在数字化转型上，我国出版业各方应共同努力，完善数字出版的商业模式和产业链，同时积极开拓信息服务业等融合市场业务。在集团化发展上，应基于出版业务在更大的关联产业领域开拓新的市场空间，应进一步开展跨地区、跨媒介、跨行业、跨所有制重组，构建若干规模和专业优势突出的大型国际化出版传媒集团。

第四章　数字出版与融媒体

第一节　全媒体时代文学期刊的传播创新

随着全媒体时代的到来，微博、微信等移动网络社交工具改变了人们的阅读习惯。很多文学期刊也与时俱进，通过多种传播媒介发布文学作品，但很多在现实中负有盛名的文学期刊，在网络平台上的表现却乏善可陈。传统文学期刊经过数十年的积累，有丰富的文学作品和作者资源。如何利用好这些资源，在全媒体时代有所作为，找到合适的发展生存之路，是很多文学期刊面临的重要问题。《ONE·一个》（以下称《一个》）是由韩寒团队编辑的文学应用软件（App），最初是韩寒创办纸质期刊《独唱团》受挫后的代替品，经过发展，已经实现了自给自足并开始盈利。从发展来看，有很多经验值得传统文学期刊借鉴。

一、《一个》发展概述

文学类 App《一个》上线当天，仅在苹果应用商店上线一天，就有 40 万次的下载量。《一个》每天向用户推送三个版面，第一版是一幅图画、一句话，第二版是一篇文章，第三版是一个问题，版式简单，内容也不复杂。因为《一个》认为：复杂世界里，一个就够了。当时，很多人认为《一个》的成败完全取决于韩寒对用户的吸引力。上线两周之后，这款手机 App 已经从下载排行榜上消失了。有互联网分析者认为它会非常短命，因为《一个》毫无创意，只是纸质杂志的电子版而已，制作者显然对互联网的特性缺乏深刻理解。

出乎人们意料的是，《一个》副主编金丹华在为其官方网站开通而写《我将有何种对于梦的权利》中透露，苹果客户端（IOS）和安卓端的下载用户，已经突破了 1 200 万。而且其衍生产品除了图书之外，还包括服饰、明信片等，并开设了主题餐厅。2013 年 12 月，App 更新之后，增加了"东西"栏目，每日推送一款商品，其中大部分商品在《一个》的官方网站和淘宝店可以买到。

韩寒在一次采访中表示，《一个》能够自给自足，而且开始盈利。每天的活跃用户近百万，在这个 App 上发文并成长起来的作者图书销量都能在 10 万册上下。《一个》拥有一批如张晓晗、张嘉佳、七堇年等人气作者，也有不少文艺青年因为在《一个》上发表文章后受到关注，成为专业作家，如陈谌等。

二、《一个》取得成功的原因

在文学期刊备受冷落的当下，《一个》的成绩十分可观。这个成绩的取得，最初可能依靠的是韩寒的个人影响力，但其发展壮大并获得成功的核心还是在于创新。

（一）传播模式的创新

《一个》作为文学类期刊，创造了一种全新的文学作品传播模式。通过新媒体移动设备传播信息人们已经司空见惯，而且人们能够利用智能手机等移动设备接收的信息也越来越多，手机不再仅仅是传统意义上的通信工具，它可以进行网上社交、购物、娱乐等。当时，App 虽然不是什么新鲜事物，但文学类甚至文艺类 App 几乎没有，制作 App 的期刊集中在时尚类、旅游类等。

传统文学类期刊在当代普遍遇冷，很多大型文学类尤其是纯文学期刊因发行量下降而难以为继，经费紧张。制作手机 App，前期需要投入较大的经费，《一个》IOS 和安卓两个平台，上线、开发成本约 40 万元，每年的技术维护为 10 万元。这在当时确实是一个大胆的尝试和创新。在人们传统的观念中，移动网络的特点就是多媒体融合互动，而《一个》更多的是传统纸质内容的电子版，没有全媒体时代司空见惯的音频、视频等多媒体内容的呈现，"非必丝与竹，山水有清音"，因其单纯反而更显得独树一帜。所以《一个》既突破了文学类期刊传统的纸质传播方式，又在多媒体时代纷繁复杂、"娱乐至死"、良莠不齐的信息中坚守了文学的净土。

不仅如此，围绕 App，《一个》编辑部开通了官方微博，也为编辑、作者、读者互动开辟了新的渠道。通过微博，编辑与读者、作者保持着畅通的互动，尤其是"问题"栏目，经常是编辑通过官方微博提问，精选答案刊发到《一个》。即时沟通、互动交流的传播方式对文学期刊的成长非常有利。

（二）良好的用户体验

文学类 App 成功的关键在于满足用户的需求，给用户提供良好的阅读体验。移动互联网的出现正在改变人们的阅读习惯，移动终端使人们可以在生活中随时随地进行阅读。同时，人们仍然追求纸本书的阅读体验。所以接近纸本书的阅读体验和方便快捷的使用体验也成为该类型 App 的竞争要素。《一个》在用户体验方面，深刻了解用户的生活习惯和网络行为习惯，从细节入手，满足用户阅读的各种需求。

首先，《一个》将读者的阅读时间定在 30 分钟以内，以阅读时间作为选择稿件的一个标准，与传统文学期刊以题材、体裁选择稿件相比，更具有全媒体时代特色。统计显示，两个月内，《一个》发表文章 61 篇，平均字数为 5 118 字，所有篇幅都能够在 30 分钟内阅读完毕。

《一个》内容简单，App 文件不大，节省手机内存和流量，用户可以随时阅读，长时间积累下来，阅读量非常可观。

中国互联网信息中心发布的《中国手机网民娱乐行为报告》显示：手机阅读用户每次手机阅读时长较短，但阅读频率较高，在手机阅读时长上，以 10～30 分钟为主，占比为 34.7%。这一调查正好说明《一个》将每期阅读时间设定在 30 分钟之内，是深刻把握了手机网民的阅读特点的。

其次，免费推送高质量内容。中国互联网信息中心发布的《中国手机网民娱乐行为报告》显示：手机用户的娱乐付费习惯并未养成，仅 26.9% 的手机用户最近半年内为手机娱乐服务付过费，整体付费比例较低。

作为一个文学类的 App，坚持主产品免费，对用户来说有很大的吸引力。但是免费并不意味着内容质量的下降，为了保证其稿件的高质量，《一个》采用了远远高于一般水平的稿酬标准。据韩寒在媒体透露，其一年的稿费支出就达 100 万元。将经过编辑精心挑选的高质量内容免费推送给读者，是《一个》保证下载量和用户忠诚度的重要基础。

（三）营销理念的创新

作为一个免费的高品质文学 App，必须要有一定的经济基础来支撑。《一个》围绕主产品进行品牌衍生，取得了不错的经济效益。对于文学阅读类新媒体来说，产品的营销不再局限于地域身份的限制，只要拥有智能手机就能阅读。营销大师菲利普·科特勒在《营销革命3.0》中说，文化品牌必须是动态的，必须始终关注随时会出现的新矛盾。而与此相适应，以地域、职业、年龄等区分消费者的营销模式已经不适应数字时代了，消费者更加关注那些具有符合自己世界观、人生观、价值观的产品。

《一个》的核心读者是80后文艺青年，他们从《三重门》开始就关注韩寒，热爱文艺，追求个性与自由的生活。在营销理念上，《一个》精准定位，注重倡导一种文艺的生活态度。《一个》略带怀旧，关注自我的观念，契合了核心读者的内心需求。推送内容的选择上，《一个》多是反映学生时代、青年时代的爱情、工作、生活的作品，能够引起读者的强烈共鸣，作者也以80后为主，反映出作品与读者一起成长、一起生活的特点。

为了维持生存和良性发展，《一个》通过广告、图书、服装等品牌衍生产品是一种自然选择，但均是从品牌内涵的角度，扩展品牌的情感诉求。以新媒体产品为中心，向传统产品延伸，风格仍承袭其一贯的文艺范。这一策略既借助韩寒和《一个》的影响力以较低成本拓展衍生产品的市场，又可以通过衍生产品从不同领域强化品牌效应，稳固《一个》的核心市场。两者兼容，互相促进。

三、《一个》成功对于文学期刊传播创新的启示

在全媒体时代，移动网络的发展改变了人们的阅读习惯，年轻一代更倾向于利用手机、平板电脑等移动终端进行阅读。文学期刊读者面临着断层，《一个》的成功为传统文学期刊的数字化转型提供了经验，文学期刊应该在保持文学品质的情况下，利用新媒体进行创新，吸引年轻读者。

（一）利用新媒体开发文学资源

文学期刊的优势在于有丰富的文学资源，一些经典的文学作品，历久弥新，值得一代又一代的人阅读，这些文学资源如果能够通过新媒体被重新开发利用，

将会为文学发展和文学期刊带来新生机。

全媒体时代读者的阅读呈现碎片化，为了迎合读者需求，网络文学网站和电商十分重视中短篇小说的创作。京东与冯唐等作家签约，推广原创中短篇电子书；当当将作家蒋一谈的短篇小说集分拆，以单篇电子书的方式进行售卖。中短篇小说创作的繁荣，就是新媒体对文学生产带来的积极影响。《收获》纸质版本以刊登长篇小说为主，但是在微信推送中，则采取缩写模式，摘出最精华的部分拼接，还会增加作者专访、图片等内容，这在纸质期刊上是很少见的。传统期刊能够主动利用新媒体来吸引年轻读者，是一个良好的开端。

（二）细分市场，精准传播

传统文学期刊以文学题材分类，较少重视读者阅读需求的不同。在全媒体时代，文学读者进一步细分，不仅仅以年龄、性别为界限，不同的经济状况、生活状况、文化观念、生活理念都对读者的阅读心理产生着影响。读者借助网络和移动终端以及强大的网络社交工具，能够很轻松地找到具有共同兴趣和爱好的人群。所以文学期刊要细分市场，全面深入地了解读者的阅读需求，准确读者定位，实现精准传播。文学期刊可以利用全媒体资源，必要时通过一些专门的市场调研机构，对读者的阅读心理和价值观念进行深入分析，结合文学期刊的特色，根据不同读者的心理需求和媒介使用习惯，采用多种媒体、多种方式传播文学作品。

（三）积极转型，探索营利模式

全媒体时代，网络文学异军突起并形成产业规模。这并不意味着传统文学期刊注定毫无作为，不论什么样的时代，不论通过什么样的媒介，优秀的文学作品总能够找到欣赏它的读者。所以传统文学出版要积极向数字出版转型，探索营利的、可持续发展的模式。传统文学期刊在全媒体时代显得势单力薄，似乎无力应对数字出版从内容生产到产品营销、品牌开发等一系列问题。"互联网+"是指利用互联网平台和信息通信技术，把互联网和包括传统行业在内的各行各业结合起来，在新的领域创造一种新的生态。"互联网+"为传统行业的产业升级提供了创新空间，对于文学期刊来说，"互联网+"也提供了新的创新思路。文学期刊的数字出版，必须借助互联网技术提升创新能力。网络文学目前已经在作者开发、作品推广、作品改编等方面形成了产业链，取得了良好的经济效益，也为传统文学期刊提供了可供借鉴的经验。传统文学期刊要积极开展与互联网行业的合作，探索能够盈利的可持续的发展模式，促进文学市场的繁荣发展。

在全媒体时代，文学期刊的传播创新，不是简单地改变传播方式、媒介，而是需要文学期刊改变观念，确立全媒体思维，借助"互联网+"，精心选择、精准营销，实现可持续发展。

第二节 基于福格行为模型的学术期刊短视频运营策略分析

5G 时代，短视频作为重要传播形式席卷互联网各平台，而学术期刊并未搭上"顺风车"。学术期刊应利用学术内容优势，制作学术类短视频创新出版。本节基于福格行为模型，从"动机""触发""门槛"三个维度分析学术期刊短视频运营策略，得出学术期刊与短视频的契合点，提升学术期刊传播效果，形成"互联网+学术出版"形式的学术出版新生态。

一、短视频

2020 年 10 月，作为"第八届中国网络视听大会"的重要亮点，《2020 中国网络视听发展研究报告》由中国网络视听节目服务协会发布。该报告将综合视频、短视频、网络直播等行业定义为泛网络视听领域。其中，短视频领域市场规模最大，发展迅速，占比为 29%。第 47 次《中国互联网络发展状况统计报告》显示，截至 2020 年 12 月底，我国网络视频用户规模达 9.27 亿人，其中短视频用户规模为 8.73 亿人。如今短视频的高速发展已经是"出版融合"绕不开的话题。

2016 年，快手、抖音等短视频平台相继进入互联网用户视野，短视频利用贴近生活的场景和风格多样的表现形式成为用户获取内容、休闲娱乐的重要渠道。在 5G 时代，用户更倾向于碎片化、沉浸式的内容体验。相比短视频，图文内容吸引力逐渐下降，大量文字内容创作达人转战短视频平台，抖音出现大量"百万级别"的内容创作者。

截至 2019 年 12 月底，抖音上粉丝过万的知识内容创作者仅 7.4 万名，这意味着抖音平台中知识内容创作者并未成为主流，尤其学术内容短视频博主更是空白。但知识内容创作者视频累计播放量超过了 1.9 万亿次，这说明科普、科研类内容具有市场且抖音逐渐成为大众传播知识的重要平台。学术期刊展示科研领域的最新进展或成果，通过发布内容起到公示作用。截至 2020 年 8 月底，包含抖音火山版在内，抖音的日活跃用户已经超过 6 亿人。短视频平台拥有大量的活跃用户，学术期刊可利用平台进行内容分发、成果公示。但截至 2019 年 10 月 31 日，通过对 568 份 CSSCI 来源期刊进行抖音平台的数据收集发现，仅有《社会科学》等四家学术期刊开通抖音平台，且并无官方认证，平均发布内容数量为 2 个。为此，本书将通过福格行为模型对学术期刊短视频策略进行分析。

二、福格行为模型概念及运用

福格行为模型是研究用户使用行为的重要模型，该模型指用户开展一次行动（behavior）时，需要具有主观的动机（motivation）与能够接触产品的能力（ability），并在条件充足的情况下触发（trigger）行动。基于福格行为模型，用户完成一次产品的使用需要行动公式：行动 = 动机 + 能力 + 触发。

短视频产品符合福格行为模型，用户实现观看短视频的行为，需要有主观的动机，如对视频感兴趣的"动机"；拥有观看短视频内容的"能力"；广告推送或主动打开产品的"触发"条件。在互联网条件下，"能力"显得不那么重要，产品不断迭代升级使得受众观看短视频内容的能力不存在难度。为此，本书以福格行为模型探讨"观看短视频行为"不涉及"能力"维度，针对学术类短视频内容，取而代之的重要维度是"门槛"。

不同于泛娱乐化内容易于了解并吸收，学术内容需要受众具有一定的专业知识和科研素养，所以学术类内容具有"门槛"。例如，对于《红楼梦》来说，通过短视频形式展现"红学"研究成果，需要受众掌握该时代的历史、哲学、文学等相关学科的基本知识，才能够精准、深刻地解读内容。对于非专业人士而言，科研成果的展示存在学术门槛，受众有可能不能理解文本内容或产生理解偏差，所以福格行为模型用于学术类短视频的研究公式演变为：行动 = 动机 + 触发 - 门槛。

三、学术期刊短视频的发展

学术期刊逐渐从传统传播方式转向数字出版手段。数字出版是指"传播者利用数字化手段进行内容生产，并通过互联网渠道进行分发的新型学术出版模式"。数字出版流程包括内容生产、传播渠道、产品形态等数字化形式。学术期刊利用数字化手段制作学术相关短视频，并在互联网平台进行分发，也属于数字出版。

而学术期刊并未站在短视频数字出版这条"赛道"上，以《自然》为例，《自然》是国际顶尖学术期刊之一，"Nature 自然科研"微信公众号在 2017 年 12 月 24 日至 2018 年 12 月 24 日，一年间发布公众号内容 1 000 余篇，微信传播指数达 822.65，远高于公众号 WCI 指数均值，且内容深受读者欢迎。除公众号外，该期刊还创办 Nature.com 官方网站，月平均访问量达 1 000 万次；"Nature 自然科研"官方微博粉丝也达 12 万人。互联网用户对于学术类内容是存在需求的，而学术期刊对短视频内容的挖掘还处于空白阶段。

学术期刊短视频内容主要以学术成果、科研进展、热点新闻为主。2014 年中国科协对科普类型短视频进行定义，即"由机构或个人制作、版权清晰、无知识产权纠纷的，普及科学技术知识、传播科学思想和弘扬科学精神为主要内容的、时长为 30 秒至 20 分钟的小电影、动画片、纪录短片等视频作品"，此类型科普短视频符合学术出版的特性。学术类短视频是在较短时间内对学术内容进行科普、传播，所以学术类短视频包括科普类短视频，不仅如此，学术类短视频内容还可以涉及新闻热点、科研技巧等。

四、学术类内容与短视频的契合点

（一）触发

触发是指用户进行学术类短视频观看行为的诱因。学术类短视频体量较小、阅读压力不大。不同于文字阅读内容，短视频的表达形式更多是通过竖屏对话的形式出现，获取信息更便捷、更加沉浸。观看学术类短视频成本较低，但可以获得新鲜观点或科普知识，触发难度更小。触发可以分为外部触发与内部触发。

外部触发是指受众接收到外部的推送从而观看学术类短视频的行为，"外部推送"作为受众观看内容的诱因。在互联网时代，学术期刊越来越注重线上运营策略并以此获取流量。大部分学术期刊都开设官方网站，方便用户获取学术信息，用户在搜索引擎页面上浏览或搜索学术信息时会收到相关广告提示，从而导致外部触发。此外，斯普林格、威利等出版社都开设公众号，通过定期推送内容进行外部触发。学术期刊可将短视频内容上架至官网、公众号等平台，通过外部触发途径，使受众观看学术期刊类短视频，并扩大学术影响力。

内部触发是指受众对学术期刊内容本就关注，受众关注行为是受众观看内容的诱因。以《自然》为例，用户可以通过邮件订阅"Nature Briefing"了解《自然》期刊中的信息，短视频内容可以嵌入邮件中，当用户主动获取学术内容时即可触发。"触发"行为在福格行为模型中起到了重要作用，是用户观看学术类短视频内容的第一步。

（二）动机

动机是指受众观看学术短视频内容具有目的性，对学术内容抱有"好奇""期待"等心理。

例如，《人民日报》官方抖音号利用短视频，在新冠病毒感染期间实时发布关于新冠病毒感染的最新科研进展，满足了受众对疫情的"好奇"心理。

对于"期待"心理，新冠病毒感染期间医学类防疫知识也是用户最关注的话题之一，大众"期望"获得新冠病毒感染的相关知识，一些医学科普达人在新冠病毒感染期间利用短视频将防疫知识精准地传播给受众，将便捷高效的新媒体手段和专业的医学常识相结合，让大众接触医学知识。用户在触发条件的驱使下，通过观看学术类短视频可以满足对特定事件的好奇与期待，进一步了解更多学术信息。

（三）门槛

门槛指学术内容需要受众具有一定的阅读能力与理解能力，所以学术内容难以扩大传播。但短视频将声音与画面相结合，视频形式冲击力、表现力更强；短视频内容篇幅较短，相比图文内容，学术内容承载更少、更随意，降低了阅读门槛；短视频具有碎片化的特征，更贴合用户的使用习惯。

短视频具有表现形式的优势，吸引大批生活、娱乐达人入驻短视频平台发布内容。娱乐化的内容已经占据抖音等平台，而学术类内容相对空白，其中主要原因是学术类内容具有门槛。当观看"理解成本"越高时，越多的观众会不理解，降低兴趣，导致减少相关学术内容的获取。为此，学术类短视频内容应该降低学术门槛，尽量少用专业词汇或对专有名词加以解释。短期内提高用户阅读文献资料和掌握基本理论知识的能力并不是学术类短视频需要解决的问题，学术类短视频内容更多以科普、分享学术观点为主。

五、学术期刊运用福格行为模型策略分析

（一）短视频多平台分发，提高外部触发

短视频是表达形式，并不拘泥于某一平台，学术期刊可以将短视频内容分发到各个渠道中，包括微博、微信公众号、官网等多个平台，利用平台优势不断扩大学术期刊影响力。

以官网为例，学术期刊可将用户引流到短视频内容中，《自然》在其官网上设立"Audio & Video"栏目，利用视频形式解读论文，给读者留下更深刻的印象，将学术期刊立体化延伸，提高了读者获取学术信息的效率。

短视频还可以嵌入微信公众号中，一些知名科普类作者不仅拥有抖音平台，还有微信公众号、知乎等多个媒体平台，新冠病毒感染期间将防疫知识短视频进行多平台联动，将短视频内容放置当日微信公众号头条位置进行推荐，提高学术类短视频的外部触发概率。

（二）提高短视频质量，促进内部触发

学术类短视频制作应遵循短视频"短、平、快"的特点，制作内容应开门见山、平铺直叙，展现其核心内容，切忌视频内容时间过长。学术内容多为严谨知识，但表达形式并不局限。学术期刊可以利用故事化的表达形式，将学术知识幽默、通俗地表现出来。一些有代表性的视频，不同于以往枯燥、乏味的科普视频，而是通过小剧场演绎形式将内容生活化，更容易让人接受。

当用户浏览视频后能收获相关信息或知识，产生对学术类短视频内容的好奇与期待，建立内部触发机制，将优秀内容主动分享，提高视频外部触发可能。

（三）视频内容以"新闻类"为导向，降低观看门槛

学术内容门槛较高，学术期刊运营短视频时可以将生活、科普类内容作为

主导，主动降低门槛。以微信公众号"Nature 自然科研"为例，选取一年中共计
1 207 篇公众号内容，其中微信公众号内容阅读量 TOP100 的文章，"新闻类"
内容占比最高，主要以热点事件和科技快报为主。学术类内容的受众包括专家、
学者等科研人才，也包括普通用户。通过短视频内容可以兼顾各个类型用户，推
送学术新闻与热点事件是不错的选择。但学术类视频内容不代表没有深度，而是
主动降低门槛，提高学术期刊影响力。

（四）学术期刊培养用户长期观看习惯

目前，短视频平台信息过载，想要拉新用户观看视频，不仅需要制作精良、
内容引人入胜，短也是重要条件之一。短视频平台注重视频的完整播放率，视频
内容精简、压缩内容可以提高完播率。但目前学术类短视频主要以科普类型为主，
由于受众科研能力不同，视频内容主要以碎片化解读科研信息为主，致使受众接
受信息不成系统、不够深入。

中国人民大学新闻学院执行院长胡百精教授等多位学者提出，如今我国学术
类视频缺少必要的深度，大多数科普性视频以零散、浅显内容为主，不利于用户
生成全面的观点。为此，学术期刊可以通过短小精悍的"干货"视频吸引用户注
意，需要在一定粉丝基础上，逐渐加强学术类短视频的深度，将内容深入浅出地
表现出来。学术期刊不能迎合受众，一味产出"浅知识"内容，应承担社会责任，
将学术内容立体化、深入化。

六、总结

2020 年颁布的《国家新闻出版署关于加强新华书店网络发行能力建设的通
知》鼓励传统出版行业利用数字化技术进行升级，探索"互联网＋出版"的融合
发展模式，学术期刊拥抱短视频正是数字出版的重要方法之一。目前，短视频发
展迅速，是学术期刊扩大影响力的有效路径，学术期刊应该辩证地去思考如何利
用短视频将学术知识深入浅出地讲给受众。

福格行为模型作为互联网产品打造的重要逻辑，与学术短视频非常契合。学
术期刊应该利用平台优势扩大触发机制，在抖音、视频号等短视频平台进行分发，
引起受众关注；利用内容优势，制作紧追热点且学术严谨的内容，为用户制造"痒
点"，引发用户主动观看短视频动机；降低学术门槛，利用生活化、场景化方式

分享学术知识。学术期刊可转变形式，与时俱进，提高其在互联网中的影响力，打造学术出版新生态。

第三节 "移动互联网＋"时代中的新闻传播

澎湃新闻App是由上海报业集团联合其机构投资3亿～4亿元组建的一个"专注于时政与思想"的新媒体项目。移动互联网催生出的新型信息传播环境对澎湃新闻App提出了挑战。本书将从内容策略、盈利模式、运作思维等方面分析新闻App在复杂的社会环境下的发展现状及其在"移动互联网＋"时代面临的挑战。

一、澎湃新闻 App 出现的背景

"互联网＋"是互联网思维的进一步实践成果，它代表一种先进的生产力，推动经济形态不断地发生演变，从而带动社会经济实体的生命力，为改革、发展、创新提供广阔的网络平台。通俗来说，"互联网＋"就是"互联网＋各个传统行业"，但这并不是简单的两者相加，而是利用通信技术以及互联网平台，让互联网与传统行业进行深度融合，创造新的发展生态。

4G时代的到来与移动终端设备的崛起，互联网与移动通信的"双剑合璧"使移动互联网产业完成了颠覆性的变革。"互联网＋"时代中，我们需要更注重于研究"移动互联网＋"的相关课题。澎湃新闻App正是在这样一种媒介融合的大背景下产生的。

二、澎湃新闻 App 发展现状

（一）着眼内容，坚持内容为王

目前，各大门户网站上传播的新闻信息，在内容来源上采用的都是集成策略，即广泛集纳专业新闻机构或自媒体的新闻，大多偏重于报道社会娱乐新闻，还存在内容同质化、标题党严重、低俗新闻多等问题。各大新闻客户端也没有或很少有自己的原创新闻。澎湃新闻App独树一帜，主要关注社会时政问题，并针对热点做出原创的深度调查报道。澎湃新闻App以自己的记者采写的原创新闻为主，同时广泛使用外来的内容来源，是结合了专业新闻组织和网民智慧而形成的新闻聚合平台。为了扩大原创的内容源，澎湃新闻App一方面接受优秀的时政新闻生产团队各种形式的合作，另一方面通过"问答"和"评论"，力图使用户产生内容转化为新闻源。可以看出，澎湃新闻 App 并没有拘泥于自己的记者队伍，希望充分利用 PGC（professionally generated content）、UGC（user generated content）两种内容来源，实现内容的原创性。

（二）"问答式"互动传播，"个性化"选择跟踪

1.问答模式，增强用户参与度

互动性不足是传统报业发展中的硬伤，即使是在报业转型中的电子版、手机报、门户网站等新媒体的尝试中，互动性的问题也没有得到很好的解决。"互联网思维"的核心是用户思维。因此，在媒体转型中必须尽最大努力让用户参与到新闻的生产过程中来。在澎湃新闻 App 中，用户在阅读新闻作品的时候，可以随时提出自己的疑问，或者为他人的提问做出解答，用澎湃的话说，就是"你的疑惑总有人解答，你的回答总有人注目"。这一功能设计使得澎湃新闻 App 完全颠覆了传统的新闻生产方式和新闻形态，也就是传统媒体在互动方面的时效性、便捷性的不足，在这里得到了很好的弥补。这种互助方式可以帮助读者更透彻地理解新闻，只要某一位用户生产出了精彩的问答，就可以被海量用户看到，用户之间的讨论可以增加新闻作品的深度与维度，提供更多的解读方式。此外，为了最大程度地鼓励用户进行追问与回答，澎湃新闻 App 设置了一个问吧和热追问页面，优质的追问与回答在这里得到了展现。

2.选择性跟踪，提高用户黏度

新闻跟踪功能就是用来满足用户对于一个自己关注的新闻事件及时而不遗漏地知道每一步进展的需求。在澎湃新闻 App 中，用户在读完一篇报道之后，如果觉得对此新闻事件或话题感兴趣，可通过点击单篇新闻下的"跟踪"按钮，当该新闻有最新进展时，系统会将系列报道自动推送至用户的跟踪中心。

这一功能也是为了弥补新媒体议题碎片化的缺陷，从前在微博上实现的信息传播，重大议题关注度一般能持续 3 ～ 7 天，碎片化现象十分严重。如果说微博等平台的信息发布是满足了大众的知情权的话，那么澎湃新闻 App 的新闻跟踪功能则满足了大众的求知功能。新闻跟踪功能可满足用户对于事件或人物的后续报道的跟踪，避免"烂尾新闻"的出现。新闻跟踪功能在实现用户自主选择的同

时，避免了由于强制推送系列、长篇报道而出现的信息冗余，同时更体现出澎湃新闻 App 的新闻专业主义特色以及"内容为王"的特点。

（三）简洁用户界面（UI）设计，提高用户体验度

澎湃新闻 App 移动客户端的界面以白色为底色，界面干净整洁。每篇新闻以"标题加图片"的形式呈现，每篇新闻单独成一个版块。其简单的界面不仅能给人以视觉上的舒适感，还能传递出一种专业权威的形象感。卡片式设计符合发展趋势，视觉冲击力大。另外，澎湃新闻 App 上的超链接比较少，但整篇报道的末尾有几篇相关新闻，这里的相关新闻也都是澎湃自制的新闻。澎湃新闻 App 给读者提供极少的相关新闻，可以避免读者注意力的分散，增加浏览量。

三、澎湃新闻 App 存在的问题

（一）内容生产压力大

内容生产方式方面，业界已对澎湃新闻当前"打鸡血"似的内容生产能力提出疑问。澎湃新闻共列出 48 个栏目，仅上线第一天即发出 120 多篇稿件。"每个栏目都由一个小组运营，每组的人员也都相对固定，各小组会每天一起开会，商量选题，有时还会对选题协同操作，做成大的专题报道"。以这样的生产能力来看，澎湃新闻在内容创作、消息供给、稿件水准、质量把控上是否稳定、可持续，都将考验采编团队以及上海报业集团的支持能力。

而澎湃新闻主张的 UGC｜PGC 的内容生产策略能否成功，还值得商榷。首先，就 UGC 来说，精品内容的数量受制于用户良莠不齐的素质水平，这与澎湃新闻 App 高品质新闻的理念相违背。换句话说，UGC 无法为澎湃新闻 App 稳定输出高品质内容，只是提升了用户的活跃度。其次，PGC 确实是理想中的完美内容，但是 PGC 十分稀缺，网络论坛、商业网站和视频网站等各类平台都在全力追求 PGC，澎湃新闻 App 能否在激烈的资源争夺战中取得成功还是未知数。

在互联网时代，由于原创新闻的含金量大不如前，新闻的价值或许需要重新衡量。首先，内容已经不能使用户的所有需求得到满足。从网络媒体到网络社会，人们对于网络的诉求已经从单纯的信息消费升级为内容与服务的多重需要。其次，传统媒体的内容生产优势已经被网络社会的内容复制便捷性所稀释，由于网络媒

体的快速转发，"独家"内容很快会在其他媒体上出现，其价值也被迅速打折。再次，用户在新闻客户端浏览内容时，大多时候不止是为了获取独家报道，而是希望新闻客户端能够帮助他们在海量的信息中梳理出需要的内容。所以，筛选、加工并整合有效的信息，再由专业人员深入挖掘信息与信息之间的联系与蕴含的意义，这方面的工作比起提供所谓的原创内容，或许能更好地满足新闻客户端的用户需求，这也正是网易新闻、今日头条等 App 能在市场上脱颖而出的原因。最后，从投资回报率的层面来看，原创内容意味着更高的成本，但却不一定能带来符合预期利益的产出。因此，原创新闻策略的主要作用在于实现澎湃新闻 App 在新闻客户端市场上的异质性，但是它并不能成为澎湃新闻 App 制胜的关键。

（二）用户结构不合理

从社长邱兵的发刊词《我心澎湃如昨》倾诉的情怀看，澎湃新闻 App 期望与之共情的应是"60 后"和"70 后"，该年龄段人群无疑与当今社会精英人士、财富人群的年龄结构是重合的，属于具有社会影响力的群体，也符合原有印刷版《东方早报》既有"影响力至上"的目标定位。但是根据中国互联网络信息中心（CNNIC）发布的第 52 次《中国互联网络发展状况统计报告》，30 岁以下网民占比达到 32.2%，该年龄段用户对时政和社会新闻的需求是增长的，然而，目前澎湃新闻 App 的内容和新闻态度并不能满足和兼容年轻的使用人群。

（三）盈利模式难实现

盈利模式的前提是思维模式，新媒体盈利模式有两种：第一种是通过优质原创内容吸引流量，依靠海量用户来获取广告收入；第二种是面对窄众人群，以高度专业化的内容和精准服务获得用户付费收入。澎湃新闻 App 采用的就是第一种模式，并没有跳出"优质内容→积累用户→二次贩卖→广告收入"的传统媒体外生收入模式。首先，澎湃新闻主打的是政经新闻和社会新闻。其定位于时政与思想、精英气质浓厚的优质内容能否吸引海量用户，从而获取广告收入，以实现广告收入的交叉补贴，引来广泛质疑。其次，澎湃新闻的产品定位和价值追求使其难以像"上海观察"或"界面"那样采取包月的收费模式。最后，澎湃新闻当前的关注和转发主要来自 App 等移动端，而广告对于移动端的用户体验影响远超过 PC 端。难以实现盈利的创新模式是缺乏复制价值的，澎湃新闻的产品定位决定了其需要在长期"烧钱"的情况下逐步摸索，那么寻求多元资本的进入将是当务之急。

四、对澎湃新闻 App 的建议

（一）真正转变运营思维模式

"互联网＋"时代奉行的是"服务至上"的理念。商业网站客户端关心的不仅仅是用户对内容的消费，更是通过服务去满足用户因内容而产生的其他相关需求。内容和服务，相当于手段和目的。内容是手段，服务是目的。服务理念强调的是以用户为中心，根据用户需求来进行产品和服务的提供，进行产业链的开发。"服务至上"的理念融入商业网站客户端的血液之中，在这个基础之上，才有用户思维、平台思维、流量思维等一系列的互联网思维。商业网站客户端能够用这些理念和思维去统筹新闻客户端的内容生产和提供、产品开发、产品营销、技术改进等各个价值链环节。因此，澎湃新闻 App 客户端现在缺少的正是这种服务的理念。从澎湃新闻 App 的发刊词到上海报业集团的发展规划，都可以看出澎湃新闻 App 仍然是以作者为中心的，作者生产和提供优质原创内容，对用户进行教化与引导，在这个全过程中，用户只是配角。从内容到服务的转变，这或许是澎湃新闻 App 在思维变革上亟须突破的地方。

（二）明确产品定位，调整用户结构

在产品定位战略上，澎湃新闻 App 定位为"专注时政与思想的媒体开放平台"；目标是成为"中国时政第一品牌"；实现路径为"互联网技术创新与新闻价值传承的结合"。在用户结构方面，澎湃新闻 App 的用户定位为"时政爱好者"，没有基于原有《东方早报》的品牌进行延伸，而是在移动互联网上建立新的品牌、争取新的用户，在这一点上是成功的。除此之外，如果澎湃新闻 App 对新闻的态度能够兼容年轻人群并与之共同成长，那么用户结构将成为机遇，而非挑战。

（三）寻求新的盈利模式

在当今的媒介环境中，报纸经营面临第三次销售。前两次销售分别是"卖报纸"和"卖广告"，"卖报纸"也就是对新闻信息收费，这在目前的互联网的分享思维环境中，已经被证明是难以实现的。"卖广告"只能为其提供部分收益，新闻客户端的广告数量和浏览量都是有限的，一旦广告过多，会影响用户的体验，不利于产品形象的塑造。澎湃新闻 App 的口号是专注做时政新闻，可是在它的栏目设置中一共有 50 个栏目，从时事政治到历史文化，内容包罗万象，这看似与它专注于做时政与思想的平台的理念相违背，众多的栏目必定会分散其团队的创造力。但如果只做时政新闻，必定会流失部分读者，减少流量，难以吸引广告商。因此，澎湃新闻 App 必须找到适合自己生存发展的新的盈利模式，也就是"卖服务"。

媒体转型的任务就是，如何发挥传统媒体社会资源丰富、信息流汇聚、公信力强等核心优势，在线下布局垂直产业，把服务卖给读者，把读者变成客户，最终形成一座挖之不竭的金矿。澎湃新闻 App 这类新媒体平台未来起到的作用就是汇聚用户资源，承担集团盈利的"中端"而非"末端"环节。但是，微博、微信、门户网站客户端已经在互联网的信息传播争夺中站稳脚跟，作为后起之秀的澎湃新闻 App 想要在改变用户的信息接收习惯，抢夺到足够的用户资源以及培养持久的用户使用习惯等方面有所突破，还是令人担忧的。

第四节　智能语音技术的发展对未来新闻业的影响探究

智能音箱等新型媒介颠覆了传统的新闻生产传播模式，音频正成为媒体融合中不可或缺的一环，并且正深度融入媒体原有采编流程。媒介是人的延伸，语音交互技术和人工智能的进步无疑创造了媒体与用户接触的更多场景。在人工智能与新闻传播的深度融合过程中，声控智媒有望成为一个新的突破点和增长点，智能语音技术的发展给未来新闻业带来了机遇与挑战。本书通过研究以人工智能技术为支撑的智能音箱的发展和趋势，探析未来新闻媒体在智能语音技术方面的发展新路径。

新闻传播学者彭兰曾指出，未来的传播形式将摆脱传统的传授模式，互动式界面的出现将赋予用户更多的视听选择。语音界面的出现降低了用户的使用门槛，扩大了受众群体规模，平民化的信息呈现使交互更具亲和力。智能音箱是一款人工智能产品，它将智能语音交互技术植入传统音箱，用户可以用语音与智能音箱交流来调控各种智能家居设备、播放音乐和天气预报、设定闹钟、叫车、发邮件、订外卖、进行网购下单等。智能音箱在不同场景下解放了人们的双手和眼睛，带来了人与人、人与物、物与物的全新交互模式。在智能音箱发展的过程中，人工智能技术的进步和突破功不可没。近年来，随着大数据的兴起和各种深度学习算法的流行，人工智能也取得了长足的进步，特别是与智能音箱相关的语音识别与语义识别技术。亚马逊公司推出的第一款智能音箱 Echo 的一大亮点就是搭载了智能语音助手 Alexa。除了国外的亚马逊、谷歌、苹果这些科技巨头先后进入智能音箱市场，国内智能音箱市场在 2017 年也迎来了高速增长，其中阿里巴巴、京东、小米、百度等互联网厂商都在这一年推出了智能音箱产品，各方的目标都是为了抢占智能音箱流量入口，打造智能家居新生态。人工智能对社会各个领域产生了革命性的影响，智能语音逐渐成为人与智能设备互动交流的新界面，人机互动界面变成了简单自然的语音。以人工智能技术为内核的声控媒体近年来发展迅猛，已成为"新兴"智媒的代表，在美、英、德等国家获得了主流消费群体的青睐，其市场份额的增长率已超过同期的手机、平板电脑等"传统"智媒。

一、智能音箱的发展概况

2021 年，全球智能音箱市场规模约为 130 亿美元，全年总出货量约为 1.9 亿台。由于目前亚马逊和谷歌暂未进军国内市场，这给了国产品牌更多的发展空间。美国拥有世界上最成熟的智能音箱市场，而中国是最有潜力的智能音箱新兴市场。

（一）国内外智能音箱的发展路径

2014 年 11 月，亚马逊（Amazon）发布了全球首款智能音箱——Echo。这是一种全新的操作方式，让用户通过自己的声音来控制音箱播放音乐。Echo 逐步借助亚马逊的语音助手 Alexa 开启了更广泛的管理任务，从播报天气、新闻、路况信息，甚至到订购物品及预约服务。而谷歌则是在两年后的 2016 年 11 月才推出了与之抗衡的 Google Home。谷歌借助其长期专注的自动语言翻译业务，快速进入了更多市场。截至 2018 年 10 月底，谷歌已涉足 19 个国家的市场。苹果公司于 2018 年投入市场的 HomePod，搭载了语音智能助手 Siri，2021 年在 8 个国家市场出售。在亚洲，许多其他智能音箱设备也很受欢迎，包括日本的 Line Clova，韩国的 SK Nugu、Naver Wave 和 KaKaoMini。

国内市场，京东和科大讯飞联合研发的产品——叮咚，于 2015 年 8 月问世，如今该产品已发展至第二代。叮咚二代是国内首款配置屏幕的智能音箱。2017年 7 月阿里巴巴发布智能语音助手音箱——天猫精灵，2018 年 3 月阿里巴巴推出了人机交互系统 AliGenie2.0，引入了视觉能力，能够进行视觉认知、多模态交互、情景感知。小米于 2017 年 7 月发布的人工智能音箱产品——小爱 AI 音箱，支持语音交互，功能包括播放音乐、提醒、闹钟、播出新闻、菜谱和笑话等，也可以用来控制小米电视、扫地机器人、空气净化器等。2017 年 11 月，小米公开了虚拟语音助手的可视化形象，2018 年 3 月发布了小爱音箱 mini。

智能音箱依靠人工智能技术的驱动，获得了快速发展。根据《2017 智能语音助手用户调查报告》，与智能手机和平板电脑同样的发展阶段相比，智能音箱的增长速度更为迅猛。艾媒咨询发布的《2018—2019 中国智能音箱行业及产品竞争力评价分析报告》显示，2018 年上半年，中国智能音箱的销量达到 467 万台，销售额为 12.1 亿元，半年销量已大幅度超过 2017 年全年水平。本书研究发现，智能音箱需要攻克的难关还有很多，普遍存在的问题有唤醒率欠佳、应答速度慢、准确率欠缺、发音不自然、物联水平低。但不难预料，智能音箱必将从多方面提升产品性能。

（二）智能音箱在社会中的使用情况

加拿大传播学者麦克卢汉认为，媒介是人的延伸，广播延伸了我们的听觉。万物互联时代，注意力已然成为稀缺资源，时间挤压空间，越来越多的人成为"容器人"。广播语音作为解放人的视觉的声音媒介形式而存在，必然有其发展前景。

相关研究报告表明：大部分用户对自己使用的智能音箱持满意态度，认为智能音箱方便有趣，具有社交性，对普通用户来说，使用智能音箱让他们在电视和其他屏幕设备上花费的时间越来越少。智能音箱的无屏化交互方式，实现了用户减少与屏幕接触的愿望。人们每天需要花费大量时间盯着屏幕或智能手机工作，他们常会被弹出的消息或悬浮的广告打断持续的注意力。语音设备则完全不同，没有屏幕意味着更少的干扰。在声音播放的当下，声音集中释放信息的过程，减少了被额外声音分散注意力的机会。对于重度用户而言，智能音箱现在已经成为伴随他们入睡和醒来的新设备，逐步替代手机和广播。过度的科技化有时也并不全是益处，能够使现有的设备更加好用反而切中用户需求。语音输入被看作一个整理和简化生活的机会，这种方式使人机互动更为自然和直观。

由于操作简单和对精细运动技能的低要求，智能音箱在高龄人群和残疾人群中大受欢迎。一位从未掌握过电脑、智能手机和平板电视用法的老年受访者表示，在几天之内，他就学会了如何与亚马逊的 Echo 进行互动。对残疾人士而言，这种便捷不言自明，借助智能音箱，残疾人做某些事的效率将与常人无异。正如谷歌公司智能语音新闻产品负责人史蒂夫·麦克兰登所言，未来的世界，声控智能媒体将"无处不在"。

与此同时，使用反馈中表示体验欠佳的用户很多。例如，复杂指令的设置让消费者备感受挫，也使智能音箱的广泛使用大为受限。再如隐私担忧，人们担心在家里的谈话会受到第三方监听。还有不稳定的技术因素，某品牌的语音助手被投诉在没有指令的情况下发出令人毛骨悚然的笑声。

二、声音当道，新闻样态再发展

尽管智能语音技术得到了快速的发展和大力推广，但是在这些设备中进行的新闻消费远低于预期。路透社新闻研究所发布的报告指出，现有的新闻应用可能是智能音箱短板之一。该机构的调查显示：用户并不满意智能音箱的新闻推送，46% 的英国用户会定期听新闻推送，但只有 1% 的英国用户将其列为智能音箱最有用的功能，而且很多用户抱怨节目时间太长并且操作太混乱。他们往往退而求其次使用如信息搜索等更具体的功能。

（一）智能音箱新闻内容存在的问题

我国台湾学者臧国仁将新闻框架更加具象化，认为新闻框架可以分为高、中、低三个层次，最高层次的结构是对新闻事件的定性及新闻在事实选择方面的判断依据；中层次的结构则是事件情节的选择、文本结构、事件归因、结果分析等；低层次的结构则是新闻语言风格、叙事方式等。结合框架理论与技术接受模型，目前智能音箱新闻内容存在的问题主要是新闻自动化低、内容形式单一、内容专业化程度低等。

智能音箱所能提供的新闻产品包括新闻简报、电台广播、互动问答与交互式体验。通过路透社新闻研究所的报告，相关学者发现问题很大程度上在于内容本身。第一，推送的新闻过时，它们并不是"最新"。智能音箱推送的新闻和体育资讯有时已经过时了几个小时或几天。第二，合成语音晦涩难懂。一些智能音箱仍然使用合成的声音（直接从文本转换到语音），这些内容一般是从广播或者印刷品中转制而来的，显得死气沉沉，没有活力。机器无法取代新闻报道中所引用的人声，人类的声音不仅是通过语言，还通过音调和音色传达信息。第三，新闻简报太冗长。智能音箱的新闻内容主要来自广播或报纸，它的语气和长度都不太适合智能语音设备。智能音箱的消息时间过长，典型的持续时间约为5分钟，但许多人想要的时间要短得多。第四，某些新闻消息的产品价值较低或音频质量较差。在不同内容提供者的消息同时发布的情况下，用户听到的内容往往是重复的。第五，有些新闻消息中有突兀的广告，没有机会跳过或选择新闻故事。

这一系列问题毁掉了用户们的体验。但最大的问题还是用户不知道他们想要什么。智能音箱与电台不同，语音交互模式对浏览和节目收藏等操作很不友好。目前用户对智能音箱的使用仍局限于基础水平的"命令和控制"，如访问音乐、询问天气或设置计时器等任务。语音助手们擅长处理具体的问题，如"小爱同学，今天的天气如何？"现在市面上的智能音箱标签种类少，忽略了实际的交互习惯、检索效率，没有建立标签的层级关系。因为大部分用户更喜欢直接检索自己关注的热点新闻，如"天猫精灵，播放关于XX的新闻"，而不是"天猫精灵，播放娱乐新闻"，然后逐条去听。

（二）"音频转向"趋势初现

当前，声音在新闻领域的作用确实被低估了，它正成为我们生活中的一部分。让用户选择不同的声音播送不同的新闻故事，可以促进智能音箱的个人定制化。智能音箱的新闻功能也同样可以通过用户自身训练形成，在新闻信息呈现方式、新闻信息排序、新闻信息语音类型方面都可以由用户自行调节。许多用户并没有意识到智能音箱的新闻操作可以有更广泛的选择，包括怎样选择他们最喜爱的新闻供应平台、调取他们常听的播客。智能语音媒体的广泛运用导致全球新闻传播出现了"音频转向"，不仅为用户提供了全新的新闻消费体验，也推动了新闻内容生产的转型升级。从总体上看，目前基于智能语音媒体的新闻产品开发和消费尚处于起步阶段，现有的智能语音新闻产品服务依然存在种种不足，当下仍然是"视觉时代"。尽管如此，"音频转向"趋势已经初现，广播已经复兴，"退烧"的知识付费又再一次在音频领域挺立。目前，欧美各大新闻媒体都在围绕声控智媒调整内容方式和经营策略，开发智能语音的内容和服务成为媒体融合新的增长点。

三、智能音箱为媒体融合开启新路径

随着智能音箱走入千家万户，语音交互的信息获取方式越来越为人熟知，媒体转型迎来新契机。本书通过对一些主要新闻媒体的采访发现，大多数公司仍处在围绕智能语音设备制定战略的阶段，一些公司则把它们叠加在现有的音频策略之上。新闻媒体正围绕智能语音技术尝试各种策略，广播电台通常比纸媒更积极主动。

（一）广播电视媒体

在早期的传播效果研究中，针对广播收听的"使用与满足"研究，研究者就发现人们收听广播最重要的一项目的就是参与广播答题。而在当下，尽管广播答题的电台少了，该节目不再风靡，但与智能语音媒体之间的"互动问答"总是人们购买和使用智能语音媒体的媒介使用想象。我们总是爱问小爱同学一些日常生活的问题。

智能语音平台不仅是链接内容的关键入口，同时也是留住用户并继续听下去的重要一步。对广播公司来说，进入这个领域相对容易些，但内容可能会需要重新调整。更频繁、小篇幅、个性化的新闻内容会更适合语音设备用户的收听习惯。缩减冗长的内容，新闻时长最好不要超过 1 分钟。简单、清晰、快速的信息更为听众所喜爱。电视媒体会吸引大部分的使用量，因为它们可以在不增加太多额外成本的情况下提供定期的音频新闻更新，用户也已经信任这些电视媒体提供的音频新闻。对于广播公司来说，使它们的内容更易获取至关重要。据美国全国公共广播电台（NPR）报道，近 20% 的在线广播收听来自智能语音设备，由此可见设备的重要性。广播公司可利用其基础设施和音频技术的优势，以更低成本撬动更多的用户收听新闻。

除此之外，广播新闻的制作方式以及内容的基调需要优化。新闻机构需要在不断试验中找到答案，像NPR一样尝试部分智能化、个性化是一条路子，高频率地向用户提供碎片化的会话内容也是个不错的方向。在短期内，回答特定专业领域的问题可能很有挑战性，但随着时间的推移，也可能带来巨大的价值。辅助性和互动性的体验都需要时间来沉淀。在这个问题上，英国广播公司（BBC）的经验告诉我们，实验是关键：从简单的交互开始，然后通过迭代原型来测试什么是有效的。

广播公司可以利用自身在基础设施和音频技术方面的优势快速占据智能音箱的新闻播报领域，但不得不面对的问题是，相较于其他类型的媒体，广播可能也是最快受到波及的。随着语音技术变革的全面展开，适配于智能语音播放端的内容调整日益重要。例如，瑞典电台（Swedish Radio）具有前瞻性地在智能音箱进驻瑞典前，重新思考了线性广播的可能性，成立了智能音频的制作团队，迅速占据了初期的收听者市场。BBC已经成立了一批创新团队，致力于新闻、广播和儿童音频节目等方面的工作，团队已经开发了一些内部原型来探索语音领域的可能性。例如，他们将一段与睡眠专家进行的45分钟电台采访进行切割，将其转换成了语音问答的内容。这已变成了亚马逊的一项技能，并在用户中进行了测试。

（二）传统媒体

1.传统媒体谨慎前行

传统媒体机构因缺乏投资创新的资源而受到阻碍，并且对向没有明确变现途径的平台提供内容持谨慎态度。在本地化语音体验投资问题上，阻碍是缺乏新闻使用和频率的良好数据。在创新方面，可以说报纸媒体能更好地摆脱一些传统模式。正如《纽约时报》所言，成功很可能来自"与众不同的经历"，无论是大众产品还是小众产品，都需要适配消费者的使用场景。本地媒体可以考虑围绕事件、旅行、天气或新闻进行简短但有效的互动，全国性的媒体可以考虑拿下细分垂直领域并从中获利，或者利用这些设备的社交属性来创建活动或游戏。

在国外，基于报纸背景的出版商也已经开始围绕"声音"制定战略，对语音领域进行积极探索。美国的《华盛顿邮报》在探索将它的每日新闻翻译成音频；德国的《时代周报》在过去一年多的时间里每天都进行基于智能语音设备的简短新闻更新；《华尔街日报》在亚马逊和谷歌平台上都创建了新闻简报业务，并保持每天 2～3 次的内容更新；《经济学人》凭借多年以来在音频领域的探索，积攒了大量稳定的音频收听用户。

目前，国内媒体也在积极寻找自身发展路径。"封面新闻"是国内最早探索"媒体 +AI"的媒体机构，也是第一批与天猫精灵合作的媒体之一。《沈阳晚报》《南方都市报》《都市快报》《华西都市报》先后上线与天猫精灵合作的"语音头条"内容。截至 2019 年 4 月底，洛阳广电、厦门日报、长江日报、成都广播、南京电台也已加入天猫精灵"语音头条"。

2. 强化智能音箱内容壁垒

有声平台和智能音箱拥有庞大的用户数以及优质的视听体验，与媒体存在天然的合作基础。就像天猫精灵负责人所说，智能音箱的语音新闻与传统新闻主动阅读或搜索的获取方式不同，要基于用户自然的语音交互场景去切入。例如，对着天猫精灵说"来个评论"，就可以收听到天猫精灵"语音头条"，由《南方都市报》提供的要闻点评，可以了解新闻每个整点发生的大小热点。

传统媒体利用语音交互技术重建用户连接，强化传统媒体本来的资源和优势。《南方都市报》将在《南都音频早餐》的基础上进行更新迭代升级，在内容方面，沿用"AI+ 音频"的方式进行早餐新闻播报，在内容选取上紧扣用户需求。天猫精灵用户只需要发出"早上好""晚上好"等特殊语音指令，就可以听到一份由本地媒体提供的新闻简报。

品质保证是主流媒体的优势。主流媒体的音频内容也应一如既往地保持高水准，确保主流媒体的影响力在高位运行。与天猫精灵达成合作后，《南方都市报》成立了专门的音频内容团队来运营《南都音频早餐》栏目，从内容选择、生产到最后的品质把控，全过程采取团队运营方式。整个音频内容生产流程与采编团队融合打通，选题、制作生产、品质把控环环相扣，"运营 + 主播"的形式构成该栏目的核心。

移动互联网时代，新闻简报这种源于广电媒体的新闻报道形式正在衍生出更多可能性。天猫精灵未来也将上线媒体合作开放平台，为本地媒体及机构合作伙伴提供平台工具，实现精准人群分层下的多栏目内容运营，并通过数据算法能力帮助优质内容更好地"走出去",不断扩大媒体内容的覆盖面及影响力。喜马拉雅等平台也表示考虑与媒体合作深度定制音频节目。智媒时代,从人机协同到人机合一的展望,移动化、数据化、智能化已成大势所趋,智能语音设备的走红是必然,其所内含的新闻功能更应该着眼于场景化、交互式、细分化的运行模式,优化算法、深挖利用数据、打造需求场景,在推与拉的互动过程中满足用户即时体验。智能语音媒体是当下备受瞩目的新一代人工智能媒体,以语音控制、人机对话为主要特征,从而为新闻传媒业提供了全新的内容分发渠道,同时也影响了新闻生产与消费。正如英国广播公司(BBC)智能语音项目负责人穆库尔·德维尚德所言:"我们预感智能语音设备将是一次颠覆性的技术变革,如同移动电话或互联网所导致的变革那样。"从这个意义上来说,智能语音技术的发展给未来新闻业带来的影响还值得我们进一步认识与发掘。

第五章　媒介融合时代电视产业的发展

第一节　大电视产业的基本概念及研究思维向度

美国专栏作家凯文·曼尼较早意识到电信与传媒产业的融合，在其专著《大媒体潮》中，率先提出了"大媒体"这一概念。凯文·曼尼所指的"大媒体"，是"一种全新的传播概念和传播方式，向人们提供包括通信、影视、音乐、商业、教育等内容覆盖面极广的全方位资讯和娱乐，包括上述资讯和娱乐生产的全部内容、设备和过程。较过去的媒体而言，"大媒体"的容量大，技术要求高，多采用现今最为先进和尖端的传播技术和手段；投入资金大，跨行业多，当然也以更深、更广的方式介入人们的生活"。

一、大电视产业的基本概念

当下，国内传媒产业与电信的融合进程不断加速，网络技术、数字技术的进步与普及掀起了视频内容传播的风潮，影像和视频逐渐成为主流的传播内容和传播符号，视听新媒体最受瞩目的领域则聚焦于视频网站、OTTTV、IPTV等。随着技术的不断突破，带宽持续增加，如今媒介融合时代的内容传播重心已经转移到"视频"。根据凯文·曼尼提出的"大媒体"概念，结合当下火热的视频传播，笔者尝试提出"大电视产业"的概念，希望利用"视频化"串联起电视产业融合互联网后诞生出的新的产业价值链，用以描述和表现数字电视新媒体产业创新与发展的媒介环境变化。

（一）何谓"大电视产业"

所谓"大电视产业"，是指"在信息技术、数字通信技术和互联网技术革命的汹涌浪潮中，传统电视业已经逐渐融合发展为跨越广播电视和信息产业边界的综合性产业，其内涵和外延都发生了颠覆性的变化"。在这样一个"媒信产业"理念的基础上，笔者认为，数字技术、网络融合、云计算等高新科技的发展和应用，为电视产业带来了新的机遇和挑战。传统电视媒体分别与固定网络和移动互联网融合，衍生出 IPTV、视频网站和手机电视等视听新媒体形态，电视产业向网络化和数字化方向快速拓展，有效延长电视产业价值链条，包括部分通信服务、数字机顶盒、智能电视机等在内的"大电视产业"正在浮出水面。那么，究竟什么是"大电视产业"呢？笔者尝试给出一个这样的界定：所谓"大电视产业"，指的是在媒介融合背景下形成的以"视频"为中心的硬件设备生产和视频内容产业。在电信与传媒产业融合的过程中，网络电视与数字电视的发展扩展了传统电视产业的范围，其上下游产业包括机顶盒、智能电视、互联网电视、移动终端等设备生产商、技术运营商、网络运营商和内容集成商等，它们共同建构起新的电视媒体产业价值链。

（二）"大电视产业"的增量空间

原国家新闻出版广电总局发布的数据显示：2016 年，我国电视广告收入为 1 004.87 亿元，增长率为 -5.66%，全国广播电视有线网络收入 910.26 亿元，增长率为 5.10%；2016 年，中国在线视频市场规模达到 609 亿元，同比增长 56%。由此可见，传统电视产业增长率在衰减，广电宽带、网络视频等"大电视产业"的增长空间正随着电视与互联网的深度融合，快速增长。

有线电视网络原本的功能是承担电视节目的传输，属于电视产业的重要组成部分。三网融合后，有线电视网络兼具宽带运营的功能并提供相应服务，传统电视产业具有了"信息产业空间"发展的增量。以美国最大的有线电视网络运营商康卡斯特为例，一方面，从 2009 年起其有线电视用户开始流失，截至 2014 年年底已流失 300 万户；另一方面，其宽带用户份额越来越大，截至 2014 年年底，康卡斯特总用户（包括宽带、视频、电话用户）约 2 700 万户，其中宽带用户约为 2 200 万户，占比约为 81%。再以我国广电上市公司北京歌华有线电视网络股份有限公司为例，2014 年其有线电视注册用户为 551 万户，较上一年增长 27 万户；高清交互数字电视用户为 420 万户，增长 40 万户，高清交互用户数量位居全国首位；家庭宽带用户 31.6 万户，增长约 8 万户；歌华飞视用户 33.5 万户，增长

7 万户；其信息业务收入约 5.8 亿元，约占主营业务收入（23.7 亿元）的 24%。可见，"广电宽带"发展的空间广阔，这一点对正在深化改革，深入开展三网融合的中国媒体融合产业尤为重要。2014 年 5 月，中国有线广播电视网络集团正式挂牌成立，致力于实现全国有线电视网络的"互联互通"，努力打造继中国移动、中国联通、中国通电信之后中国通信产业的"第四运营商"。在未来，可以预见的是，"广电宽带"将为中国大电视产业带来巨大的增量空间。同时，随着电视与互联网的深度融合，网络视频和 IPTV 等"互联网＋电视"业务也将成为"大电视产业"新的经济增长点。

（三）"大电视产业"的市场集中度

传媒产业是指具有经济学投资价值，围绕文字、声像的生产、经营、制作、播出的系列相关活动，向公众提供相应的文化信息产品和服务的企业群所组成的具有相互作用的经济活动的集合或系统。对照此定义，"大电视产业"应该是传媒产业的一个组成部分，主要包括以视频为中心的电视内容产品和相关企业群。这一相关企业群主要包括生产内容的电视机构、传输内容的网络运营商、接收内容的电视机设备生产企业和完成数字信号转化的机顶盒设备生产企业等。下面，笔者以 2011 年数据为例，从电视广告收入市场份额、有线数字电视用户份额、彩色电视机销售量市场排行、机顶盒保有量市场份额四个指标的数据统计，分别计算出前四位和前八位的企业的集中度，以期描述我国"大电视产业"的市场集中程度。按照产业经济学家贝恩对产业垄断和竞争类型的划分，前四位企业市场占有率（CR4）在 35% 至 50%（含），为"中（下）集中寡占型"，在 50% 至 65%，为"中（上）集中寡占型"；前八位企业市场占有率（CR8）在 75% 至 85%，为"中（上）集中寡占型"，在 45% 至 75%（含），为"中（下）集中寡占型"。

根据国家广电总局发展研究中心发布的数据：2011 年，我国电视广告收入全国合计 934.54 亿元，其中总局直属 259.75 亿元、江苏省 78.69 亿元、湖南省 67.49 亿元、广东省 67.08 亿元、上海市 61.55 亿元、浙江省 56.16 亿元、山东省 42.56 亿元、北京市 41.81 亿元。2011 年，全国有线数字电视用户总数为 11 488.96 万户，其中江苏省 1 195.8 万户、广东省 1 116.93 万户、浙江省 970.1 万户、山东省872.01万户、湖北省674.84万户、湖南省542.01万户、河北省456.43万户、陕西省381.61万户。此外，综合2011年中国彩电销售量市场排行调查数据，以及格兰研究发布的《2012年中国机顶盒白皮书》数据，统计汇总见表5-1。

表5-1 2011年我国"大电视产业"市场集中度

排序	电视广告市场份额/%	有线数字电视用户/%	彩电销售量排行/%	机顶盒市场保有/%
第一位	总局直属（27.79）	江苏省（10.41）	海信（14.77）	创维（14.51）
第二位	江苏省（8.42）	广东省（9.72）	创维（12.18）	思科（11.87）
第三位	湖南省（7.22）	浙江省（8.44）	长虹（11.76）	九洲（11.07）
第四位	广东省（7.18）	山东省（7.59）	TCL（11.10）	长虹（10.38）
第五位	上海市（6.59）	湖北省（5.87）	康佳（10.12）	同洲（10.02）
第六位	浙江省（6.01）	湖南省（4.72）	夏普（7.71）	银河（8.85）
第七位	山东省（4.55）	河北省（3.97）	索尼（6.54）	九联（8.56）
第八位	北京市（4.47）	陕西省（3.32）	三星（6.19）	杭摩（5.40）
CR4	50.61	36.16	49.81	47.83
CR8	72.23	54.04	80.37	80.66

由表5-1可以看到，大电视产业的市场集中度属于中度的集中寡占型，在贝恩的"极高寡占型""高集中寡占型""中（上）集中寡占型""中（下）集中寡占型""低集中寡占型""原子型"（不存在集中现象）六种产业垄断类型中，介于第三种和第四种之间。也就是说，目前我国"大电视产业"的市场集中度较高，属于中等程度的"集中寡占型"。

再以2016年全国广播电视发展主要指标数据为例，据原国家新闻出版广电总局发展研究中心公布的数据（《中国广播电影电视发展报告（2017）》，第374页），统计汇总见表5-2。

表5-2 2016年我国电视产业市场集中度

排序	电视广告收入/亿元	市场份额/%	数字电视用户数/万户	市场份额/%
第一位	总局直属（276.21）	27.49	山东省（1 762.66）	8.74
第二位	湖南省（107.35）	10.68	广东省（1 755.87）	8.71
第三位	浙江省（101.95）	10.15	江苏省（1 754.10）	8.70
第四位	江苏省（79.34）	7.89	浙江省（1 507.17）	7.48
第五位	上海市（71.21）	7.09	湖南省（1 090.30）	5.41
第六位	北京市（66.24）	6.59	四川省（1 004.52）	4.98
第七位	广东省（47.01）	4.68	湖北省（1 003.25）	4.98
第八位	山东省（35.79）	3.56	河南省（777.24）	3.86
CR4		56.21		33.63
CR8		78.13		52.86

　　从上述两个表格的比较来看，2016 年中国电视广告收入及数字电视用户数量的市场份额，无论是 CR4 还是 CR8，都与 2011 年相差无几。以此管窥，大电视产业市场集中度较高，基本呈现中等程度的"集中寡占型"特征。

　　（四）"大电视产业"的区域发展视角

　　对照表 5-1 和表 5-2 中 2011 年、2016 年我国电视广告收入排名前八位的省（自治区、直辖市），北京、上海、广东、江苏、浙江、山东等省（自治区、直辖市）在大电视产业中的地位值得引起研究者的关注。

　　我们试以所属区域省（自治区、直辖市）的角度，重新审视和分析表 5-1 中的"电视机生产厂商"和"机顶盒生产厂商"。2011 年，中国彩电销售量排行前八位的公司总部分布在如下省（自治区、直辖市）：海信（山东青岛）、创维（广东深圳）、长虹（四川绵阳）、TCL（广东惠州）、康佳（广东深圳），夏普、索尼、三星则为国外厂商。2011 年，中国机顶盒市场保有量排行前八位的公司总部分布如下：创维（广东深圳）、思科（国外厂商）、九洲（四川绵阳）、长虹（四川绵阳）、同洲（广东深圳）、银河（江苏张家港）、九联（广东惠州）、杭摩（浙江杭州）。综合这两类设备生产厂商的分布地域，我们可以发现，广东、四川、山东、江苏、浙江等省的"大电视产业"值得重点关注。

　　有学者从产业集群角度研究了数字电视相关产业在广东深圳集聚的实例。研究发现，数字电视相关产业的地理集聚在深圳十分显著，有机顶盒制造、数字专用集成电路、显示器件、数字电视软件、前端显示系统设备、数字电视接收机等多种生产活动，包括远距离提供的条件接收系统（conditional access，CA），数字压缩设备，多媒体内容生产、内容传输服务，以及本地制造能力较强的电视机、机顶盒等硬件制造环节。自 2000 年起，平均每年有 180 多家数字电视相关企业落户深圳。2008 年，深圳有超过 1 700 家数字电视产业的相关企业，涵盖规模各异的转包商。该研究认为，广东深圳数字电视创新集群的形成因素主要有：良好的创业环境；企业与研究机构之间近距离合作；产业结构复杂化与多部门合作；政府的重要作用。这种对于数字电视产业集群化研究的思路，也为"大电视产业"的创新发展提供了借鉴。

　　再以山东省为例。山东省具有发展"大电视产业"的深厚基础与独特优势。

在有线广播电视网络运营商方面，山东省已经完成"一省一网"的整合，广电网络用户数为 1 700 万，在国内是第一大网，单以用户数量而言，仅次于世界上第一大网美国康卡斯特公司 2 400 万用户，可谓"亚洲第一大网，世界第二大网"；在有线数字电视发展及其与相关企业合作方面，数字电视的"青岛模式"及其与海信集团所做的多项三网融合科研开发，为山东"大电视产业"的台企合作奠定了基础；在科技服务方面，山东浪潮集团的"云计算"技术，目前已经与多家广电企业有过成功合作案例；在智能电视机和数字机顶盒的生产方面，海信、海尔的"智能电视"与数字机顶盒等，已经占据了相当大的市场份额；在内容生产方面，山东广播电视台有享誉全国的"鲁剧"等内容资源生产优势。综合来看，山东省在创新发展"大电视产业"方面，也具有集群化发展的基础与优势。

（五）"大电视产业"的市场空间拓展

传统电视产业升级为大电视产业，需要技术企业的协助和相关政策的支持，这个过程越来越依赖多方合作与共赢。随着视觉化时代的到来，传统电视机构应该顺应媒介融合的世界性潮流，满足民众需求，找准自身优势，科学合理定位，联合多方共赢，以我为主，再造产业，努力拓展大电视产业的市场空间。究其实质，"大电视产业"是媒介融合的产物，当网络技术与文化产品融合发展以后，才有了打破电信、广电界限的这一新兴产业。从传媒产业的角度来看，传统电视产业的升级，需要技术企业的协助和相关政策的支持，这个过程越来越依赖多方合作与共赢。从电信产业的角度来看，电信运营商应该在视频化传播的必然趋势中充分发挥其技术和运营优势，致力于"媒—信产业"的开拓，在"大媒体产业"的浪潮中扬帆远航。

还有 IT 产业的研究者认为，在"三网融合"趋势下，广电企业不仅要实现海量内容资源的存储和管理，还要整合视频、数据等多种信息资源，提供综合信息服务，提高业务和运营支撑水平，这对存储容量、计算效率等都提出了非常高的要求。云计算有超大规模、虚拟化、可靠性、通用性、可扩展性、按需服务和价格低廉的特点，通过它可以实现 IT 软硬件资源共享、信息系统的动态部署和自动化管理，在降低成本的同时实现海量内容资源的分布式计算和存储。这将有助于广电企业迅速提高信息化水平。云计算在三网融合及下一代广电网中的应用，将涉及数据存储、数据计算、数据再处理、软件开发、数据传输、网络协同等多个方面。这种观点，也为"大电视产业"的未来发展提供了借鉴。

笔者认为，"大电视产业"拓展市场空间的关键，在于把电视机构的内容优势和相关企业的技术优势、网络优势等有机结合，通过"联合硬件，嵌入软件"等方式，与产业链条上相关企业互动合作，完成内容与渠道、软件与硬件的深度融合。具体说来，应做到以下几点。一是联合硬件设计与生产，增强"大电视产业"的经济规模。伴随媒介融合和三网融合，"云计算""物联网"等技术应用于电视机设备而出现的家庭智能电视终端以及各种数字机顶盒等，这些相关硬件设备升级的生产和销售将增强"大电视产业"的整体经济规模。二是合作开发电视应用软件，抢占内容产业制高点。融媒时代，电视机构应该发挥内容产业优势，争做"视频内容门户"，与"大电视产业"的价值链条各方互动与合作，积极开发和设计"门户型"电视应用软件和各种创新型内容产品。三是横向拓展，在广播电视网络整合后开发信息产业功能。"三网融合"后，广播电视网络可以达到全功能、全业务的形态，这时，"大电视产业"跨越了电视业与信息业的界限，广播电视网也将像互联网、电信网一样承担宽带接入等部分信息产业功能。

展望"大电视产业"的未来图景，媒介融合时代的"大电视产业"，将是以视频为核心的数字电视新媒体产业链条。随着我国模拟电视信号的终止，包括数字电视机设备、数字机顶盒设备等的升级换代，面临全面数字化的中国电视业将成为强力拉动文化产业快速发展的引擎，"大电视产业"或将成为我国文化产业发展的旗舰。

二、"大电视产业"研究的思维向度

"大电视产业"的提法有何意义？这种提法的思想坐标和演进脉络如何？这样一个研究领域存在哪些思考的方向和角度？这些问题的回答，既能勾勒出前人相关研究的图谱，也能把相关研究引向更深的程度。

（一）电视新媒体融合之维

根据西方学者的研究，"媒介融合"主要有媒介科技融合、所有权合并、媒介战术性联合、媒介组织结构性融合、文体与视觉的风格融合、新闻从业人员技能融合等模式。相应地，媒介融合对于电视的影响，主要表现为数字化传播与互动、媒体机构所有权合并、电视和网络或手机的融合、多媒体融合新闻报道、复合型"背包记者"等。其中，数字化传播与互动、电视和网络或手机的融合是对传统电视媒介传播特性的"颠覆性"改变。

媒介技术的融合导致了电视开机率的下降和网络视频用户增加。以北京为例，行业机构艾瑞咨询调查数据显示，由于受到个人电脑、互联网、平板电脑、智能手机的冲击，北京地区的电视机开机率已从2009年的70%降为2012年的30%。也就是说，2012年北京地区所有拥有电视机的家庭，打开电视机看电视的比率已不足三分之一。相比之下，通过网络渠道观看视频的受众却越来越多。从同期发布的《第31次中国互联网络发展统计报告》可以看出，互联网视频利用"海量"信息的特点，逐渐铸成一个内容丰富的视频"数据库"，这样的一个可供网民自行点播的节目资源库，彻底改变了传统电视的线性传播特性，重新塑造了受众自主收视的影视节目消费模式。

广播电视与数字技术、互联网技术融合所产生的数字广播电视不仅具有数字技术所带来的"海量性""时效性""多媒体""超文本""高速移动性"等特征，还具有传播行为的高度互动性、传播方式的非线性、传播手段的多样化、传播方式的个性化、传播内容的多样性等传播学意义上的新媒体特征。这种融合的实质，是把互联网双向互动的传播特性引入以单向广播为特点的传统电视。在我国三网融合的浪潮中，交互式网络电视（IPTV）就是互联网与电视融合的产物。这种电视新媒体融合业务具备了影视直播、视频点播、时移回看、信息浏览、可视通话等功能，同时还能实现电视屏、电脑屏和手机屏之间的"跨屏互动"，改良了电视传播的特性，提供了互动性强、个性化的"电视新看法"。

在微观层面上，数字技术的融合和接收终端的融合改变了原有的电视媒介生态；在宏观层面上，具有中国特色的三网融合改革正在给电视业的发展带来巨变。

1997年，周宏仁在《计算机世界》撰文，第一次系统地介绍了"迎接电脑、电视与电话合一的新时代"，这是国内最早关于三网融合的论述。《中共中央关于制定国民经济和社会发展第十个五年计划的建议》提出，"十五"期间中国要扩大利用互联网，促进电信、电视、计算机三网融合。但是，由于三网归属于不同的部门管理等原因，三网融合始终没有落到实处。2010年1月13日，国务院常务会议审议通过了《推进三网融合总体方案》，决定加快推进电信网、广播电视网和互联网三网融合，实现三网互联互通、资源共享，广电和电信双向进入，并提出推进三网融合时间表，这标志着我国一直停滞不前的三网融合取得了实质性突破。国务院办公厅也先后于2010年6月30日、2011年12月30日公布第一批和第二批三网融合试点城市名单。

三网融合包括网络融合、技术融合、终端融合、市场融合、监管融合等，最终表现出来的主要是业务融合。手机电视、IPTV、互联网电视、视频通话等电视新媒体业务形态的出现和快速发展，为"大电视产业"浮出水面奏响了序曲。

（二）电视新媒体平台之维

互联网与传统电视融合，产生了网络视频、IPTV、互联网电视和手机电视。这四种电视新媒体形态都有自己的内容依托和信息发布平台。网络视频依托优酷、爱奇艺、腾讯视频以及广播电视机构开办的网络广播电视台等约600家持有"信息网络传播视听节目许可证"的视频网站；IPTV依托中国网络电视台（CNTV）建设和运营的IPTV集成播控平台；互联网电视依托中央广播电视总台等获准开办互联网电视集成业务的机构内容集成平台；手机电视依托中央广播电视总台、上海广播电视台、辽宁广播电视台、杭州广播电视台等牌照商的手机电视集成播控平台。此外，还有移动多媒体广播电视（CMMB）平台和公共视听载体主要包括车载移动电视、楼宇电视、户外大屏幕等的视听新媒体平台。这些电视新媒体平台的建设，为电视新媒体内容的集成播控以及电视新媒体产业发展奠定了基础。

视频网站方面，国内目前尚无统一的分类标准，一般可分为垂直类平台运营商、传统门户类平台运营商、广电媒体类平台运营商和电信类平台运营商。视频网站的主要特点如下：第一，垂直类平台运营商是专业视频运营商，以提供网络视频服务起家，其业务与盈利模式紧紧围绕网络视频服务展开。垂直类平台运营商主要包括优酷、爱奇艺等。按照网络视频服务方式的不同，垂直类平台运营商又可以分为视频分享类运营商、P2P流媒体运营商、点播类运营商等。第二，传统门户类平台运营商主要指提供网络视频服务的传统门户运营商，网络视频服务只是其提供的众多业务之一，是对传统图文音频服务的补充。目前国内具有代表性的传统门户类平台运营商主要有新浪视频、搜狐视频、网易视频、腾讯视频等。第三，广电媒体类平台运营商主要指传统电视媒体在网络上运营的网络视频平台，其可以依托电视台自身海量的节目资源和制作优势，是各电视台发展新媒体的一种重要形式，如中国网络电视台、芒果 TV、东方宽频、凤凰网等。第四，电信类平台运营商主要依托固网电信运营商体系或者与电信运营商有密切关系的网络视频平台，主要有互联星空、优度网等。

除了较为分散的视频网站外，IPTV、手机电视和互联网电视内容集成播控平台都实行了"牌照"管理，只有获得相应"牌照"的机构，才能从事相关电视新媒体内容集成和播控业务。这种集权式的管理，在客观上为各种类型的电视新媒体传播，规定了有限的节目内容出口和入口，在版权节目管理、视频内容分账方面创造了较为便利的条件。

所谓"平台"，是指适合某些事物发展的载体，可以是实体或虚拟的，具有极强的集成性特征。在传媒领域，平台往往指为多方在媒介的内容生产与交换、市场运用与管理、技术研发和应用、人才培养和交流等方方面面提供的机会和场合。电视新媒体平台的发展建设和规制管理，在客观上为大电视产业内容供应商层面的规模估算提供了便利。审视"大电视产业"的概念，其实质是延伸了传统电视产业的范围，在媒介融合的视域下，将数字电视产业和网络视频行业叠加在一起。电视新媒体平台的思维角度，为大电视产业经济规模的估算提供了一种便捷的思路。

（三）电视新媒体内容之维

电视新媒体的出现和快速普及，为视频内容的创新发展创造了条件。由于 IPTV 为传统电视引入了双向互动等部分互联网特性，IPTV 和数字电视节目中出现了传统电视所不具备的在线支付、视频通话、联机游戏等视听新媒体节目内容。再如手机电视，由于大多数用户使用的都是诸如车站等待之类的"碎片时间"观赏，所以出现了手机短剧、手机电影等"微内容"，这类电视新媒体内容也是传统电视所没有的。还有视频网站，特别是视频分享类网站，此类平台对用户自制内容的需求催生了公民视频新闻、网络原创栏目等新的视频内容，这些原本只有电视新媒体平台才有的新型节目，目前有些已经反向进入传统电视的荧屏。

面对视听新媒体的蓬勃发展，有研究者认为，新媒体需要新内容。这些新内容主要体现在以下四个方面。一是受众产生的内容。以前的内容大多是由专门从事内容生产的机构制作完成的，而在未来会有越来越多的内容来自内容本身的受众，来自勇于表达、善于表达的普通人。二是为新媒体定制的传统内容。我们现在看到的更多的跨媒体互动，还是传统内容在新媒体平台上进行的二次消化。在未来，将有越来越多的电视内容因为新媒体的存在而改变，甚至电视将"沦落"成为一个推销新媒体内容的宣传平台。三是为新媒体定制的新内容。这些内容可能是情景视频或搞笑超短剧，也可能是某一部电视剧或电影的衍生手机版短片，还可能是围绕某部电影专门定制的手机游戏。四是完全的跨媒体内容。内容从开始策划的那一刻起，就是以多个媒体平台为载体，这些平台相互依托并强化着彼此，不同媒体上的内容合在一起，构成一个完整的故事，任何一个单一平台上所承载的内容，虽然也可以独立成篇，但其实都只是一棵大树上的枝干而已。此外，针对广电类网络广播电视台日益增多的现象，有研究者敏锐地指出，"网络电视台""广播电视网络台"这些具有明显中国特色的形式、名称和概念的媒介能否成功，绝不取决于它的形式、名称和概念，"如同传统媒体一样，内容仍将是新的媒体业态的灵魂，内容的创新才是新媒体发展的根本推动力"。

此外，还有研究者关注到智能手机、平板电脑等移动视频设备的新型内容入口 App，认为 App 是"媒介即讯息"的最佳注脚，是认识新媒体的一个崭新视角。

（四）电视新媒体产业之维

面对新媒体强势崛起、多媒体不断融合的传播格局，有研究者认为电视产业发展面临战略转型：推动高科技应用，电视业态向数字化网络化转型；创新产业发展体制机制，传统电视媒体向现代市场主体转型；服务视频融合终端，内容产品生产向创意互动转型；探索增值业务和多业务运营，盈利模式向多元化转型；收视群体分众化分类化，受众调查向全样本覆盖评估转型。

还有研究者在分析了三网融合背景下上海电视产业将获得的新的发展机遇和地方电视媒体集团或电视台面对互联网市场的优势与风险，提出传统电视产业互联网之路的策略选择：远期之策——突破网络运营限制，立足新一代有线网的全业务模式打造尚需时日；中期之策——告别被动的"内容提供商"模式，制播分离与资源整合难以马上完成；近期之策——做"内容运营商"，专业化定制服务是最好的互联网商业运营模式。

显然，网络化生存已经成为电视新媒体产业思维向度的基础。媒介融合时代，"电视"变成了一个泛化的概念。由于电视产业不可避免地与电信业、IT业、网络业等过去互不相干的行业产生了密切的关系，今天的"电视"可以被理解为"通过某种渠道把声音、图像、文字、动画等视频内容传递到受众的所有电子终端"。这些"电子终端"包括网络视频、手机电视、楼宇电视等能够提供视频节目观赏的终端电子设备。"电视"泛化成"视频"，传统电视产业的"范式"也发生了巨变，正在演变为电视新媒体产业、数字电视产业、视频通信产业相结合的"大电视产业"。

传统电视产业的经营收入主要是广告和有线电视收视费用，其中对于广告收入的依赖程度较大，属于典型的以二次售卖观众为主的"注意力经济"和"受众经济"。电视新媒体产业的经营收入除广告外，主要依赖包月付费的节目内容销售以及按照视频点播量进行的分账，突出了"版权经济"和"内容经济"的特点。三网融合以后，我国的"大电视产业"还涵盖了有线广播电视网络提供的互联网接入服务费以及各种增值创新业务的收入。从概念的从属关系来看，"传统电视产业"经过数字化升级改造变身为"数字电视产业"，"数字电视产业"归属于以互联网技术为基础，在一定程度上外延和拓展了的"电视新媒体产业"，"电视新媒体产业"再加上"数字电视内容产业"共同归属于"大电视产业"。辨析这些基本概念，让我们更加清楚"大电视产业"是由"电视新媒体产业"与"数字电视内容产业"两个主要部分组成的"泛电视产业"的本质。

有研究者认为，中国的三网融合经历了十多年的争论、搁置和分头发展之后，已经形成了基于不同产业利益诉求的产业格局，通信和广电行业进入相互补充、复制性的平台竞争时代，从而形成了中国式的三网融合的基础。中国式的三网融合是在意识形态参与主导下的中国特色的融合，是要构建一个以媒介为高地，以内容、网络和服务为骨干基础的崭新的媒信产业，即媒介思维为主导的三网融合。还有观点认为，数字技术和网络技术使传统媒体产业之间的边界由清晰变得模糊，这些变化推动传媒、电信、出版、娱乐、信息、文化等产业之间相互渗透和融合。

媒介融合将引领产业链向横向延伸和纵向拓展，引领传媒产业从资源整合到产业重组，引领传媒产业与电信、文化产业融合。

2012 年，国家统计局修订了《文化及相关产业分类》，将文化及相关产业的定义由"为社会公众提供文化、娱乐产品和服务的活动，以及与这些活动有关联的活动的集合"，进一步完善为"为社会公众提供文化产品和文化相关产品的生产活动的集合"，并在范围的表述上对文化产品的生产活动（从内涵）和文化相关产品的生产活动（从外延）作出解释。其中涉及电视服务、影视节目制作、影视节目发行、电视传输服务、视频设备出租、电视机制造、影视录放设备制造、家用视听设备零售、电视专用设备生产等多项内容。可见，电视产业是我国文化产业不可或缺的重要组成部分。

一项关于三网融合对地方经济转型影响的研究强调，三网融合作为国家级战略性新兴产业，是国家产业规划的重头戏，将带来大量投资和产出，对地方政府而言，这是一个借势拉动 GDP 的机会。相应地，基于媒介融合的"大电视产业"在拉动区域经济，尤其是区域性文化产业发展方面的功能和价值也不可小觑。

第二节　"5G+ 云 +AI"技术成为互联网电视发展的重要引擎

随着新技术、新模式、新业态对互联网电视的不断渗透，新技术的支撑作用体现得愈发明显。5G 技术以低时延、大带宽、广连接的优势，结合行业各种场景，为用户体验和应用带来质的飞跃，将深刻地改变人类社会的发展进程；云计算作为其中重要的力量，将汇聚多样化的算力和应用，加速产业的智能升级；基于优秀的算法，海量的数据，以及云端丰富的算力，人工智能（AI）将给互联网电视带来巨大的变革。在 5G、云计算和 AI 的引领下，互联网电视越来越丰富、数据量越来越大，这就需要多元新架构的支撑，5G、云计算和 AI 的融合创新发展已成为必然。"5G+ 云 +AI"技术融合将加速数字溢出，并成为互联网电视发展的重要引擎。

一、5G 让连接无处不在

5G 有三大特性：大带宽高速率、低时延高可靠和海量连接。网络速度提升，用户体验与感受才会有较大的提高。5G 速率较 4G 全方位提升，下行峰值速率可达 20Gbps，上行峰值速率可能超过 10Gbps。对网络速度要求很高的业务能在 5G 时代被推广，例如，云 VR 的呼声一直很高，但是目前 4G 速度不足以支撑云 VR 对视频传输和即时交互的要求，用户还是需要依靠昂贵的本地设备进行处理，依托于 5G 的高速率，云 VR 将能够获得长足发展。5G 支持单向空口时延最低 1ms 级别、高速移动场景下可靠性 99.999% 的连接。5G 超低时延特性可以支持敏感业务的调度。5G 网络每平方千米百万级的连接数使万物互联成为可能。5G 网络面向的不仅仅是个人用户，还有企业用户和工业智能设备，5G 将为 C 端和 B 端的用户或智能设备提供网络切片、边缘计算等服务。5G 每平方千米百万级数量的连接能力和多种连接方式，拉近了万物的距离，实现了人与万物的智能互联。

随着 5G 时代的到来，互联网的可靠性、低延时性等特征均会有所提升，这意味着视频的网速和宽带限制将得到解放，为互联网电视产业带来变革，这也代表着传统广播电视高质量的电视节目失去优势。因此广播电视业需要改变此种现状，融合 5G 技术，健全用户需求。5G 时代正在接近我们，这也代表广电行业将会面临更加激烈的竞争趋势，若是广电行业想要有更好的发展，则今后的广电需要充分结合 5G 技术的优势，围绕客户个性化需求，实现模式创新、网络升级等，达到资源融合共享。网络流量的需求随着通信业务和移动设备数量的增加而攀高，高端视频的要求已无法满足用户多样化的需求，需要移动业务供应商综合考虑频率、效率和峰值速率等技术指标，从而更加丰富业务种类。人类将会迎来一个全新的移动网络时代，在媒介融合、社会全面发展的条件下，广电行业若想在激烈的竞争中获得成功，必须有效融合 5G 技术，发挥自身优势，把用户需求作为业务创新的基本条件。

5G 网络系统是集多种业务与技术融合的体系，它一方面能够为用户带来更多的业务服务体验，一方面能够完成传输覆盖，访问多样化的应用场景网络。5G 业务场景表现在以下两个方面：

第一，5G 功耗低，覆盖面大，使用许多小型传感器开展数据采集，业务分析海量终端连接场景。

第二，5G 增强型移动宽带能够满足用户的高移动性和高数据速率需求，可广泛使用在直播现场、通话等场景，确保车内人员有着良好的工作环境，让设备稳定运行。双核心方案要保留最初的基带核心，将 IP 交换机作为核心，在这里有着明确分工，IP 信号交换需要 IP 核心解决，而基带核心负责基带信号交换工作，中间需要转换 IP 和 SDI，根据需求配置，架构清晰，节省购买设备与转换设备的费用。

信号拓扑方案是以交换机作为核心，目前依旧存在许多基带信号，需要转换 IP 和 SDI，但随着时间的增加和 IP 信号的增多，转换情况会逐渐递减，直至结束。此种方案在初期设备费用高昂，后续工作容易。目前典型案例是我国华为公司的 ICT 技术，它和索尼公司合作；有效解决电视台 IP 化问题。索尼提供信号处理网关和 4K 摄像机等，华为提供交换机、服务器等，使用索尼 LSM 系统调度来统一管理。

IP 技术盛行在广电行业中，分层架构是 IT 架构中数据的核心架构，它包括核心层、应用层和汇聚层。核心层与汇聚层类似，应用层与业务有关，因此某企业认为 IP 架构不会改变，传统广播电视单体设备方向不会改变，数据中心服务也不会改变，由此建立的 IP 系统和传统系统存在差异。我国部分电视台在尝试改造和建设 IP 化总控系统、演播室系统。从当前情况可知，面对电视台 IP 化的来临，各厂商联手创造出具有竞争性的媒体电视台解决措施。

在 IP 背景下，电视转播车随着媒体融合的发展对整车架构 IP 化。电视台制作人员需要关注电视中心架构 IP 化技术发展，引入 IP 化解决措施，从而健全媒体融合业务平台，让全媒体融合业务条件被有效解决。由于云计算技术的广泛应用，以计算力为代表的生产力已经成为互联网电视发展的标志性力量。

二、"云 +AI"让智能无所不及

云计算主要是通过互联网为用户提供各种服务，针对于不同的用户可以提供 IaaS（基础设施即服务）、PaaS（平台即服务）和 SaaS（软件运营服务）三种服务，而人工智能可以简单地理解为一个感知和决策的过程，当然这个过程要追求一种合理性。

人工智能的发展需要三个重要的基础，分别是数据、算力和算法，而云计算是提供算力的重要途径，所以云计算可以看成是人工智能发展的基础。云计算除了能够为人工智能提供算力支撑之外，还能够为大数据提供数据的存储和计算服务，而大数据则是人工智能发展的另一个重要基础，所以从这个角度来看，云计算对于人工智能的发展还是比较重要的。当然，说到大数据还需要提一下物联网，物联网为大数据提供了主要的数据来源，可以说没有物联网就不会有大数据。云计算目前正在从 IaaS 向 PaaS 和 SaaS 发展，这个过程中，云计算与人工智能的关系会越来越密切，主要体现在以下三个方面：

第一，PaaS 与人工智能的结合来完成行业垂直发展。云计算平台正在全力打造自己的业务生态。业务生态其实也是云计算平台的壁垒，要想在云计算领域形成一个庞大的壁垒必然需要借助人工智能技术。目前云计算平台开放出来的一部分智能功能就可以直接结合到行业应用中，这会使得云计算向更多的行业领域垂直发展。

第二，SaaS 与人工智能的结合来拓展云计算的应用边界。当前终端应用的迭代速度越来越快，未来要想实现更快速且稳定的迭代，必然需要人工智能技术的参与。人工智能技术与云计算的结合能够让 SaaS 全面拓展自身的应用边界。

第三，云计算与人工智能的结合降低开发难度。云计算与人工智能结合还有一个明显的好处，就是降低开发人员的工作难度。云计算平台的资源整合能力会在人工智能的支持下，越来越强大。

AI 可以理解为用机器不断感知、模拟人类的思维过程，使机器达到甚至超越人类的智能。随着以深度学习为代表的技术的成熟，人工智能开始应用到数字经济的各个组成部分，促进产业内价值创造方式的智能化变革。专业性指的是人工智能具有等同甚至超越人类专业水平的能力。随着深度学习等技术的成熟，人工智能已不仅仅能够进行简单的重复性工作，还可以完成专业程度很高的任务。例如，阿尔法狗（AlphaGo）在围棋比赛中战胜了人类冠军，人工智能系统诊断皮肤癌达到了专业医生的水平，人工智能程序在大规模图像识别和人脸识别中有了超越人类的表现。专用性指的是目前一种人工智能应用通常仅能用于一个领域，无法实现通用的人工智能。面向特定任务（比如下围棋）的专用人工智能系统由于任务单一、需求明确、应用边界清晰等理由，形成了人工智能领域的单点突破。虽然人工智能在信息感知、机器学习等"浅层智能"方面进步显著，但是在概念抽象和推理决策等"深层智能"方面的能力还很薄弱，存在着明显的局限性，与真正通用的智能还相差甚远。

由于云计算技术的广泛应用，以计算力为代表的生产力已经成为互联网电视发展的标志性能力。在平台化互联网电视模式下，云计算解决海量数据的计算和管理，为 AI 技术的运用做支撑，使互联网电视走进智能化时代。

AI 交互是互联网电视的灵魂。纵观人类科技发展史，每次产品进化时，伴随而来的最显著标志，一定是交互的进化。20 世纪 80 年代盛行的 DOS 操作系统由于操作门槛过高，随着互联网普及，逐步被图形化的 Windows 系统所取代；随着 2007 年 IOS 的推出，大屏触控交互，逐渐取代了以 Symbian 为代表的键盘交互。而在电视领域，即使"新势力电视企业"推出拥有各种噱头的电视产品，其根本的交互方式也没有摆脱近百年形成的电视交互逻辑惯性。只有将 AI 技术融合进互联网电视应用中，才能实现高维度的突破。AI 交互革命的理念是互联网电视智能化发展的关键。

现阶段大部分电视厂商都意识到，由于大屏具有先天优势，未来必将成为物联网的控制中枢，开始疯狂"造链"。将用户的需求与物联网设备、AI 能力三方结合，带来了物联网体验质的升级。不论 PC、手机还是电视，想要获得产业的繁荣，都离不开生态的建设。因此在构建极具前沿性的软硬件的同时，也必须重视互联网电视的生态。根据中国网络视听协会编制的《中国网络视听发展研究报告（2023）》，截至 2022 年 12 月底，中国智能电视激活终端达 3.15 亿，覆盖规模为 4.11 亿。

场景互联网是指在智能电视、智能音箱、智能手表、智能眼镜、家庭物联网等场景、设备上的互联网。区别于手机、PC 等通用互联网主要为消费者营造场景，在以智能电视、智能手表为代表的场景互联网下，"场景"变为单一的客厅、手臂，因此，场景互联网主要研究的将是"人"。根据消费者的使用场景变换色温，消费者的需求也会变得集中，运用逆向思维，即可牢牢地把握住受众的需求。例如：当互联网电视在晚上检测到孩子在看动画片的时候，可以自动将台灯的光源换成暖色调，保护孩子的眼睛，这就比只会通过 App 开灯的大多数物联网厂商走得更远一些。

三、"5G+ 云 +AI"带来新体验、新模式、新产业

5G、云计算和 AI 技术的碰撞和融合将为社会带来数字溢出效益。从微观层面上看，"5G+ 云 +AI"技术是企业构建互联网电视数字业务体验平台服务模式创新的重要保障；从宏观层面上看，"5G+ 云 +AI"将加速互联网电视产业供应链的智能化，将数字节目和服务的理念从最初的制作者传递到最终的受众。

"5G+ 云 +AI"为企业构建互联网电视数字化业务体验提供了技术保障。实现数字化业务体验的关键是完成企业各个要素之间的数字化打通与连接。企业各个要素之间不仅是一种串联关系，更是需要通过数字化形成各个要素之间的价值发挥、构建数字化的业务体系。敏捷和创新是数字化业务能力的体现，5G、云计算、AI 技术等可以打破互联网电视以往的管理体制、管理模式和生产方式，支撑业务创新和敏捷迭代，重构数字化的业务体系和运营体系，带来全新的业务体验。

5G 的到来为企业基于云计算和 AI 技术的转型带来更大的发展空间。作为第五代移动通信网络，5G 是高速度网络，峰值理论传输速度比 4G 网络的传输速度快数百倍，这意味着更加高速的数据传输。5G 的到来克服了过去限制企业用云计算与 AI 的问题，如数据来源、传输带宽和时效性等问题。依托 5G 网络，云计算和 AI 会渗透到企业内部，众多应用将可以实现云化和智能化。基于"5G+ 云 +AI"的合力，互联网电视开始进行全面的转型，进入云电视时代。

第三节 5G 超高清制播云服务

2019 年成为全球 5G 发展元年，5G 将催生和引领各行各业的变革，在众多 5G 相关商业应用中，视频相关行业是率先应用 5G 技术的行业，同时也是跟消费者文化娱乐生活息息相关的行业，其商业解决方案、未来发展趋势、产业生态构建等成为行业内热议和交流的重点。如何将 5G 技术和云技术服务于视频内容生产、编辑和分发，以提升效率，降低成本，成为讨论的热门话题。

5G 超高清制播云服务是在云技术提供的可信、安全的基础设施上，将华为公司在视频领域的多年技术积累和电信级运营和运维能力开放出来，并使用 5G 技术，构建服务全在线、按需开通使用、零门槛、专业媒体级的一站式 5G 超高清视频内容生产、连接上云、直播、编辑制作、媒资管理、存储、分发的解决方案。通过 PaaS API 可以提供端到端的 Lens-to-Screens（从拍摄镜头到观众观看的屏幕）服务：超高清视频连接服务、云导播服务、云编辑服务、点播 +CDN 分发服务、直播 + 直播加速服务等。

5G 超高清制播云服务可广泛用于各行各业的 4K 视频生产、直播、制作。5G 超高清制播云服务提供了视频连接（接入 & 分发）、云导播、云编辑（Web 快编）、云媒体管理 & 存储等子服务，可广泛应用于广电 & 新媒体、互联网视频、政府 & 大企业、影视服务公司等行业的多机位 4K 直播和 4K 内容后期制作等场景。

一、云导播产品优势

云导播产品支持现场拍摄直接上云导播，支持 4K 摄像机拍摄 +5G 背包直接上云导播，支持 5G4K 手机拍摄直接上云导播，支持 RTMP 网络直播信号输入。

云导播产品支持 4K 输入和 4K 输出，支持 4K50P，H.265 编码每路支持高达 50Mbps，H.264 编码每路支持高达 80Mbps。另外，云导播产品还可支撑超高清极致观看体验。

二、云编辑（Web 快编）产品优势

云编辑（Web 快编）产品支持 4K 素材和 4K 成品输出，可支持 4K25P，编码 H.265 或 H.264。云编辑（Web 快编）产品支持多轨视频、音频、图文混编，还可支持 2 轨视频、2 轨音频、6 轨图文混编。

三、支持丰富的编辑操作

5G 超高清制播云服务支持截取素材任意片段上时间线，支持切割、拼接、拖动、删除、复制、撤销、恢复、快速掐头去尾等操作，支持自定义快捷键（比如 "/" 键对应于切割）。

四、支持丰富的特技操作

5G 超高清制播云服务支持遮罩（实现马赛克等）、2D（实现画中画等）、颜色调整等特技，支持浸染、画像、溶解等转场特技。

五、8K 将借 5G 技术快速发展

5G 时代疾步赶来的一个明显信号就是，很多普通消费者也能脱口而出 5G 的技术优势：高带宽、低时延、广连接。而在某些资深"技术控"的遐想意境中，5G 仿佛是弥漫在数字世界里的"以太"，不同产业与它触碰，都能瞬间释放出新的能量。而接触有先后，在不少人眼中，随着中国 5G 开始商用，8K 超高清视频有望成为 5G 时代第一个实现万亿元规模的产业。相比其他或许更具颠覆性的产业，5G 与 8K 的初次相遇，就已率先"成就彼此"：一方面，内容容量的迅猛上扬，对高速传输产生了高度依赖，5G 夯实了 8K 大规模应用的地基；另一方面，8K 超高清视频也弥补了当前 5G 的应用场景缺乏问题，与通信行业形成某种互补。"未来已来，只是分布不均"——5G 与 8K 的相互渗透，正在局部势如破竹。

第四节　IPTV：电视与专用互联网的融合

5G 与广电不只是内容和传输的关系，而是全业务形态。全国一网的加速推进，或许是 5G 给广电带来了新的想象力。承载、接入、终端和多媒体四大层面的有线产品，助力广电推进全国一网的布局。智慧广电是社会需求的必然选择，也是向新型媒体转型的必然趋势，而 5G 时代的到来为智慧广电的发展带来了前所未有的机遇。

一、全国一网拥有强力支撑

长期以来，不同于三大电信运营商全国一张网的建设和运营模式，广电业更多是一省一网，甚至一省多网。这一模式逐渐开始变得不符合新媒体形态和业务竞争的需要，国网公司在 2014 年的正式成立。5G 时代即将到来，广电核心的视频业务必然要与 5G 深度融合，全国一网势在必行。业界对此高度关注，热烈探

讨广电业网络整合，显示出对全国一网的期盼。

二、5G 为智慧广电带来大机遇

广播影视智慧化发展既是国家相关战略布局中的一个重要组成部分，也是贯彻智慧广电发展目标的必然要求。广播电视行业科技依存度高，必须紧紧抓住科技革命的机遇，不能有任何迟疑和懈怠。5G 以及相关的 AI 技术、大数据等技术，则是广电业最不能错过的科技创新力量，广电网络整合将为 5G 建设做好准备，而 5G 将为广电业务提供更多的便利，特别是内容接收者向内容的使用者转变的赋能。5G 智慧广电的快速飞跃是值得期待的。广电正在融入 5G 建设阵营，且拥有 700M 的黄金频段，在 5G 网络建设上拥有独特的优势。广电在政企市场耕耘多年，有深厚的政企客户基础，可以将 5G 网络和自身的内容优势进行很好的结合，在 5G 时代迎接新型媒体的挑战，重塑竞争力。

广电在 5G 领域的积极进取，很有可能使其成为三大运营商之外的第四家全业务运营商。过去几年，电信运营商在 IPTV 领域开疆拓土，广电也在有线宽带市场不断发力。随着 5G 时代到来，有线和无线的界限越来越模糊，广电与电信运营商提供的服务也将趋同。

视频内容是广电的核心，广电要结合自身优势，打造特色产品服务。基于 5G 的应用，整合广电行业具备了"天时地利人和"的内外部环境，具有较大的成功可能性。

天时：政策层面高度重视主流媒体的建设，有线电视是主流舆论和主流价值传播的主渠道和主阵地，其整合发展、转型升级得到了相关部门的推动。

地利：广电体系坐拥丰富的基础设施（有线网、700M 频段）和政策资源（运营商和广播电视牌照）。

人和：广电行业业绩衰退带来整合动力。2017 年，上市的广电公司整体净利润率 15%，为 2014 年以来最低；未上市的广电企业的经营情况相较于上市公司而言则更差。"穷则思变"，整合发展是广电行业的必然趋势。

超高清视频产业的发展，需要"网络先行、内容跟进"；广电将以高清视频内容作为差异化竞争手段。

三、IPTV

IPTV 是电视与专用互联网媒介融合的产物。学界和业界对于 IPTV 的解释和定义大致有如下几种:

"互动说"。这种观点认为,IPTV 是从技术角度命名的"互联网协议电视",其英文词汇为"Internet Protocol TV";而有的文献中也把 IPTV 解释为"互动电视",其英文词汇为"Interactive Personal TV",强调它强势的互动功能。

"服务说"。这种观点认为,IPTV 是指在 IP 网络上传送包含电视、视频、文本、图形和数据等,提供安全、交互和可靠的可管理的多媒体业务。

"技术说"。这种观点认为,IPTV 是一个运用于商业的技术概念,可以看作是同时提供语音、数据和视频等"三重业务"的一种技术实现形式。

"融合说"。这种观点认为,IPTV 是数字技术与广播电视融合的产物,是数字电视的一种先进形式。用一个简单的公式表示就是:"IPTV= 电视 + 宽带 + 机顶盒"。

究其实质,所谓"IPTV"是运用 IP 协议的一种视频传输的技术实现形式,其接收终端既可以是电视机,也可以是个人电脑或手机等各种移动设备。因此,从广义上来讲,IPTV 就是运用 IP 协议为多种视频接收终端提供多媒体服务的技术形态。从狭义上来讲,IPTV 就是在电视机上增加互联网的部分互动功能。根据大电视产业的定义和特点,本书中所指称的"IPTV"是以电视机为接收终端,以"电视机 + 宽带 + 机顶盒"为实现形式的"互联网协议电视"或"宽带电视"。

IPTV 在我国的成功应用起源于 2002 年 12 月河南省郑州市的农村信息化项目,该项目产生了我国 IPTV 早期发展的"河南模式"。2006 年 9 月,经过了几年的试验阶段,上海电信与上海文广正式推出百视通 IPTV,开启了以服务城市居民为主体的"上海模式"。随后,"杭州模式""CNTV 模式"等主要以城市 IPTV 用户为发展目标的 IPTV 发展模式,以及"山西模式""宁夏模式"等主要以农村 IPTV 用户为发展目标的 IPTV 发展模式纷纷出现。

四、IPTV 对我国电视融媒体产业发展的作用及其影响

按照国家关于推进三网融合的决策部署,随着三网融合两批试点地区(城市)

相关工作的开展，2014 年，我国 IPTV 平台建设、技术对接和运营模式等方面工作全面展开，IPTV 集成播控总分平台架构基本形成。IPTV 开始朝着规范化、差异化、本地化、智能化方向发展。

在三网融合政策的有力推动下，我国 IPTV 用户增长更加迅猛。2015 年 IPTV 用户数量为 5 800 万户，2017 年年初达到 1 亿户。截至 2022 年年底，全国 IPTV 用户达到 3.8 亿户，较 2012 年的 2 300 万户增长了 15 倍还多。

2022 年，全国 IPTV 用户排行前十的省份有：四川、江苏、山东、广东、河南、浙江、河北、安徽、湖南、湖北。事实上，2020—2022 年，IPTV 的 TOP10 省份都是以上十省，只是在排序上略有浮动。2022 年全国共计有 16 个省级 IPTV 用户数破千万，2021 年还只有 14 个省份破千万，云南和辽宁成为新晋的千万 IPTV 用户大省，该增长主要来自于当地移动公司的发力。此外，四川、江苏、山东、广东、河南 IPTV 用户数都已超过 2 000 万，四川甚至已经超过 3 000 万。

IPTV 对我国电视融媒体产业发展的作用及其影响，集中体现在以下几个方面。

第一，IPTV 是我国电视融媒体产业发展中的第一块"大蛋糕"，"今日 IPTV，明日数字电视"。IPTV 为传统电视广播模式引入了点播、互动、信息服务等新的功能，将"看电视"变成了"用电视"，极大改变了电视观众被动接收的模式，大大提高了电视用户的自主性。如果我们以中国电视家庭用户为 4 亿户来计算，截至 2016 年年底，我国大陆地区 IPTV 用户数量约占全国电视用户总数的 25%，约占全国有线电视用户数（以 2 亿户计算）的 50%，IPTV 对中国电视产业结构的深层变革正在施加着越来越重大的影响。我国的有线电视从 20 世纪 80 年代发展至今，已经走过了 30 多年的历程，而 IPTV 从 2006 年的正式商用算起，截至 2016 年年底，仅仅发展了 10 年。可见，在我国电视融媒体产业的发展过程中，IPTV 作为三网融合的焦点业务，凭借国家政策的东风，在媒介和电信产业融合发展的全球趋势下，迅速成为电视融媒体产业的第一块"大蛋糕"。

第二，IPTV 开启了我国电视融媒体产业牌照许可和平台集权的经营管理模式。"互联网＋电视"的融合，本来可以看作传统电视媒体的"互联网化转基因"，海量内容、双向互动、开放平等、合作共赢、分享馈赠等"互联网基因"似乎并未对我国 IPTV 产业的发展产生决定性的影响。相反，集权的、垄断的牌照许可证制度和中国广电 IPTV 中央集控总平台，成为中国广电 IPTV "统一管理"、快速发展的不二法门。在 IPTV 产业的快速发展和 "一统江山" 的经验启发下，我国手机电视、互联网电视集控平台已经建成，原国家广播电视总局似乎也想一举解决电视融媒体产业在移动终端和公共互联网融合发展方面所面临的经营与管理问题。但是，IPTV 这种牌照许可和平台集权的经营管理模式有效应用范围还需要观察，这可能跟电视与专属互联网融合形成的 "围墙花园" 特质有关，这种模式能否一劳永逸地用在手机电视和互联网电视产业经营管理方面，还有待进一步观察。

第三，IPTV 探索了电视机构与电信机构合作共赢的新路径。电视与新兴媒体的融合发展，处处显露出市场竞争和受众争夺的火药味道，作为三网融合的焦点业务，IPTV 成为电视机构与电信机构合作共赢的一种新的合作形式。简言之，电视机构提供内容，电信机构提供通道，双方互相协作，收益共享。这种媒信产业合作共赢的方式与路径，在由数字电视、手机电视、网络视频、IPTV、互联网电视等形成的 "大电视产业" 中，因为竞争主体由电视机构一家扩展到电信机构、互联网企业、硬件设备生产企业等多家，市场竞争多于市场合作，竞争主体间矛盾冲突激烈，多数产品的替代功能明显，电视融媒体产业竞争主体之间往往你死我活、更迭替代。IPTV 需要电视机构与电信机构通力合作，各取所长，收益共享，这种合作共赢的探索，虽然也经历了风雨波折，但总体而言，还是为 "大电视产业" 替代性的竞争找到了一种电视机构、电信机构、硬件设备生产企业等各方合作共赢的范本。

第四，IPTV 产业的发展带动了机顶盒等 "中间件" 硬件设备市场。数字高清机顶盒、卫星电视机顶盒、IPTV 机顶盒、OTT 盒等，在我国电视产业数字化整体转换的发展进程中，各种机顶盒 "中间件" 硬件设备市场应运而生，电视融媒体产业急剧扩张的数字终端市场，为相关硬件设备生产企业带来巨大的商机。IPTV 用户数量的大幅增长，数字电视产业的快速发展，相应地带动了机顶盒等 "中间件" 硬件设备市场。其实，不仅如此，互联网电视一体机、超级电视、CMMB 移动电视终端设备等，也都是 "大电视产业" 带来的硬件设备市场升级与扩容。

IPTV 产业发展提醒我们，有多少 IPTV 家庭用户，就需要多少 IPTV 机顶盒配套支持，如果考虑到技术的更迭和机顶盒的更新换代，加之在"互联网＋"时代，"大电视产业"整体的"个性化、互动化、智能化"发展趋势，电视融媒体产业硬件设备市场的市场潜力和增长空间未来可期。

第五节　VR 影视：电视融媒体产业新的增长空间

2016 年被称为"VR 元年"。虚拟现实（Virtual Reality，VR）技术经过多年酝酿，在消费市场和资本市场厚积薄发，VR 技术的消费级应用产品频频出现，VR 产业价值受到广泛关注。国际方面，Google、Facebook、微软、索尼、三星、HTC 等都加入了 VR 产业市场角逐，美国高盛集团、德勤会计师事务所、德意志银行纷纷发布 VR 产业投资研报，消费市场 VR 头盔数量飙升，股票市场 VR 概念热潮涌动。目之所及，一种类似头盔眼罩的虚拟现实设备，频频出现在各类新科技产品展示会上。国内方面，乐视、小米、腾讯、百度、暴风、优酷等互联网公司，海信、创维、TCL 等电视设备生产厂商，芒果 TV、BesTV、华数传媒等广电新媒体公司，这些中国电视融媒体产业相关企业纷纷将 VR 发展计划提上日程，VR 设备制造和 VR 内容生产风生水起。

VR 究竟是什么？其行业发展状况如何？趋势怎样？VR 将给电视行业带来哪些变化和影响？这些变化和影响会颠覆电视行业吗？要想回答这些问题，还要从 VR 的基本概念开始，厘清 VR 跟电视的区别与联系。

一、VR 技术、设备及其应用形态

VR 技术是一种计算机仿真系统，通过对三维世界的模拟创造出一种崭新的交互系统。VR 技术利用计算机生成模拟环境，是一种多源信息融合的交互式三维动态视景和实体行为系统仿真技术，并使用户沉浸到该环境中。VR 工作原理是用头盔或眼罩等设备阻断人眼与现实世界的连接，同时通过实时渲染的画面，营造出一个全新的虚拟世界。这种虚拟现实技术，可以使用户沉浸在特定的视听空间内，将传统的平面显示方式全息化、立体化，提升用户视听体验。中国电子技术标准化研究院编撰的《虚拟现实产业白皮书》认为：虚拟现实工具与设备、内容制作、分发平台、行业应用和相关服务等共同构成虚拟现实产业链。其中，工具和设备类可细分为输入设备、输出设备、显示设备、拍摄设备及相关软件等；内容制作可细分为影视、游戏等；分发平台可细分为应用商店、社交影院、实体体验店、网店、播放器等；行业应用可细分为工业、军事、医疗、教育、房地产、旅游、会展等领域的应用；相关服务可细分为平台、媒体和孵化器等领域的服务。由于虚拟现实产业涉及基础硬件生产、软件开发、核心部件制造、实体以及网络分发平台、营销与服务等众多军民领域，需要在国家统一协调和管理下，通过技术标准体系以及关键标准的制定、标准符合性检测和相应的质量验证系统的支撑，产业才可以健康可持续发展。

二、中国 VR 产业面临的主要问题

目前，中国 VR 产业发展面临的主要问题有如下几个：VR 技术标准问题、VR 内容短板问题、VR 用户体验问题、VR 设备同质化问题。如前所述，《虚拟现实产业发展白皮书》认为：技术标准问题是 VR 产业快速健康发展的规范性引导，目前已经引起多方关注。国际标准化组织、英国数字媒体技术革新合作中心、中国 AVS 标准工作组等，都已启动虚拟现实技术标准的制定。同时，虚拟现实内容稀缺、制作成本过高、内容呈现方式多样、虚拟现实内容没有统一标准、各类虚拟现实设备之间还无法实现互联互通等，成为制约虚拟现实大规模产业应用的关键因素。

关于技术标准和内容短板问题。目前，国内相关企业也纷纷发布其 VR 发展计划。优酷发布 VR 平台战略，宣称要"从内容切入，力推产业前行"。优酷表示，将发布三大 VR 产品线，为 5.8 亿多屏用户提供触手可及的 VR 体验，并与产业链合作伙伴一起，在一年内打造 3 000 万 VR 全景用户。截至目前，优酷已经和 80% 的国内顶级 VR 内容制作团队签约，并拥有 50 多家海外战略合作伙伴，预计年产 1 000 条优质海外自制合制视频。微鲸科技计划在未来三年"投资 10 亿元制作 1 万小时精品 VR 内容"。微鲸科技将凭借自主研发的 VR 摄像机及 VR 头显，成立 10 亿元 VR 创新产业基金，创建千人极客创新团队，打造包含游戏、综艺、直播、全景短片、纪录片以及微电影的 1 万小时 VR 精品内容，并在两年

内突破现有技术局限，制作出标准 VR 电影和电视剧产品。"VR+ 广电"生态模式在国内启动。

VR 用户体验问题目前也较为突出。笔者体验过一款售价约 25 美元的 VR 眼镜产品"VR CASE RK3PLUS"。这种 VR 设备在眼罩里内置了一副类似于 3D 的眼镜，眼镜前方盒子里是可以从侧面抽取出来的塑料卡槽，使用时将智能手机固定在卡槽内放回盒子中，这时就形成了一个手机屏幕作为大荧幕，用户通过眼镜观看手机屏幕的"与外部隔绝的封闭空间"。在 Wi-Fi 环境下，笔者打开事先下载在手机里的 App "BesTV 影院 VR"，点击图标进入，戴上眼镜，在这个封闭的空间内，可以看到紫色和蓝色相间的星空，转动头部，可以看到类似于 IMAX 球幕电影的 360 度全景的浩瀚星空，屏幕中间是两行类似电影海报的节目图标，下面的导航栏有"推荐""高清""全景""3D"。屏幕上有一个类似于激光笔投射出的小红圈，这个小红圈相当于电脑的鼠标，可以转动头部将这个小红圈放置在想要打开的导航栏或节目海报上，"VR 影视"即可实现相应的操作和播放。笔者体验了"全景"栏目中的一个"极限挑战"演播室内容片段，给人的观感是仿佛置身演播室之中，看人物说话时可以通过左右转动头部来不断扩展画框展现的范围，看看周边的景物，抬头观望还可以看到演播室顶部的灯光设备等，给人一种身临其境的 360 度的即视感。客观地讲，"VR 影视"有其新奇之处，相当于一个可移动的私人的球幕和全景的电影院。但是，摘下眼罩设备后的一阵阵眩晕和不舒适感，容易使人对刚刚感受到的视觉奇观所带来的新鲜感大打折扣。简言之，VR 设备在技术改进和用户体验改良方面任重而道远。

VR 设备同质化问题同样突出。据统计，目前国内 VR 创业公司有上百家，但大多是中小企业，产业还处于启动期，这些企业多数生产头戴眼镜盒子、外接式头戴显示器等 VR 设备向消费级市场拓展，"同质化竞争，低水平重复"，需要龙头企业带头示范，早日形成"产业雁阵"。这种同质化竞争的状况，从目前国内消费市场约 200 种功能类似的 VR 头盔"混战"中可见一斑。中国 VR 技术研发和设备生产领域，呼唤出现 Facebook、微软、三星之类的技术攻关和内容研发的领军企业。

三、VR 产业发展趋势

关于 VR 产业的未来发展，国内外投资银行及相关研究机构也纷纷关注，并陆续发布研究报告，预测 VR 产业未来的发展规模。众所周知，中国消费市场人口基数庞大，VR 产业一旦进入消费级应用发展阶段，在全球范围内中国 VR 产业经济都将是一个重要的市场区域。受科技研发、内容生产、龙头企业、政府引导等方面因素影响，未来的中国 VR 产业发展趋势也开始浮出水面。

（一）趋势一：科技争先，以人为本

荷兰人类学教授约斯德·穆尔认为，虚拟现实的体验主要有三个因素：第一，电脑生成的数据中的沉迷，即"沉浸感"。在虚拟现实系统里，最能引起这种沉迷体验的是使用头盔显示器。这种头盔显示器通过双眼视差显示孔、立体声耳机创造出一种三维的视觉效果和音响。鉴于戴着这样的头盔漫步一点儿都不好玩，因此虚拟现实研究的一个重要内容，就是想方设法使该设计摆脱物质形式的束缚，能够接受感官输入。第二，在电脑计算的虚拟现实中的穿梭航行，即"在电脑生成环境中来来往往的能力"。在虚拟现实的情况下，"造访者"能够凭借（机械的、超声波的、磁力的或者视觉的）位置 / 方向跟踪器，相对自由地穿越虚拟环境而航行，并且从不同的视角观景。第三，用户与虚拟环境进行互动。这意味着，由于有了诸如数据手套或者数据服之类的输入设备，用户能够操纵虚拟环境中的对象，或者与虚拟人物互动，如 VR 游戏等。以上三种对于虚拟现实体验的描述，勾勒出虚拟现实技术应用的特性，这些特性的现实呈现和用户体验，离不开核心科学技术的研发创新和具体应用。结合前文描述的 VR 用户体验现存的种种问题，本书认为，科技争先，以人为本，将成为未来中国 VR 产业发展的趋势之一。

（二）趋势二：龙头带动，产业整合

目前 VR 产业的全球市场竞争主体中，Facebook、微软、三星等龙头企业具有明显的行业带动作用。业内人士认为，中国 VR 产业现存的"同质化竞争、低水平重复"问题，亟须"龙头企业"以雄厚的研发实力和产业资本进行资源整合，引导其他中小企业围绕产业链中的薄弱环节进行研发攻关和内容制作，最终形成"产业雁阵"，促使 VR 产业进入良性发展的轨道。目前国内 VR 产业的龙头企业有暴风、奥飞等，但在全产业链条的建构中，仍需更多"龙头企业"出现。具体而言，由 VR 硬件设备研发商、VR 内容研发商、VR 拍摄及动作捕捉技术商、VR 平台门户企业等共同构成的国内 VR 产业价值链条上，相关"龙头企业"越多，VR 产业生态发展越好。同时，VR 产业的投资热潮也引起了地方政府的注意。2016 年 2 月，江西省南昌市和福建省福州市相继提出要打造"国家级 VR 产业基地"。其中，江西南昌出台相关配套措施，计划"在未来 3～5 年内，培养 1 万名专业技术人才、发起 10 亿元规模的虚拟现实天使创投基金、落实 100 亿元规模的虚拟现实产业投资基金、聚集 1 000 家以上的虚拟现实产业链上下游企业、实现超过 1 000 亿元产值"。可见，在地方政府引导下，中国 VR 产业已有集聚发展的动向，其未来发展效果还需拭目以待。

（三）趋势三：丰富内容，跨界融合

中国 VR 产业未来的发展内在要求 VR 内容的丰富和多样，尤其是虚拟现实技术可以跨越行业限制，进行"VR+"。比如现在阿里巴巴集团已经开始实行的"BUY+"VR 电商战略、乐视的 VR 平台生态战略等。中国市场学会理事、经济学教授张锐认为，目前国内 VR 企业在硬件产品技术构造和把控能力上与国外对手没有太大差距，决定中外 VR 企业与行业落差的最重要因素，是 VR 内容丰满度与内容体系的成熟度。国内 VR 内容可以在直播、会议、体育以及演唱会等方面大胆试水，同时在家装、旅游、房产等一些垂直应用领域聚力推造，待经验与技术成熟后再辐射到游戏与影视地带，最终构筑起我国 VR 产业的内容高地。

世界著名科技杂志《连线》创始主编凯文·凯利在其新著《必然》一书中预言："在人类短短几十年的寿命期限中就能'扰乱'社会发展的第一个技术平台是个人电脑。移动电话是第二个平台，它们都是在短短的几十年里引发了社会中一切事物的变革。下一代颠覆性的平台就是虚拟现实，而它已经到来了。"在凯文·凯利看来，虚拟现实技术快速发展的亮点是"现场感"和"互动效果"，以虚拟现实为代表的"互动"必将成为"未来三十年产品和服务的总趋势"之一。由此可见，VR 技术在这位互联网领域的"预言帝"心目当中的重要地位。

2016 年，VR 产业裹挟着资本市场的投资热潮，伴随着百万级销量的各式 VR 头盔走向普罗大众，开启了虚拟现实技术最为广泛的应用场景。在人类信息传播的茫茫大海上，VR 产业未来发展也许并不能就此一帆风顺，但其或将掀开人类传播史册崭新的一页。

四、"VR 影视"体验及其对电视行业的影响

2016 年 5 月,暴风科技推出"VR 电视"概念,让用户体验"从电视上欣赏到全景 VR 影片"的应用功能。有人惊呼:"这是暴风科技对电视行业的一场颠覆,普通电视即将终结!"但也有人认为 VR 电视的提出更像是对智能电视的补充,暴风科技只是充当了将 VR 资源从手机、PC 移动到电视上的搬运工角色,"称 VR 电视将颠覆彩电行业则有些言过其实"。究其实质,所谓"VR 电视"只是"VR 眼镜"的一种"VR+TV"的新概念表达,实际上是 VR 技术在影视内容观赏和用户体验方面的一种具体应用形式,也就是如前所述的"VR 影视"。

"VR 影视"类似于一种私人的球幕电影院,充其只是影视业的一种补充,难以做到完全替代。这是因为,相对于"客厅电视"这种家庭式的信息娱乐观赏行为,戴上头盔或眼罩的"个人式"观赏只能起到一种补充作用,很难想象一家人各自戴上"VR 眼镜"在同一空间各自观赏影视内容的场面会出现。即使对于独居的个人用户而言,完全使用"VR 影视"替代传统电视、网络视频和手机视频的现象,也不可能大量出现。原因是,一方面,现有的 VR 内容有限,难以全面满足用户的观看需求,另一方面,目前"VR 影视"的用户体验仍有待进一步提升和改进。

那么,"VR 影视"对于电视业创新发展有何促进意义呢?笔者认为主要体现在以下两个方面。第一,"VR 影视"内容的匮乏为传统电视行业提供了新的发展契机。传统电视行业在内容生产方面优势明显,"VR 影视"内容的实质是利用 VR 技术设备生产的新型影视内容,类似于 3D 电视节目和 360 度全景电视节目。这为传统电视行业的创新发展提供了新的契机。第二,"VR 影视"设备制造将成为中国电视融媒体产业新的增长空间。在"传统媒体与新兴媒体融合发展"的今天,传统电视产业的内涵和外延发生了变化,以"互联网+电视"为载体,以"视频"为核心,形成了电视机构、电信公司、互联网企业、硬件设备厂商等跨界竞争的"电视融媒体产业"。"VR 影视"的相关内容生产和接收设备,市场潜力巨大。

五、"VR影视"将成为中国电视融媒体产业新的增长空间

电视融媒体产业扩展了传统电视产业的范围,在原有传统电视产业基础上延伸向网络视频产业、智能终端设备等视听新媒体领域。"VR影视"的内容生产和设备制造将为中国电视融媒体产业创新发展提供新空间。

首先,"VR影视"能有效激发智能手机潜能,这是其对于中国电视融媒体产业具有重要意义的基础和前提。众所周知,智能手机在移动互联网时代让视频观赏变得更加灵活和自由,"手机电视""手机视频"等电视新媒体形态,伴随4G、5G和Wi-Fi等通信技术、网络技术发展和智能手机普及,用户数量越来越多,手机"追剧"的人也越来越多。但是,"智能手机+电视"形态的产业价值,虽然曾经做出"视频电商"等多种努力,却一直停留在"贴片广告"的盈利模式阶段,其产业带动效应迟迟没有得到体现。"VR影视"的出现,有望改变这一状况。由于现有的"VR眼镜"大多数是如前所述的与智能手机结合使用形式,智能手机起到了"荧幕"作用,这种捆绑组合的"私人球幕影院"模式,有效激发了智能手机的潜能。在智能手机用户人口基数庞大的中国,"VR眼镜"与智能手机的组合,成为开启中国电视融媒体产业新的经济空间的金钥匙。

其次,"VR影视"设备制造市场前景广阔。根据中国互联网络信息中心发布的《第37次中国互联网络发展统计报告》:截至2015年年底,中国手机网民规模为6.20亿,其中手机网络视频用户4.05亿。在这样庞大的手机网络视频用户基础上,如果有1%的用户购买使用"VR眼镜",其市场需求量将达400万,以每部与智能手机配套使用的VR设备价格100元计算,其市场规模大约4亿元。当然,这是按照较低市场价格和可能购买人数的一种估算,其结果并不准确。同时,"VR影视"制作设备也未加计算。此外,光线传媒等传媒机构还将目光投向"VR影视"内容生产设备的设计、制造和推广,其VR生态布局包含VR内容制作工具提供商七维科技、视频技术解决方案提供商当虹科技、VR内容平台先看网络院线以及旗下的VR终端Dream VR等。可以预见,"VR影视"内容生产设备和服务的"全产业链"以及VR接收设备的制造将为中国电视融媒体产业未来发展提供巨大的市场空间。

综上所述,VR技术发展迅猛,各种应用层出不穷。但VR技术的应用并非

只有"VR影视"。如前所述，目前VR技术应用广泛，如"VR游戏""VR演艺""VR旅游"等，不一而足。如果再考虑到增强现实技术（Augmented Reality，AR）和混合现实技术（Mixed Reality，MR），问题就会变得更加复杂。

综上所述，"VR影视"作为一种新兴科技手段的应用，能够带给用户"私人球幕电影"般的奇幻感觉，具有较强的用户吸引力和广阔的市场空间，正在或已经成为人们观赏影视节目的有益的配给形式。"VR影视"的内容匮乏及用户体验的不舒适感，需要VR内容产业的进一步研发和VR技术的改良和改进。"VR影视"内容生产制作设备和接收硬件设备制造将为中国电视融媒体产业带来新的巨大的经济增长空间。

第六章 "互联网+"时代电视产业的内容创新

大电视产业的一个重要增量空间是"互联网+电视"的内容产业融合领域。在"互联网+"时代，大电视产业的内容创新，集中体现在微电影、网络剧、网络自制节目等视听新媒体节目形态的大批出现。新的播出平台、新的互动参与、新的技术支持、新的表现形式，成为视听新媒体内容创新的鲜明特征。

第一节 微电影：网络时代的影像表达

一、微电影定义的产生和流变

随着近年来网络视频业务的不断发展壮大，互联网已然成为电视台之外的一个重要的影视剧播放平台。事实证明，传统的电视与电影大片各占半边天的时代已经过去。人们生活节奏的加快，自由支配的时间相对减少，碎片化时间增加。特别是青年一代，已经很少有每天守着电视机的了，他们更倾向于抱着手机，通过互联网来查找、观看自己感兴趣的内容。在这种受众环境和现实条件影响下，微电影应运而生。

目前可以在互联网上检索到的"微电影"一词最早出现在2006年2月27日，是一位名为"虚灵大帝"的凤凰网博主在其博文《影像评判与微电影学大纲》中提到的。在这篇博文中，作者谈及微电影的基本特征和基本分类，虽然对"微电影"一词的定义不够准确，但与后来人们经常提起的微电影概念基本相符。2010年12月，由著名豪华汽车品牌凯迪拉克与好莱坞著名创作班底联手推出的90秒微电影《一触即发》被称为第一部真正意义上的微电影。因此，2010年也被学界普遍认定为"微电影元年"。著名学者尹鸿认为，微电影具有"四微"的特点，即"微时放映、微周期制作、微规模投资、微播出平台"。也有人撰文总结说："微电影是指专门在各种新媒体平台上播放、适合在移动状态下观看、具有完整故事情节的'微时（30～3 000秒）放映''微周期制作（1～7天或数周）'和'微规模投资（几千元～数十万元/部）'的视频短片。"然而这些所谓微电影的典型特征其实并不完全准确。单就影片时长就很难有明确统一的标准，比如从上面定义中所说的"30～3 000秒"这个界定标准来看，如果一部影片的时长为3 005秒时又该怎么确定作品是否为"微电影"或者其他影视类型呢？从微投资成本来看这种标准也并不完全适用。2010年12月27日，香港知名影星吴彦祖主演的片长为90秒的广告微电影《一触即发》在网络发布并在电视媒体中播出，此视频是凯迪拉克公司为推销自己品牌新款汽车而制作的广告，此片投入巨资聘请一线明星并配备顶级制作团队与特效团队。另外就制作周期而言，国外一些制作精良的微电影，如V电影网推荐的由小说改编、片长为15分31秒的微电影《被隐藏的数字》，由美国萨瓦那艺术与设计学院的学生耗时两年制作完成，明显也不符合上述制作周期"1～7天或数周"的特征。

此外，还有学者将微电影定义为"专门针对新媒体平台量身定制，具有完整故事情节和专业电影制作团队，以网络为核心传播平台，同时延伸到多种移动终端的影片"。其中具有代表性的是刘书亮的研究，他认为"微电影是一种电影形式，专业的团队创作，具有完整的故事情节，采用电影的叙事方法表达社会上主流人群的审美价值取向"。一些网络视频平台则有自己的限定。比如网易微电影节对微电影的定义是：微电影不同于草根拍客作品，它有一定的创作门槛和较高的制作水准，并要求以创意取胜，而且更便于随时下载和观看。

"微电影"的外部特征固然在于"微"，但其内在生命力仍然是"电影"本身，仍然应该具有诸如主题、情节、人物等电影元素。要深入把握"微电影"与标准时长故事片的区别，可以回溯百年前胡适对"短篇小说"的界定来获得一些启发。1918年，胡适在《新青年》四卷五号上发表了《论短篇小说》一文，对"短篇小说"曾作过定义，他并未关注"短篇"篇幅的短，而是强调文学手段的"经济"，同时强调主题内涵上的"以小见大"。

笔者认为，微电影并非横空出世，其溯源可以是早期电影短片《水浇园丁》或著名电影节献礼短片集——《十分钟年华老去》《每个人都有自己的电影》等。电影短片本身并不是一个新鲜的事物，由同主题或相似线索穿引的叙事短片集也不新鲜，比如由英国制作公司出资并邀请15位导演各自以"时间、生命、生活"等为线索的《十分钟年华老去》，在今天看来，从制作程度、制作方式和花费资金方面看的确可以算作微电影的范畴。戛纳电影节60周年献礼的电影短片作品集《每个人都有自己的电影》，更是邀请来5位大导演参与制作，每部作品限时三分钟，并要求他们从各自的独特视角来表现"每个人都有自己的电影"这一主题。现在在网络上，我们可以搜索到《十分钟年华老去》和《每个人都有自己的电影》等系列作品。微电影的"微"，其实是互联网时代的"碎片化"传播特征带来的新称谓，其实质是互联网时代的电影短片。换言之，在互联网时代到来之前，没有所谓"微电影"，只有电影短片，其播出平台有限，而互联网平台的出现，催生了"微电影"的出现，传播平台宽广，专业门槛降低，"微电影"成为网络时代几乎人人皆可参与和倾诉的影像表达方式。因此，本书将"微电影"定义为："一种短时长、低投入，可依托多元媒介平台进行制作及播放的影像艺术。"

对"微电影"的界定具体可以体现在以下几个方面。第一，时间上的限制（时长小于院线上映的电影，在30分钟左右）。第二，一般是借助网络平台播映，特别适合在移动状态及短时休闲时观看。第三，追求故事的完整性以及人物塑造的立体性。第四，微电影要表达创作者的生活感知，要反映社会现象，更要有对这些感知和现象的理性乃至哲学思考。第五，具有互动性，可以在各类互联网平台即时观看并分享，可由网民创作、分享、讨论剧情。

中国微电影真正诞生到现在，正在逐步走向成熟。微电影开创了一种网络叙事的新模式，但并不意味着要与以往的影视作品类型一刀两断，更不是一个自我封闭的体系。微电影本身是一类依托于网络传播的新兴视频内容，其内涵和外延也随着互联网时代的传播特征不断完善。

二、微电影的发展源流

进入21世纪以来，互联网技术的迅猛发展和快速普及，把人们带入了"微时代"。微博、微信、微小说等不断涌现,人们在享受科技带来便捷和乐趣的同时,接收信息的方式和习惯也在潜移默化地发生改变——"微"似乎成了现代人的一种生活态度。"微电影"应运而生。

(一)探索时期(2001—2009年):短时微探,从"精英"到"草根"的全民狂欢

2001年,宝马北美公司请了八位世界级一流的导演,推出八部具有鲜明个人风格和创新性的电影短片,可视为互联网时代"微电影"的第一次尝试。同年,香港导演伍仕贤推出片长11分钟的影片《车四十四》,可以看作国内微电影的开山之作。此后,专业导演、业余导演和艺人乃至草根群众都曾有过大量的网络电影创作,但是并未在网络上大范围传播并引起强烈反响。

直至2005年,由青年导演胡戈制作的恶搞短片《一个馒头引发的血案》在网络上迅速走红,开创了一种全新的影视制作形式。该片在众多学者的研究中,被认为是微电影的雏形,对微电影发展具有里程碑意义。此后,互联网上涌现了大量的混剪视频以及网民自拍短片。但此时的这类作品,大多难以达到"电影"的画面质量水准和要求,网络视频短片处于探索阶段。2008年9月,日本佳能公司推出的EOS5Dmark Ⅱ数码单反相机,为微电影的进一步发展提供了技术支持。由这款机器拍摄的短片画质达到了电影所需的基本要求并可同步录音,有效降低了成本,大大便利了微电影制作。

2007—2009年,保洁公司的飘柔洗发水推出了飘柔洗发水五部曲的系列广告,连续讲述了一对青年男女从相遇到相识、相知再到见双方父母和举办婚礼的情节。这一系列的短片虽然是广告,但是并不缺乏人情味和专业特性,并且很好地结合了洗发水的产品特征,让观众可以很容易地接受产品的形象塑造,成为在中国大陆播出的比较早的具有微电影特征的系列广告。

(二)发展时期(2010—2012年):概念初定,蓬勃发展如雨后春笋

自从微博于2009年诞生后,各种以"微"命名的各种网络事物开始频繁出现在人们的生活之中。微电影在经历了近7年的探索后,终于在2010年诞生了具有广泛影响力的真正意义上的"微电影"——《一触即发》。2010年也被众多研究者视为"中国微电影元年"。随着90秒好莱坞级微电影完整版《一触即发》

在全国的上映，微电影一夜之间成为"网红"，播映期间凯迪拉克官方网站浏览次数过亿。2010 年 8—10 月，中国电影集团联手优酷网共同出品的"11 度青春系列"也被贴上了微电影的标签。这十部微电影都取得了不俗的成绩，尤其是最后推出的一部《老男孩》更是赚足了人气。《老男孩》这部 40 分钟的网络短片，在上线一个星期内，成为最热门的网上搜索内容。

2011 年，优酷网、腾讯视频、爱奇艺等国内主要的视频网站纷纷推出了各自的微电影项目。其中，网易视频于 2011 年 5 月成功举办了第一届微电影节。除了这些主流大型视频网站推出的微电影外，还有一些游戏网站也纷纷推出了微电影，如为网络游戏《神鬼世界》制作的网游微电影《为爱，用心发现》《快乐，是自找的》。桔子水晶酒店集团为宣传酒店客房也制作了"十二星座"微电影系列，2011 年还有诺基亚赞助的微电影《不跟随》。由品牌赞助、专业电影制作者拍摄的微电影越来越多。同时大量业余爱好者们也纷纷参与进来，掀起新一波的微电影热潮，微电影显示出强劲的生命力。微电影的出现，打破了电影制作专业化的门槛，其发展将呈现多样化趋势。它既可以由专业团队精心打造、形成固定的商业模式，也可以是业余人士不求收益的自娱自乐，还可能成为一些准专业人士推介自身的平台，帮助年轻导演走向大银幕。"微电影"的兴起圆了很多人的电影梦，让"电影"走下神坛，变得触手可及。2010—2012 年，大量的微电影如雨后春笋般产生，迅速覆盖各大视频网站。

（三）成熟时期（2013 年以后）：产业初成，从"草根作品"走向"优质精品"

2010 年之后，微电影作品数量剧增、作品类型更多样、作品题材更广泛、制作水平大幅提高，在 2013 年实现"井喷式"增长。仅 2013 年 1—9 月，全国举办的各类微电影赛事就有 130 多项，涉及的主题多种多样，参加活动的主体来自各个行业及年龄层。同时，有关微电影的研究成果也在迅速增长，2013 年 1—9 月发表相关论文 560 篇。

2013 年是中国网络视频行业的拐点，以优酷土豆集团为代表的视频网站开始由长期亏损状态走向盈利。为了更好地塑造品牌形象，增强用户黏性，网络自制内容开始成为各大视频网站的重点规划项目。从受众点击率来看，以"80 后""90后"为主体的 4.5 亿"网络原住民"，对于微电影有着强烈的关注度。

2014 年起，"微电影"成为十分热门的概念，通常情况下凡是具有情节的短视频都会被人们称为"微电影"。如在婚礼现场播放的视频就被称为婚礼微电影，单集的动画片被称为动画微电影，毕业季也会出现大量的微电影，包括各个高校制作的宣传片等。时至今日，"微电影"在中国并不仅是一种网络影视作品类型，似乎已经演变成为传播思想文化、制造经济效益的一种互联网时代影像表达的符号。

2021 年中国微电影产量达 11.08 万部，同比增长 7.05%，尽管近年来微电影的投资热度逐步削减，但微电影产业依旧具有广阔的市场。与经济发展路径相似，供给侧结构性改革也是微电影产业发展的必然趋势和手段。推动微电影产业的供给侧结构性改革，要以内容生产为根本，深度解决供需矛盾问题，同时加快体制机制创新，充分发挥技术驱动力作用，增强发展新动力，优化产业结构，逐步推动微电影的产业化与规模化，打造具有核心竞争力的品牌企业。

三、微电影的多学科分析

（一）传媒经济角度

微电影的兴起打破了以票房为主的传统电影盈利模式。"电影是艺术还是商业？"是一个争论不休的问题。金钱从电影内部限定它，电影创作无法离开这个不可或缺的"亲密敌人"，否则就将无法进行。"没有钱的时候，电影就完了"。目前的微电影制作过程，主要是由专业的电影制作团队或知名电影导演生产制作，由实力强大的视频网站负责推广营销，并吸纳广告商投资，通过柔性广告植入的方式承担相当大部分的制作和推广成本，这样的制作模式必定会使微电影中融入大量的商业元素。

在传播渠道稀缺的时代，观众缺乏选择的空间，互联网时代的到来，让网民有了更加主动的选择权。由于中国网民习惯了免费，在网上看不需要付费的广告微电影，受众在心理上没有遇到强烈的抵触和对抗。另外，微电影的收入不像传统电影那样依靠票房，多数微电影的赞助商也只是把微电影作为一种品牌营销传播的载体。因此，定制专属于品牌自身的微电影成为新的营销传播趋势。一方面，微电影比传统广告更有针对性，观看它的人群主要是购买力较强的年轻人；另一方面，可以把产品功能和品牌理念与微电影的故事情节巧妙结合，用精彩的视听效果达到与观众的情感交流，使观众形成对品牌的认同。如益达木糖醇"酸甜苦辣"系列微电影和新百伦的系列微电影，不仅情节设置很有创意，也通过植入广告的方式让品牌传播新效果深入人心。

（二）影视艺术角度

作为一种新的电影艺术形态，微电影在影视语言的运用上有着明显区别于传统电影的特征：主观表达更为明显，叙事节奏更加紧凑，戏剧化元素更加多元，视听元素也更为精炼，画面一般为小景别，运动镜头偏多，声音多用旁白，背景铺垫淡化。有学者从电影色彩和镜头画面的运用方面讨论了微电影的视觉艺术特征，并指出如何在有限的时间内通过视觉语言来营造视觉的冲击，实现创作者情感的诉求，是微电影产业目前普遍需要面对的问题。

微电影的艺术价值同样需要重视。由于微电影发展初期充斥着许多粗制滥造的作品，直接降低了微电影的艺术审美价值，使得有些大导演对微电影制作望而却步。微电影的艺术特点，为传统电影制作带来了新的影像风格、新的思维方式、个性化创作探索空间和独特的审美韵味。互联网时代，艺术平等与精神平等得到充分体现，用户也可以积极参与互动，将影片重新组合，微电影也拥有了个性化审美体验的价值和意义。其实，无论是传统电影长片还是新兴微电影，只有在表达思想时，才真正拥有了艺术的价值。即使是广告微电影，也应该尊重微电影的艺术价值，通过创意与产品的结合，寻求商业性与艺术性的平衡。

（三）叙事创作角度

在微电影叙事结构中，开端与结尾被压缩，发展被省略，大段的时空被用来展现高潮。采用这种叙事策略，是因为微电影叙事与受众在同一个空间，语境相似，没有理解障碍，如《老男孩》主要是针对现在的"80后"，其时代背景都是他们儿时的回忆，过分的解读让剧情显得拖沓。于是微电影将情节的冲突部分无限放大，淡化次要剧情，可以与受众形成情感共鸣。

也有研究者认为，微电影的叙事模式是较为单一的，观众所接触的微电影，多数都只有一种叙事模式：平静—叙述对象出现—冲突—失败（成功）—人生道理感悟—平静。这样的叙事使得故事的张力不够，在微电影的创作前景上局限性很大，缺乏视觉与情感的冲击力，长期以来可能会造成观众的审美疲劳。

还有研究者认为，微电影借鉴了传统电影的情感叙事方式，受众通过观看故事与人物角色产生情感上的共鸣，释放自己的情感，情感叙事是微电影叙事创作中一种重要的叙事策略。同时，微电影的传播载体符合大众对平等对话的需求，每个人都拥有表达自己的自由与权利，微电影让人们实现了去中心化、双向互动的无等级交流。因此，微电影带上了互动与平等的色彩，选材和制作范围大大扩展。

四、微电影的现状及发展趋势

（一）创作者从业余走向专业

2013 年以后，微电影的发展走向了较为成熟的阶段。最初的"草根"娱乐类微电影似乎很难再满足投资人和受众对微电影品质的要求，这就导致微电影制作的专业化程度也随之提高。比如优酷网邀请顾长卫、许鞍华、蔡明亮、傣勇等著名导演连续五年推出"大师微电影"系列。

"大师微电影"系列每年推出的作品都受到网民的极大关注，引起大量的播放、转发、评论，社会反响强烈，堪称微电影走向优质化、专业化、精品化升级的推动力量。

近几年来，各种关于微电影的大型赛事不断涌现，大量的青年导演崭露头角，逐渐成长为网络空间影视导演群体的新生力量。一些优质的网络影视作品浮出水面，比如筷子兄弟的代表作品《老男孩》、程亮于的代表作品《天台》、卢正雨的代表作品《嘻哈三部曲》等。此外，高等院校影视相关专业的学生，正在成为各类微电影大赛的主力军，助力微电影作品的品质提升。

（二）表达主题从肤浅走向深度

微电影突破了"爱情"和"怀旧"的两大主题，开始对生活进行更为多元和独特的审视。紧凑的叙事节奏、独特的叙事特征可以带给观众巨大吸引力，逐渐开掘具有深度的话题，强调情感抚慰，增强微电影内在的生命力。在早期的网络微电影中，爱情题材占了绝大多数，其中校园爱情又备受青睐。创作者往往只能还原校园爱情的某些情态，而缺乏思考的角度和思想的深度，无法表达更有力度的青春、时光、人生等命题，导致影片的内涵单薄，表达直白，不能触发观众更深层次的思索。微电影显然具有无限接近现实的优势，许多题材也确实是创作者有感而发，但这些都是艺术创作的起点，而非终点。

当前，微电影在主题表达上普遍存在单一肤浅的倾向，大多数主题涉及观众易于感受的层面；由于缺乏铺垫，这些主题与传统电影相比，多半都有一种浅表化趋向，令人惊喜的创意往往缺乏对主题的深刻挖掘。从这个意义上讲，微电影的"微"应该善于"小题大做"，通过独特的艺术构思和艺术表达，体现创作者对于世界、人生、人性的独特视角、独立见解，为观影者提供时代性的现实图景和人性透视，与观影者的知识、阅历、兴趣和价值观念等完成相互激荡的感召和交流，进而实现"微言大义、阐幽明微"的功能特征。

（三）类型从简单走向丰富

微电影的类型和功能已经越来越多样，从最初的恶搞和商业广告的微电影到现在的"百花齐放"，微电影创作在新媒体技术辅助下把传统电影的很多元素进行扩展，实现多元化的拼贴组合，将视觉艺术、网络语言、叙事功能、娱乐恶搞、商业宣传、参与互动等融为一体。

学校宣传微电影，通过影像叙述教育故事，表达教育思想，传递教育正能量；企业形象微电影，让企业价值观、品牌理念变得感性化、具象化、故事化，企业产品成为微电影情节发展的关键要素，易于观众接受并产生心理认同；爱情微电影，讲述情侣间的爱情故事，承载爱情纪念、独家保留的珍藏价值。此外还有旅游微电影、法治微电影、消防微电影、税务微电影、党建微电影、廉政微电影、禁毒微电影等，内容丰富多样，创作手法灵活，有效延伸和扩展了微电影的类型品种与社会影响。

（四）拍摄手法从单一走向多元

微电影实现了普罗大众影像化私人书写。诞生之初，微电影大多接近于简单生涩的随手拍或纪实片，经过几年的发展，微电影作品的内容表达、叙事策略、拍摄技巧等有了多元化走向，比如《床上关系》里贯穿始终的误会、《四夜奇谭》里步步惊心的悬念等，都让微电影焕发出作为影视艺术形态的特殊魅力。

VR 技术的兴起也将给微电影创作带来新的变化和影响。有研究者认为，360度的沉浸式拍摄，让传统影像制作中的远、全、中、近、特镜头的转换完全被废置掉，一镜到底的拍摄方式对演员也是一个极大的挑战。目前，已经有一些婚礼微电影的拍摄运用了 VR 技术，使婚礼的现场得到完整的记录和还原。相信未来将会有更多形式和内容的 VR 微电影涌现。

总之，纵观微电影从产生到发展的整个历程，笔者认为微电影的发展正在从解构走向建构，微电影的未来发展方向是商业产品微电影、商业文化微电影和城市形象宣传片等具有文化产业性质的内容题材制作成微电影，微电影与商业亲密结合或将成为这一"互联网＋影视"艺术品类发展的必然趋势。目前，微电影生产已经从最初的用户生产发展到专业制作团队生产，这也意味着微电影的未来越来越离不开商业化和产业化的特征。

第二节　网络剧：视频网站的自制狂欢

网络自制剧的大规模出现有多方面的原因。首先是政策驱动。2010 年 3 月，国家广电总局发布《广电总局电视剧司关于进一步规范卫视综合频道电视剧编播管理的通知》，从当年 5 月 1 日开始正式实施"限播令"，不仅对卫视台黄金时间段播出的电视剧集数进行了明确规定，对单集时长也做了严格限制，以制止电视台随意将一集电视剧拆分成多集播出，同时在播出题材上，泛滥的宫斗戏、穿越戏等不得在黄金时间段播出。2011 年 10 月 11 日，国家广电总局又下发了《广电总局关于进一步加强广播电视广告播出管理的通知》，规定各级电视台在播出电视剧期间，每集电视剧中间不得插播广告，使得电视剧广告收入大幅度缩水。2015 年，国家新闻出版广电总局开始实施"一剧两星"的调整，即同一部电视剧每晚黄金时段联播的卫视综合频道不得超过两家，每晚不得超过两集。视频网站把握这一时机，在电视娱乐受限的时间，开始投资网络自制剧，满足了观众的娱乐需求。广告商也由于在传统电视剧中投放受限，开始投资网络自制剧。其次是市场方面的原因。从 2009 年开始，国家大力整治网络盗版，视频版权费由此大幅度上升。如新《西游记》敲定了每集 28 万元的天价，这甚至超过了电视台对很多热门剧的购买价，市场需要严重不饱和。传统电视剧的制作成本增加，网络自制剧的制作成本在整体上来说还是比较低的，并且电视剧的数量远远不能满足现在市场的需求。网络视频开始制作自己的网络剧,并且网络自制剧可以借鉴传统电视剧制作已经较为完善的制作模式,盈利程度又远高于传统电视剧,所以网络自制剧开始大规模出现。

一、凸显创作品质

现阶段,网络自制剧把提升作品品质作为创作的重点。网络自制剧扩展创作内容题材,形成多元化发展,大幅度提高画面质量与特效技术,推崇制作有思想内涵的剧作内容,剧作的叙事方式更为多样化,越来越重视大制作与精品化,在激烈市场竞争中保持差异化与版权优势。

(一)内容多样化

网络自制剧最初出现时主要以原创段子剧为主,这类题材的网络自制剧主要特征表现为取材热点话题,选用网络上比较流行的段子作为搞笑话语,剧情轻松幽默,角色人物个性鲜明,贴近生活,短小精悍,观影自由灵活。代表性作品有《万万没想到》《屌丝男士》等。有学者以个案为例分析段子剧的特点认为,"网络自制剧《万万没想到》的内容生产主要是戏仿、拼贴,内容紧跟社会话题与网络热点"。还有研究者从剧中人物角色设置的视角分析认为,"网络自制剧建构人物主体形象,叙事主体的多重身份,模糊了主体背后宏大的'国情',淡化'集体性'的意识和观念,重点突出人物的主体地位;采用结构主义叙述方式,表现为中心化、片段化和非线性叙事"。与传统影视剧相比,网络自制剧更加凸显个人的主体地位,以个人的生活经历为展示目标,突出不同个体的意识主张,叙事采用拼贴式结构,把不相关联的故事拼贴在一集中讲述,不再以时间性作为叙事的主线。网络自制的段子剧时间较短,每集 10 ~ 20 分钟,主要是为了迎合观众的碎片化观影时间和娱乐需求,意在增加点击率。网络段子剧受观众喜爱,还在于它的故事选取贴近生活、贴近实际,并且故事轻松幽默,缓解观众的现实压力。但是,此类网络自制剧的思想内涵不够深刻,重在表现故事的趣味性,以博得观众的欢笑为目标。

IP 改编为网络自制剧带来了新的生机。IP 改编是指网络自制剧以网络小说为创作剧本,把网络小说改编成影视作品的潮流现象。有研究者调查后得出结论,网络文学作品毫无疑问成为这一阶段网络自制剧内容开发的首选。网络小说改编的影视作品具有多种类型，包括爱情、悬疑、科幻、古装等，增加了网络自制剧的题材范围。IP 改编的网络自制剧在叙事上和传统电视剧一样，有叙事者、悬念、情节以及叙事策略。由于热门网络小说存在大量的忠实粉丝，有些网络小说兼具深刻的思想文化内涵，还有一些网络小说涉及玄幻、灵异等传统影视媒体限制传播的题材内容，借助网络自制剧形式，IP 改编在一定程度上丰富了网络自制剧的题材类型，为网络自制剧带来了新的气象。

同时，视频网站的差异化竞争策略，也在客观上促进了网络自制剧的繁荣发展。有研究者认为，"中国网络自制剧的内容来源多元化，其中，优酷、芒果TV 主推女性题材的网剧；搜狐视频以翻拍及段子剧为主；爱奇艺、腾讯视频则是各类题材分布较为均衡"。2022 年爱奇艺、腾讯视频、优酷、芒果 TV 全网剧集正片有效播放量分别为 1 190 亿、972 亿、664 亿和 61 亿，增幅分别为 4%、-15%、5% 和 -11%，正片有效播放量爱奇艺排名第一，正片有效播放量的增速优酷排名第一，腾讯视频和芒果 TV 的正片有效播放量下滑严重。

（二）制作精品化

网络自制剧越发重视剧作的精品化。有研究者指出，"2014 年，当'低成本投入'还被行业认为是网络自制剧的优势时，搜狐视频以单集 100 万元的成本投资制作了 16 集周播网络剧《匆匆那年》。2015 年，同是改编自畅销小说的《盗墓笔记》单集成本已高达 500 万元"。2014 年被称作"中国网络剧自制元年"，网络剧制作开始加大产量输出、投资成本，制作技术水平明显提高。2016—2020年，中国网剧市场规模从 32 亿元大幅增至 168 亿元。2021 年由于受长、短视频的竞争进一步加剧以及观众审美提升影响，网剧市场规模下滑至 145 亿元，2022年网剧市场规模有小幅回升，达到 154 亿元。目前，网络自制剧已经将精品化剧作作为目标和策略，画面质量可以与传统电视剧相媲美，特别是有些网络自制剧的特效制作技术大幅提升，特技效果更加逼真、细致，受到观众好评。

在思想内涵方面，早期的网络自制剧浮于表面，没有深层次的内涵，多是纯粹的搞笑娱乐。视频网站看到了网络自制剧发展的不足之处，开始提升网络自制剧创作的内容质量，更加重视叙事的多样性与丰富性，慎重选择剧本、导演和演员，拍摄了一批精品力作，为视频网站带来丰厚的市场回报。

二、传受格局变动

与传统电视剧相比，网络自制剧更重视受众需求与反馈，有些网络自制剧还能在创作中实现与受众的互动。产生传者与受众关系变化的深层原因，主要在于网络自制剧的制作理念发生了变化，视频网站把与受众的交流互动作为重点，寻找契合受众需求的内容。有些网络自制剧采取边播边制作的方式，视频网站为网络自制剧开设了专门的评论区，受众可以在这里畅所欲言，网络自制剧的导演也会留意网民观众的评论意见，根据受众意见决定演员选择、剧情走向等，导致传受格局发生变化。有的研究者从网络自制剧生产制作的角度，剖析了网络自制剧传受关系变化的主要原因。一是政策适应性。2010年11月12日，国家广电总局下达了《关于印发＜广播影视知识产权战略实施意见＞的通知》，让视频网站之前的生存方式受到了极大的挑战。原创具有个性特色的内容恐怕也将是网络自制剧发展的必由之路。二是理念适应性。互联网用户把媒体当成交流、分享、体验的平台，而不是远离自己的、高高在上的媒体。因此，视频网站广泛融入和发展社交化媒体，如搜狐与MSN联合、腾讯开通了视频和社交的内部平台等。网络自制内容生产注重与受众的交流互动，成为互联网时代视频网站内容生产的重要理念。

还有研究者从网络自制剧受众角度分析受传关系变化的原因，认为"互动狂欢下的'使用'与'满足'，这种互动一般包含两个方面的含义：一方面是传播者和受众之间和互动，主要通过受众对于剧本选择、演员招募、剧情走向等意见的回馈，对剧情、制作等传播内容产生影响；另一方面是受众之间的互动，对于该剧的经验交流以及审美感悟等"。这种高度的互动性提升了受众的传播地位，使受众从单一的接受者转变成为传播者，受众能够参与网络自制剧的创作，并承担了编剧、导演的一部分职能。观众不再被限制于单方向的审美接受体验，同时也可以部分地参与网络自制剧的创作，从而产生了互动的狂欢。

网络自制剧改变了传统电视剧的单向传受关系，增强了受众与受众之间、受众与网络媒体之间的互动。同时，网络自制剧也在扩展传播渠道，运用多终端设备"跨屏"传播，还有的向传统电视媒体反向输出内容，或向海外媒体机构出售播映权等。

三、网络文化建构

网络自制剧由网络媒体制作，在网上传播，属于网络文化产品，对网络文化建构具有重要作用。有一些网络自制剧在创作中融入了后现代主义文化风格，与传统影视剧差异明显，逐渐形成网络影视作品的特色，为丰富网络文化增加了浓墨重彩的一笔。

（一）融入后现代主义文化

有些网络自制剧的创作融入了后现代主义文化风格。后现代主义文化主要在后工业时代背景下产生，其艺术思想是反传统叙述、反主流意识，推崇创作的多元化、零散化、去中心化，剧作表现出深刻的自省性。有些网络自制剧不论在内容上，还是在形式上，都与后现代主义的创作如出一辙。融入后现代主义文化创作方法的网络自制剧，与传统影视剧形成差异化，充实了网络文化的内容建构，形成网络文化又一独特的亮点。

有研究者针对网络自制剧《万万没想到》进行了分析，认为其具有鲜明的后现代主义风格，该剧的文本表现出了后现代主义的标志性风格：美学的自我意识、拼贴、反讽、戏仿等。网剧《万万没想到》选取网络上的热门话题或流行的搞笑话语，拼贴在每集剧作中，表现出后现代主义文化的零散、去中心化的叙事色彩。在剧中，《万万没想到》主要是讽刺当下不良的社会现象，表现主体观照自身行为、心理的深刻反省，从而引起观众的自我观照，形成自省。这与传统影视剧的创作有着明显的差别，为网络文化的建构注入了新鲜的血液。

（二）塑造网络文化价值观

网络自制剧的传播具有社会效应，特别是网络自制剧里包含的价值观，会潜在影响受众的价值取向及行为方式。有的研究者认为"普遍流行的社会心态在网络自制剧中展现，传统媒体塑造的女性形象在网络自制剧中的颠覆，大众娱乐生存状态在互联网时代发生的转变，都是网络自制剧文化传播功能的发挥"。网络自制剧具有深刻的自省性，可以通过对社会不良现象与不良心理的揭示，引发受众反省和改善自身行为，塑造良好的网络文化价值观。但是，也有研究者指出了另外一面，"网络自制剧给艺术打上了商品经济的烙印，使其失去了美的崇高和独立的价值，其追求的'独创'往往变成以时尚的风头来博取轰动效应等"。网络自制剧之所以出现这样的价值导向，主要是因为消费主义思想的影响。尤其是文化、艺术、商品融合交织的当下，商业价值倾轧艺术价值的负面影响应该引起社会各界的足够重视。

四、盈利模式多元化

网络自制剧早期的盈利方式主要是依靠广告，盈利模式单一，严重阻碍了其市场价值。有研究者认为，"网络自制剧中广告植入泛滥，且植入僵硬，付费收视尚未推广，网络自制剧的上下游产业链尚未打通。"也有研究者指出网络自制剧应该创新营销方式，网络自制剧营销推广不能仅仅是传统影视剧营销手段的延续，如节目预热、主创访谈等方式，更应创新营销方式，如适时运用活动营销、事件营销等营销方式，拓宽宣传营销渠道（如尝试多元化地输出播放，向高铁、机场、公交、电视台甚至海外输出）。视频行业可利用大数据技术驱动营销等方式创新网络自制剧广告营销方式，通过分析受众的特征（如用户的性别、年龄、地域、点击行为等）精准锁定品牌的潜在消费人群，借此实现个人化、精确化和智能化的广告推送。还有学者对网络自制剧产业化价值链开发提出意见，认为应该延伸与整合网络自制剧的价值链：第一，加大投入与创新，拓宽题材，差异化定位，制作优质剧；第二，系列化延伸品牌价值；第三，台网联动跨媒体延伸价值链；第四，跨界营销打造全产业链模式。

从2015年起，爱奇艺、优酷、腾讯视频等平台的付费用户激增，付费会员制的实现丰富了视频网站的盈利模式。据《网络视频个人付费白皮书》统计，2022年全国互联网视频年度付费用户超过8亿户，上年互联网视频年度付费用户为7.1亿户，涨幅较上年有所提升。说明中国有的观众是愿意付费收看的，有的观众愿意抢先观看，有的观众不愿意收看广告，针对不同的观众收看喜好，可以推行不同的用户收费标准。这样做除了可以增收，还可以解决广告植入生硬的弊端。网络自制剧在市场输出中除了观众外，还有其他市场主体，视频网站的自制剧属于独家剧，拥有自己的版权，网络自制剧也可以把自己的版权出售给电视媒体和国外的网站、电视媒体，与它们建立联系，利用出售版权赢利，形成资源交流。视频网站要加大网络自制剧的品牌识别度，形成品牌效应；利用多平台营销，为自己营造宣传声势；开发网络自制剧的衍生产品，打造全产业链模式；不断创新自己的营销方式，采取多元化的盈利方式，对市场价值进行深度挖掘。

五、运用大数据技术

21 世纪的科学技术普及应用迅速，网络自制剧如《纸牌屋》等也尝试运用大数据技术，在创作初期就对受众的观影需求进行分析，受到观众喜爱。互联网中存在着海量的、高增长率和多样化的信息资产，从这些信息资产中可以发现受众真正的需求和潜在的市场价值。大数据包含的数据体量巨大、数据种类繁多，包括网络日志、视频、图片、地理位置等数据，移动互联网、手机、平板电脑、PC 以及遍布地球各个角落的各种各样的传感器大数据技术从中进行数据采集，数据来源与数据的收集渠道更为广阔。大数据的分析结果也更为详细，并且具有预测的分析能力，网络自制剧的制作者可以从庞大复杂的数据中快速获取自己需要的信息，并且通过大数据的预测结果来了解观众的观影需求。

当然，对于大数据技术在网络自制剧中的运用，理论研究者也有不同的声音和看法。有研究者认为大数据统计的结果不够科学、准确，至于《纸牌屋》中所谓的大数据纯粹是个被吹捧出来的夸张概念，所谓看网剧过程中的暂停、快进基本毫无规律可循（接听电话、刷微信、朋友来访、地铁到站、去洗手间、老板出现，都可以构成暂停的理由）。你永远不知道观众在下一阶段会对什么类型的故事产生突然的兴趣，数据告诉你的只是过去的经验与规律，而人不可能两次踏入同一条河。网剧创作有其特殊性，只有把握好自身的创作规律，才能够成其久远。

还有的研究者对网络自制剧的创作采用大数据技术进行了更为深入的思考，认为我国在积极尝试运用大数据开发网络自制剧方面还处于起步阶段，如搜狐视频通过购买大量海外剧收集用户的评价数据，但是对这些数据进行深度分析，并基于此制作规划自制剧的指南，目前还很难达成。研究者还认为，要注意规避运用大数据营销的潜在风险，防范侵害用户的个人隐私，防止以大数据作为创作的唯一参考，使艺术被技术绑架，陷入同质化。

总之，网络自制剧以故事内容幽默搞笑、剧情贴近生活、节奏快、时间短、非线性叙事的艺术形式等优势赢得了受众的喜爱。在网络文化建构方面，网络自制剧借助后现代主义的艺术思想与艺术形式不断创新。在新技术应用方面，网络自制剧尝试以大数据技术作为其网生内容生产的一种参考，借以了解受众的喜好与观看习惯，进行精准营销。可以说，网络自制剧自诞生起就充分和互联网结合，成为"互联网 +"时代视听新媒体节目形态的典型案例。应该说，网络视频付费会员数量的几何级增长，也与网络自制剧多元盈利模式的市场开拓密不可分。

第三节 网络节目：多元化的主体诉求

在互联网技术浪潮下，网络用户人数飙升。中国互联网络信息中心发布的第54次《中国互联网络发展状况统计报告》显示，截至 2023 年 6 月底，我国网民规模达 10.79 亿，其中，网络视频用户规模达 10.44 亿，网络视频用户使用率为96.8%。网络视频悄然变身为视听传播的"前沿阵地"。

国内各大视频网站在经历了收购、合并、淘汰等洗牌重组之后，形成相对稳定的竞争局面。由于影视剧网络播出模式受到天价版权费等问题的困扰，国家广电总局出台了"限娱令"及相关规定，为网络自制视频节目的大规模生产提供了契机，视频网站从 UGC（User Generated Content，用户生成内容）模式向PPC（Professional Produced Content，传统专业内容）模式和 IPGC（International Professional Generated Content，互联网专业生产内容）模式转变。作为一种新的媒介产品，什么是网络自制视频节目？网络自制视频节目与传统电视节目有何区别？网络自制视频节目在发展的过程中存在哪些问题与障碍？网络自制视频节目如何实现可持续发展？本节对网络自制视频节目相关问题进行探究。

一、网络自制视频节目的界定

网络自制视频节目是近几年依托网络平台出现的新兴网生内容，目前在学界和业界，众说纷纭，尚未形成统一的认识。从目前的研究文献来看，网络自制视频节目一般是指在网络空间和移动终端传播的原创视频节目，有的还形成了固定播出时间和播放平台的网络原创视频栏目，与微电影、网络自制剧有明显的区别，主要是由视频网站和专业视频团队自主研发、精心策划、精良制作、精细运营的版权网络节目。

作为一种新兴的视频内容产品，视频网站根据大众传播的特点细化受众分析，整合播出内容、传播渠道、节目资源，推出有固定的节目名称、节目流程、节目时长、片头片尾、播出时段等要素的网络原创视频栏目，大部分栏目还设有与传统电视栏目相似的固定主持人、固定上线时间，能够保证常态化播出。但在内容选择和互动制作方面，网络视频节目与传统电视节目有所区别，网络自制视频节目更强调符合网络受众收视习惯，其播出时间、选题设置、受众分析与需求统计等都围绕大数据和互联网展开。除此之外，视频网站自制节目与 UGC 模式相比更具专业性，整个制作生产过程更为规范化，制作水平可以和传统优质电视节目媲美；同时，与 PPC 模式相比较，二者的本质差别还体现在影视版权方面，网络自制视频节目的出品方是视频网站，"自制"意味着视频网站拥有独立版权。

二、视频网站自制节目的基本类别

随着视频网站的蓬勃发展，网络自制节目迎来了"黄金时代"，无论在内容数量上、口碑质量上还是模式创新上都取得了显著的提升。为进一步探索分析视频网站自制节目的特征和规律，现将视频网站自制节目参照电视节目形态，大致划分为网络新闻资讯节目、网络脱口秀节目、网络纪录片、网络综艺娱乐节目、生活服务类节目等类型。

（一）网络新闻资讯节目

网络新闻资讯节目是指通过网络空间传播的新近发生事件的报道，主要表现形式为音频和视频，节目内容涉及社会生活的方方面面，相对于传统电视新闻节目来说，网络新闻资讯节目题材较为宽泛、报道视角较为多元化、语言使用较为口语化，符合网民的个性化需求。

在网络新闻资讯节目中，为适应受众群体的需求，传播者在内容取材上更加贴近受众、贴近网络、贴近生活，多采用夸张的艺术表现手法、网络段子、动漫等新颖的方式，立体化地呈现新闻所要传递的内容，满足了受众群体的猎奇、互动参与和追求个性的心理特点。如爱奇艺出品的《爱奇艺快报》，第一视频网出品的《财经会客厅》《V1锐评》，腾讯视频出品的《新闻晚八点》《新闻未知数》《篮球星播客》，优酷出品的《优酷牛人精选》《全娱乐早扒点》，等等。

（二）网络脱口秀节目

网络脱口秀节目是近年来一个新兴的节目形态，一般是相对固定的演播室中由主持人或"主持人+嘉宾""撑起一台戏"，节目制作成本低、受众定位比较精准、内容话题选择比较轻松活泼、思想观点具有一定的深度和广度。

网络脱口秀节目在传统的电视节目中稍显小众，但在视频网站的自制节目中却方兴未艾，受到了越来越多网民的追捧。但目前网络脱口秀要走可持续发展道路，首要面临的问题就是主持人的选择。为了使节目避免流于平庸、落入同质化窠臼，网络脱口秀主持人需要有渊博的学识、独特的个人魅力和丰富的人生经历，这样才能不断地将节目内容推陈出新，不断丰富节目"秀"点。

（三）网络纪录片

网络纪录片是所有网络节目类型中最具人文价值、最能够体现视频网站思想深度和高度的一类节目。网络纪录片一般是由视频网站作为投资方，以建构人类社会和自然界影像历史及现状为主要目的，根据网络传播特性和传播平台制作并播出的纪录片。视频网站自制纪录片模式，有利于自身品牌化的建设、有利于确保作品的独家版权，这是形成视频网站纪录片频道差异化核心竞争力的有力武器。

例如，搜狐视频的自制纪录片节目《搜狐大视野》于2011年上线，这在中国的纪录片网站中实属首例，到目前为止，已经制作并播放了一千余集自制纪录片。《搜狐大视野》节目为了保证节目的质量与水准，聘请了中央电视台、凤凰卫视内部的专业制作人员以及民间优秀纪录片制作团队。节目每期时长24分钟，形式上颇具网络特色，在主题的选择上除了历史、文化等纪录片传统主题之外，还关注各类社会事件，与当下热点紧密相关，兼具人文关怀。

除此之外，视频网站不断推进自制节目内容建设，纪录片节目形式和内容也越来越多元化，以满足用户信息需求碎片化特性为宗旨的微纪录片逐渐走入受众视野。例如，凤凰视频出品的中国首档网络自制短纪录片节目《甲乙丙丁》《行者无疆》等，在有限的时间内保证信息价值最大化，获得了显著的传播效果。

（四）网络综艺娱乐节目

随着综艺娱乐节目的发展模式越来越成熟，尤其是一些"现象级"节目的出现，综艺节目呈现井喷式的增长，成为传统电视媒体间竞争的有力"武器"和收视保障。但 2011 年广电总局正式下发《关于进一步加强电视上星综合频道节目管理的意见》后，2013 年再次下发《关于做好 2014 年电视上星综合频道节目编排和备案工作的通知》，两次"限娱令"让各大视频网站看到了时机、找准了着力点，纷纷利用自身的特色优势从综艺节目的市场分"一杯羹"，网络综艺节目应运而生。

网络自制综艺娱乐节目一般是由网站视频服务商、影视制作团队或者个人影视工作室制作包装，以各自的网络平台为主要播出渠道，涵盖内容从娱乐新闻到八卦资讯，从时尚达人到"草根"大众，从明星真人秀到"素人"大挑战，为网络用户提供娱乐为主的节目形态。例如，爱奇艺出品的《乐队的夏天》《奇葩说》《一年一度喜剧大赛》《中国有嘻哈》；腾讯视频出品的《创造 101》《饭局的诱惑》《明日之子》；优酷出品的《男神女神》《无限超越班》《侣行》；芒果 TV 的《乘风破浪》《花儿与少年》《大侦探》《声生不息》；等等。

（五）生活服务类节目

在网络自制视频节目中，生活服务类节目虽然不是视频网站之间互相抗衡的"撒手锏"，它却和网民的"衣食住行"紧密相关，旨在传递实用有效的信息，凸显平民意识的节目内核，内容选择更注重精耕细作，有针对性地对受众生活中遇到的问题、困惑进行服务指导，一般涵盖旅游、星座、家装、教育、美妆、时尚等领域。

在受众市场不断细分的当下，生活服务类节目也在不断探索中创新求变，各大视频网站分别从传播内容、叙事技巧、主题定位等方面做足功夫，上线了一批优秀的节目。比如爱奇艺的《小姐爱旅行》《美人心计》《时尚家居》《爱妆达人》《太医说》《嘿！你造吗 2017》；优酷网的《中韩时尚王》《拜拜啦肉肉》《疯狂衣橱》《sasa 老师美丽急救室》；腾讯视频的《旅行家》《星座呦呦秀》《萌主来了》《美食告白记》；优酷、爱奇艺同步播出的《兰海说成长》；等等。

三、视频网站自制节目的特征

网络视频的雏形是用户原创，在其发展的萌芽期，各大视频网站原创自制内容很少，节目大多尚未形成常态化的播出时间和节目样式。经过数年的摸索前行和资源整合，视频网站终于在激烈的市场竞争环境中逐渐找准自身定位，不仅作为播出平台传递信息，更成为内容的生产者，制作了口碑收视俱佳的"现象级"网络综艺节目，赢得了大批忠实粉丝。网络自制节目的特征也日益鲜明，它区别于版权影视，由视频网站出品；区别于用户原创，内容质量更具专业性，很多都达到了电视播出级水平；区别于传统电视节目，在制作上更强调互联网特征，更符合用户收视习惯和需求。

（一）较为广阔的创作空间

首先，相对于传统的电视节目，视频网站的自制视频节目受到的政策壁垒较少，不再是传统意义上的正襟危坐，庄严肃穆，而是通过"接地气"的方式娓娓道来，从"上传下达"向"平等交流"的角色定位进行转变，像是朋友之间的"唠家常"，更易于受众对信息的接收。其次，视频网站自制节目在题材的选择上更为灵活多样，在话语空间的表达上更为自由多元。

（二）节目短小精悍

纵观视频网站的自制节目，不难发现其与传统电视节目相比，整体呈现"轻盈"态势。娱乐新闻事件一般为3分钟以内的单条视频，新闻资讯类节目一般为10分钟，这种篇幅短小的网络自制节目，通过对关键信息的提炼，更好地抓住了网民的注意力，迎合了用户的收视习惯，合理地运用了受众的碎片化时间。所谓"碎片化"，英文为fragmentation，原意为完整的东西破碎成诸多零块。有研究表明，当一个社会的人均收入在1 000～3 000美元时，这个社会便处在由传统社会向现代社会转型的过渡期，而该过渡期的一个基本特征就是社会的"碎片化"：传统的社会关系、市场结构及社会观念的整一性——从精神家园到信用体系，从话语方式到消费模式——瓦解了，代之以一个个利益族群和"文化部落"的差异化诉求及社会成分的碎片化分割。

在网络自制节目传播的终端方面，随着互联网技术的普及，尤其是智能手机的普及和5G网络技术的发展，优酷、爱奇艺、腾讯视频等网站移动客户端，成为大众获取资讯信息、观看视频节目的主要方式，全民进入"多屏时代""触屏时代"，受众收视呈现移动化、便携化倾向。也正是如此，视频网站根据自身特色和用户收视习惯，充分利用大数据的处理，对受众不断进行细分再聚合，有针对性地制作出多档短小精悍的自制节目，从而实现对目标群体的精准推送，有效保障自制内容的传播效果。

（三）网络综艺节目占主导

2021年中国综艺节目上线数量为428部，网络综艺上线数量为215部。在线视频行业格局改善，芒果TV网综市占率持续提升。从2021年平均月活跃用户规模角度看，芒果TV处于第二梯队。相关数据显示，2021年，芒果TV的独播网综占总量的21.86%，仅次于腾讯视频的32.09%与爱奇艺的24.65%。网络综艺节目这种"百花齐放"的态势不仅表现为数量剧增，而且形式多样，颇受年轻人青睐，已成为视频网站的中坚力量。

究其原因，主要表现为以下两个方面。其一，国家广电总局"限娱令"的出台，对传统电视综艺节目可谓是"致命一击"，导致电视综艺节目数量大幅缩水。但网络综艺节目制作门槛低，所受监管环境相对宽松，于是视频网站瞅准时机，纷纷发力，一大批原创自制综艺节目迅速占领娱乐高地，出现了一批"现象级"网络综艺节目。其二，网络自制节目的受众以年轻人居多，他们大多走在时尚的最前沿，热衷于追求个性自由，易于接受新鲜事物，尤其在快节奏的现实生活中，巨大的精神压力需要得到释放和缓解，而轻松活泼的网络综艺和时尚资讯恰好满足了年轻受众的心理需求，为了抢占受众市场，各大视频网站不惜血本打造综艺节目，以此寻找新的盈利点。

（四）节目互动性较强

在节目内容的传播过程中，由于不同媒介的传播特点不同，网络自制节目与传统的电视节目有着根本的区别，表现为传受双方的互动性。尽管传统媒体内容的传播过程也有反馈机制和反馈渠道，但在新媒体的强势冲击下，传统媒体反馈意见的滞后性、被动性等弱点暴露无遗。

基于互联网视频观看方式和网络媒体极大的用户数量，视频网站相对于传统电视节目在交互性上具有更强大的优势，演播室和视频发布终端新媒体交互手段的应用，更能体现真实性、主动性及参与性。视频网站也正因其具备实时性、双向性、互动性等特点，受众的反馈意见能及时准确地被传播者所接收，有助于节目组对内容、话题和形式等进行相应调整，更好地满足受众的心理体验。此外，网络自制节目的互动性还体现在前期策划和后期宣传推广方面，通过前期问卷调查调研受众的喜好，以此来确立节目主题，在节目中挖掘有话题性的内容进行片段截取，通过不同的渠道强势传播，吸引受众眼球。例如，优酷出品的汪涵首档网综《火星情报局》，每期提案由场外观众共同商讨，对自己最感兴趣的话题进行表态，通过优酷大数据的分析处理，确定 3～5 个提案，再由节目中的"高级特工"和现场观众互动交流，与此同时，场外观众可通过"弹幕"的形式继续参与节目互动，使受众在不知不觉中参与节目流程，真正做到了演播室内外的实时良性互动，增强了受众的参与感，拉近了节目与受众的心理距离。

四、网络自制视频栏目发展中的障碍与问题

（一）节目质量参差不齐

尽管视频网站都在实施自制内容品牌化战略，像腾讯、爱奇艺、优酷等一线梯队的自制节目已经能够和卫视播出的节目相媲美，并创造了相当丰厚的收益。但随着越来越多的视频网站进入自制领域，在分得"一杯羹"的同时，这些视频网站往往会忽略对内容质量的把控，尤其是部分自制综艺娱乐节目，为吸引受众眼球、获取高点击量而不择手段，主要表现为节目团队专业能力有待提高、内容选择尺度过大、"三俗化"倾向明显等。

（二）节目创新度不足

由于网络传播的政策监管和审核制度较为宽松，所以视频网站的网络自制栏目在发展的初期多以娱乐节目作为切入口，通过一些诙谐幽默、轻松娱乐的自制内容来帮助视频网站获取流量，培养用户黏度。但随着网络自制节目的数量逐渐增多，节目的同质化现象则愈来愈严重。当一档卫视节目取得较高的收视率后，视频网站便纷纷开始"效仿借鉴"，既降低了原创风险，又节约了成本，但由于题材接近，节目相似度较高，无新意可言。也有部分视频网站的自制娱乐资讯类节目，为迎合受众八卦心理，几乎都是对当天发生的娱乐事件进行汇总和点评，

方式和内容都大同小异，难以形成强势的竞争力。

（三）政策监管力度不够

视频网站自制节目作为新兴事物，其发展时间尚短，相关的监管政策较少，加之依托互联网平台，骨子里便携带着开放自由的"基因"。但一些视频网站利用政策监管的盲区，将开放自由延伸为无原则、无底线，甚至成为色情、暴力的聚集地。为了净化网络环境，避免低俗化现象继续恶化，从 2004 年开始，管理部门陆续出台相关规定，对网络自制节目进行监控把关。如国家广电总局审议通过的 39 号令、56 号令、181 号文、6 号令、81 号文等，对不合规定的网络视听节目进行不断整改、全面整治，力求为网络用户打造绿色健康的网络环境。此外，2017 年年初，腾讯和爱奇艺等视频网站也把不满足上线条件的网络自制节目进行集中下架。但目前的节目监管大多依靠"网站自审＋观众举报"的形式进行，监管机制仍存在很多空白，未来还需更多的管理举措，需要对视频网站的自制节目从源头把关，促进网络自制节目健康发展。

（四）受众体验有待提升

受众体验是保证节目正常化运作的基石，也是衡量网络自制节目是否受欢迎的重要标尺。目前，各大视频网站都生产网生内容、实施各类品牌化战略，但在受众体验度上往往考虑欠妥。一方面，不合理的广告行为对受众产生困扰。视频网站盈利主要来源于广告，在节目之前添加广告本无可厚非，但视频网站的广告时间却与日俱增、愈演愈烈，如目前爱奇艺自制节目广告时长 60 秒、优酷网广告时长 75 秒、腾讯的部分节目广告竟长达 90 秒，视频网站在部分网络自制节目的播放过程中还会多次强行插入广告，严重影响到了受众的观看体验。另一方面，受众在观看节目时，若选择高清晰度模式，视频节目会经常出现卡顿或者无法加载的现象，这也极大地降低了受众的收看效果，因此，随着网络用户的日益剧增，视频网站需加大带宽投入，使其和网络用户的规模相匹配，提升视频节目的缓冲速度。

五、网络自制节目的可持续发展之道

（一）"小而美"圈层策略，视频网站自制综艺开启"唤醒能量"过渡阶段

反观 2021 年一季度视频网站上线的不少头部综艺资源，2022 年明显地开始采取"小而美"的圈层策略，基本上保证了自身从春节档到二季度内容上的顺利衔接过渡。

从内容层面来说，2022 年的网络综艺节目主要呈现出以下特点：

第一，合家欢主题综艺成主流。随着网综和电视综艺审核标准一致化，网综在创作过程中，从源头开始注重合家欢、真善美的内核，这也使得"合家欢"节目成为当下视频网站主体化的内容品类。

具体来说，爱奇艺兄妹成长陪伴观察综艺《我的小尾巴 2》，优酷沉浸式角色体验真人秀《麻花特开心》，腾讯视频和爱奇艺联合推出的励志旅行真人秀《哈哈哈哈哈 2》，芒果 TV 人宠治愈践行真人秀《去野吧！毛孩子》、声音互动陪伴真人秀《朋友请听好 2》，以及腾讯视频场景式真人情景年番综艺《大伙之家》、聚焦中国老年群体公益节目《忘不了农场》等，从成长、喜剧、宠物、陪伴等细分主题进行创作，倾向于适合全家收看的创作题材和受众偏好。

第二，互动答题类节目模式再回归。有爱奇艺假日答题互动综艺节目《好运梦想之墙》，每期节目邀请一组家庭，两人搭档，通过三轮答题挑战，赢取红包。芒果 TV 代际互动答题类综艺《跨代答题王》，拉近代际距离，让父母孩子间跨越年代鸿沟，更加走进彼此的内心，向大家展现不同时代的文化。

究其原因，为何此类节目会回归，主要基于两方面。一方面，此类节目大都属于棚内节目，可掌控性较高。另一方面，此类节目属于经典模式类节目，落地执行的过程会高效不少。

第三，个人品牌化综艺，不断深挖其价值。在"小而美"的网综策略之下，其中以个人化 IP 进行内容延伸，其实也是一种鲜明的尝试，还可以挖掘更多创新点和价值感。诸如互动唠嗑式恋爱脱口秀《静静吧！恋人》，主要依托"恋爱小能手"伊能静，综合其在以往各种恋综上的优秀表现。

此外，旅行散步式真人秀《出发吧！老孟》，以主持人孟非个人 IP 为主，在旅行的过程中自然融合他的人生见解和思考，也是一种不错的尝试。当然，访

谈类节目《杨澜访谈录逐风者 2》也是杨澜个人品牌的再次落地。另外，游戏测评节目《来一局吧！康永哥》，以蔡康永为第一视角，简单有趣的游戏互动，不乏是"小而美"节目落地的参考形式之一。

（二）提升节目质量打造"头部内容"

视频网站在发展之初，由于没有经验可循，内容布局大多依靠购买传统电视节目版权，通过电视节目的网络平台播出，提升自身影响力，因此，在网络自制节目的扶持力度上稍显乏力，造成很多节目在质量上"粗制滥造"、在内容上"投机取巧"、在思想上"放飞自我"。尽管目前视频网站不断调整发展战略，在自制内容领域频频发力，出现了一批"现象级"爆款网综，在数量上实现了"井喷式"增长，同时，广电总局近年也不断出台相关文件措施，对网络自制节目进行监管，但具有较高思想性和艺术性的精品自制节目依然寥寥无几。为保证视频网站可持续发展，视频网站需不断在内容布局和盈利模式上寻找新的切入点，不仅要加大资金投入，更要重视垂直领域的精耕细作，打造视频网站的"头部内容"，提升自制节目的深度和广度。

所谓"头部内容"，一般指"质量高、流量好"的口碑作品，能够作为一个平台的"形象代言"，为平台创造巨大的商业收益。超级网综《奇葩说》制作人马东曾表示，如果把内容领域比作金字塔，其中头部内容只占 5%，前 20% 的为较优质内容，而剩下的是普通内容，只有少数头部内容能拿到最高的价值。此说法和社会学中的"二八定律"不谋而合，即在一组东西中，只有前 20% 是主要的，剩余的 80% 都是次要的，尤其在实际的案例讨论中，一般被研究热议的都是处于顶端的 20%，这种现象在网络自制节目中异常明显。视频网站每年投放的自制节目有很多，但真正能带动话题热度、产生 IP 流量的节目屈指可数，也正是这些优质节目，对广告金主有极大的吸引力，为视频网站带来了忠实的用户和可观的收入。如 2017 年夏天，腾讯出品的《明日之子》、爱奇艺出品的《中国有嘻哈》、优酷和芒果 TV 联合播出的《2017 快乐男声》，三档节目在众多网络自制综艺节目中脱颖而出，带出"diss""freestyle"等高热度话题，传播强势、覆盖面广，领跑 2017 年网络自制节目，被业界人士称为 2017 年的"头部网综"。这些节目的成功，体现出了受众对精品内容的需求和"头部内容"的概念日趋成熟，"头部内容"也势必将成为视频网站未来差异化战略中的重要创新举措。

（三）玩转花式营销，创新盈利模式

随着电视节目版权成本的水涨船高，视频网站逐步把自制内容作为战略发展中的"首选必备动作"，尤其是"现象级"网络自制节目出现以后，各大视频网站发现自制内容背后隐藏着巨大的商业潜力，于是不断加大网络自制节目投资力度，组建专业团队。近年来，网络自制节目呈现百花齐放的态势，各大视频网站除在内容上进行精耕细作之外，更在营销模式上玩转新花样，不断开启商业模式的新边界、新篇章。

基于网络自制内容的个性化、多元化和垂直的受众群体，部分自制节目通过和不同广告主之间的互利共赢、深度合作，已初步形成品牌效应，为营销方式的创新带来了更广阔的空间，也成为广告商不可或缺的营销载体。尤其是广告的植入，不再是传统意义上的简单冠名，而是更加注重广告品牌文化与自制节目内容的深度融合，抑或结合受众的情感诉求和个性化需求，合理地运用窄告这种互联网精准营销方式，做到广告品牌的"窄而告之""专而告之"。

如由王老吉独家冠名、腾讯出品的偶像养成类选秀节目《明日之子》，第一期节目正片开始之前的 30 秒倒计时，广告词中提到"你将会因为盛世美颜而鼻血狂奔，你也会因为盛世独秀而心跳加速，你更会由于盛世魔音而血压狂飙，Take it easy，不怕过火，我王早已洞察一切，四海八荒、去火始祖"，用网络化的语言把节目性质和王老吉品牌有机结合起来，并配合弹幕及拟人化的卡通形象进行包装设计，使"我王"的形象鲜活生动起来，符合目标群体个性化、年轻化的收视喜好。从第 11 期节目开始，节目片头增添了王老吉为节目定制的"不怕过火燃出自我"系列概念片，年轻的态度、大片的视觉效果、"扎心"的文案设计，实现了受众与王老吉品牌理念的深层次思想碰撞交流。另外，爱奇艺出品的《饭局的诱惑》，也实现了赞助商产品与节目内容的完美嫁接。比如主持人和嘉宾在饭局上吃饭时，结合中国人自古以来"无酒不成席"的俗语，每次在举杯庆祝之时，都会倒上马爹利酒，正好符合马爹利酒"好马配好鞍，好酒配好餐"的广告宣传语；同时还有很多"简单粗暴"的广告词，比如奥德赛汽车的广告词——"有钱还得长得帅，出门开奥德赛"，百事可乐的广告词——"喝一口爽半年"，等等。这种广告植入形式生动活泼，内容风趣幽默，与节目内容的衔接毫无违和感，同时联手节目官方微信和微博，形成传播矩阵，增强了线上及线下的宣传互动。

总之，"互联网+"视域下视频内容形态持续创新发展，目前较为成熟的网生内容主要有微电影、网络剧、网络原创栏目等，考察"互联网+电视"的内容创新，除了双向互动等互联网特征和播出平台不同外，在视频内容形态及专业化生产流程方面，网生内容与传统电视节目越来越趋同，甚至有些视频网站整体挖走了传统电视媒体的制作人才和团队，以此提升网生内容生产制作的专业化水平。按照"经济基础决定上层建筑"的马克思主义政治经济学的要旨分析，网生内容与传统电视节目的差异，主要体现在内容生产资金来源不同，传播对象各有偏重，这就造成了两者"为谁做节目"和"做什么样的节目"的巨大差异。从这个意义上来讲，互联网和平台的组合，为"互联网+电视"的创新发展提供了巨大的想象空间。

第七章　媒介融合背景下中国电影跨媒体发展路径与策略

第一节　中国电影跨媒体叙事的内容生产策略

一、建构故事世界，打造 IP 内容生态

　　跨媒体叙事实践是基于 IP 内容生态的系统化运作，其经营的核心在于故事系统的搭建与多媒体平台中故事世界版图的拓展。这种故事文本与叙事脉络的搭建要依照不同媒介平台属性来合理设置，不同媒介平台中文本是独立而完整的，但在故事世界拓展过程中，只有使受众通过跨媒体叙事迁移获得故事世界的整体印象，才能让他们体验到交流分享的快乐。根据詹金斯所梳理的跨媒体叙事框架，通过树立基本的故事背景和故事秩序，多媒体合作叙事拓展，进而形成一个庞大的故事空间。在这个空间中，人物众多，事物形态各异，有着如同现实世界的生活法则和运行秩序，又能引入新的情境、人物、情节线索，受众能通过不同媒介系列产品切入故事世界，并在主动参与过程中不断深化和推动"故事世界"的进一步发展。"相较于具体的单文本内容，对于故事世界而言，更重要的是架设一个结构，并在此基础上建设一个可供延展、对话的故事场域。这里所说的'故事世界的结构'，有两层含义：一是指故事世界作为一种心理模型在欣赏者心中构建出的世界的结构关系，如'哈利·波特'中的魔法世界；二是指故事世界作为一个作品体系，其中各个故事文本之间的互文性关系，如《哈利·波特》系列的七部小说、八部电影、一部舞台剧及相关游戏之间的关系。我们可以将前者视为故事世界的内在结构，而将后者看作故事世界的外在结构。"因此，在跨媒体

叙事实践过程中，故事世界的建构策略正是基于故事系统内外结构而进行的叙事整合。

首先，寻找高质量的"源"故事。"源"故事是故事世界拓展的基础与核心，如果把跨媒体叙事的过程比作由湖心逐渐荡漾开来的涟漪，那么"源"故事就如同投入波心的那一颗石子。"源"故事必须具备足够的延展性，在主题上具有极强的繁衍和延伸能力。一个"源"故事的繁衍能力直接关系到后续的跨媒体叙事的扩展面积与强度。经典故事系列，如《黑客帝国》电影三部曲、漫威超级英雄系列漫画、《哈利·波特》小说、《哆啦A梦》动画片等，无一不是具备足够的想象空间、包罗万象的事物构成、丰富多元的情感体验，堪称"源"故事的优秀典范。在"源"故事文本的选择上，通常要选择高知名度的流行IP文本。具备一定的知名度，比如经典题材，或者具有广泛的流行度。这虽非必要条件，但尤为重要，它关系到整个跨媒体叙事文本拓展的向心力，也有益于降低经营主体的开发风险。因此，在我国，许多传统经典题材与网络文学由于高流行度、高阅读量常常成为电影跨媒体叙事体系"源"故事的重要来源。当下，大数据技术应用能够有效开展"源"故事的筛选与评价。通过大数据分析，可以很好地统计、监测出受众或粉丝对于IP作品的喜好程度，甄别那些点击率高、非人气炒作、具有一定延展性的文化IP。但也并不是所有具备高人气的作品都适合进行跨媒体叙事开发，创作者还需要在主题价值观、可改编性、人物形象的丰富度、核心事件的互文性等层面进行细致分析，进一步提炼出优质的"源"故事。

其次，跨媒体组合叙事推动故事世界互文共生。如前所述，故事世界的特征在于开放性和可拓展性。心理学理论显示，受众普遍期待由熟悉的故事文本衍生出的其他媒介产品（包括动画、漫画、电影、游戏、周边等），媒介消费者往往不满足于单一的媒介消费，在媒介融合成为发展趋势的当下，他们更渴望通过多种方式获得更为丰富的文化与叙事体验。我们可以把跨媒体叙事的故事系统看作一个独立的生态圈，多元化的媒介产品以一种共生互助的关系存在，并以碎片化的故事内容将受众包裹，促使受众在不同媒介产品中自由迁移，并在这一迁移过程中获得审美愉悦与参与快感。因此，当我们确定"源"故事后，一方面，跨媒体叙事创作者要及时通过多种媒介方式分散故事的节点，同时注重各媒介平台分配的故事比例，设计不同的跨媒体产品，如电影版故事系列、电视剧故事、动画故事、游戏等，以更广泛的媒体组合形式形成传播矩阵，扩大故事世界的影响。另一方面，创作者还需要基于 IP 内容资源相同的世界观设定、角色类型、文本叙事风格等特征，通过对不同媒介平台文本内容的重新解释与反复挖掘，使多种文本之间形成相互启示和隐喻借鉴的互文共生关系，使受众享受横跨不同媒介平台的互文叙事体验，并在多个平台的叙事文本中来回游走，进而更好地体验沉浸式叙事。

最后，故事世界秩序的统一调和。一般来说，相对于多媒体组合建构的庞大故事世界而言，我们需要一套行之有效的秩序观念去维持受众对作品整体体系的认知。这里所谓的秩序，主要是指围绕故事世界拓展的各类媒介文本要基于统一的故事场域，叙事创作者要设定统一的世界观、角色性格特点、叙事风格等，以此作为不同媒介叙事文本的共同标识。如同现实世界中一个国家的不同地区要通过设定统一的时区来划分时间一样，故事世界的秩序就如同标准时间，其他地区时间以此为参照，误差不得超过一定的范围。因此，当跨媒体组合叙事形成了互文关系的故事世界后，创作者要再以整体视角对故事世界秩序进行检视，在确保媒介产品自身艺术创作属性的前提下，对各类媒介产品中的角色性格特征、价值观倾向、叙事风格进行调整，确保跨媒体叙事产品遵循一个统一的故事场域，形成统一的 IP 内容生态，为后续跨媒体叙事开发奠定坚实基础。

二、树立品牌意识，提升内容开发质量

品质是电影跨媒体叙事发展的生命线。从好莱坞漫威电影的成功经验中，我们可以看到，无论是 IP 创作还是后续开发，只有将优质的内容与丰富的跨媒体叙事相结合，才能打造完备的跨媒体叙事 IP 作品。可以说，漫威电影之所以能够风靡全球，展现强大的经济开发潜力，离不开其高品质的电影内容创作，并以此为基础形成的良好品牌。在魔幻故事世界领域，《指环王》（又称《魔戒》）电影三部曲可谓是一部伟大的作品，其宏伟的世界观建构、庞大的生物群落让观众流连忘返、沉浸其中。这部优秀的 IP 作品源于 20 世纪 50 年代英国作家托尔金创作的小说《魔戒》，虽然小说作品在当时就备受读者欢迎，粉丝甚广，但真

正使其具有世界级影响力的却是半个世纪以后《指环王》电影三部曲的上映。在对《魔戒》IP跨媒体叙事开发过程中，运营方并没有急功近利，而是对原著文本精细打磨，在对改编源文本进行仔细研究后，精选高契合度的个性化演员来塑造原著故事中的人物形象，寻觅恢宏的新西兰风光以再现故事中的史诗气魄，调整故事情节走向以适应电影内容架构等。不仅如此，电影投资方也没有在提供资金支持的同时给予时间节点上的压力，整个系列电影制作周期长达十年，可谓是慢工出细活。也正是因为这份执着，凭借精心打造的高品质影片效果，《指环王》电影三部曲风靡全球，不仅入围奥斯卡金像奖提名，也斩获了无数电影奖项，使《指环王》这一经典IP得以长盛不衰。

反观当下国产IP电影的跨媒体叙事开发，高票房、低口碑、短寿命成为电影产品的常态。许多IP开发者常常有一种"赚快钱""凑热闹"的投机心理。一方面，在自身不具备条件的情况下大量上马项目，大量抢购、收集IP资源；另一方面，急于把手头IP资源迅速变现，来不及甚至并没有仔细考虑IP的持续性开发问题，更不用说打造类似于《指环王》三部曲这样的经典作品。当前很多网络IP运营商只是把跨媒体叙事作为套现的手段，票房是他们追求的唯一目标，他们并不在意作品质量对原始IP的影响，甚至许多原本极具开发价值和潜力的IP文本在混乱开发的运作下变得面目全非，粉丝大量流失。《盗墓笔记》原著作者南派三叔认为，影视行业内普遍存在一种"鸡贼"（小气自私、目光短浅）心理，做电影的不专心开发电影，做游戏的不专心于游戏，仅仅靠短时粉丝热度赚快钱，暴力开发、轻率制作只会导致经典IP的贬值与缩水，对整个行业生态是一种极大的破坏。当下，中国电影跨媒体叙事务必要静下心来，踏实进取，要高度重视质量工程建设，全面提升国产电影品质与口碑。这需要我们从以下几个方面持续发力。

首先，跨媒体叙事创作者要树立品牌意识、精品意识，以精品理念打造IP跨媒体叙事产品。一方面，注重电影创作品质，创作者要高度重视剧本的策划与论证，花更多精力打磨故事剧本，从内容主题、价值观、人物角色形象丰满度、人性表现深度、叙事技巧处理、故事世界的互文性等角度反复讨论，确保讲述的每一个故事都是一个打动人、感染人，能引起共鸣的好故事。如漫威电影宇宙中，故事的主线索虽然是超级英雄所代表的正义势力与试图毁灭世界的黑暗势力之间的对抗，但是贯穿其中的却是爱国主义、亲情、友情、团结、永不放弃等人类共同价值观与永恒主题，这极易唤起人们的精神共鸣，即便观众一开始并不是科幻或超级英雄片的粉丝。另一方面，IP 运营方要具备长远眼光，以宏观视角，制定长远规划，以品牌意识推动跨媒体叙事系列产品开发。在开发初期就要制定周密细致的跨媒体创作计划，明确不同媒介产品之间的互文合作关系，使其相互驰援，有序推进故事世界的延展，而不是等某一类型 IP 跨媒介产品火了，再仓促上马其他媒介产品，急于求成。

其次，要尊重媒介叙事创作规律。跨媒体叙事是一项庞大的系统工程，涉及不同媒介的协同合作，因此，跨媒体叙事运营主体要重视和了解不同媒介的属性，掌握不同媒介产品艺术创作规律，以确保内容创作符合媒介规律特点。比如电影创作要符合大银幕视效观影，具备叙事结构紧凑、戏剧富有张力、人物关系凝练等特点。如果将长篇网络小说改编为电影，在故事结构、情节线索、叙事顺序、人物典型性等方面要进行电影化处理，否则就会造成内容情节拖沓、主线不集中、人物不够丰满等弊病。如果将电影跨媒体改编为游戏，也要符合游戏交互性、结构开放性、叙事多元化等特点。只有符合各媒介艺术属性，创作的作品才会更具说服力，也不容易被人们视为"烂片""水作"。

最后，还要发挥多方优势，加强协同合作著述。在媒介融合时代，不同媒介平台的属性各异，同一个创作者不可能面面俱到，掌握不同媒介产品的内容生产技巧。事实上，许多具有国际影响力的大型跨媒体叙事产品是多个专业媒体领域通力合作的结果。以漫威为例，其主要优势集中在漫画、电影、电视情节内容的设计与人物创作层面，在跨媒体游戏创作层面经验不足。为了开发多元化跨媒体叙事产品，漫威积极与世界各国优秀游戏开发商合作，开发各类面向不同语言与受众群体的游戏产品。在与这些游戏公司合作的过程中，漫威也并非全然不管，而是从一开始就涉入其中，比如漫威在与丹麦乐高公司开发乐高漫威超级英雄游戏中，与韩国游戏开发商 Kabam 合作开发超级英雄格斗游戏中，与日本梦宝谷公司合作开发卡牌游戏过程中，都在游戏情节走向、人物表现与性格一致性等方面发挥主导作用，而游戏场景、动作特效等则由这些专业的游戏公司来予以实现。

我国的电影跨媒体叙事运作，运营方最好一开始就采用现代制片人经营制度来负责整个项目的开发，而不是采用传统导演制创作经营模式。制作方要学会调动各方资源，携手不同媒介制作公司进行内容开发，以特许经营模式展开合作，把专业事留给专业人来做，进而实现跨媒体叙事产品的品质提升。

三、吸粉聚力促进，受众参与创作

当前，我们正处于一个集体创造的时代，受众消费自主权的增加带来参与式文化的崛起，在媒介消费活动中，越来越多的消费者不再满足于单向的被动消费方式，而是倾向于通过参与、互动来介入媒介产品的生产过程，并以此来凸显个人的见解，寻找自我认同感。就目前情况来看，受众在叙事活动中普遍呈现泛众化、主动性强、参与程度浅等文化特征，但受众参与叙事活动的内在诉求又非常强烈，他们渴望叙事活动能够提供多样化的文化体验且具有更为灵活的参与性，以最大程度地获得心理满足感。传统叙事普遍以作者为中心，呈现自上而下的叙事建构，故事系统相对封闭，创作和阅读体验是彼此分开的，所以无法提供给受众更为广阔的参与空间。但是，跨媒体叙事理念的出现及其实践活动能够较好地解决这一矛盾。例如，在漫威跨媒体叙事活动中，受众普遍获得了前所未有的尊重，运营方高度重视受众尤其是其中的粉丝群体的群体智慧。在泛娱乐战略视域下，基于"粉丝经济"的IP开发模式，漫威运营方积极尝试多种方法，提供多种叙事入口，引导受众自主进入故事世界，激励粉丝参与跨媒体叙事活动，协同开展内容生产活动。这一叙事策略对于推进IP品牌的价值延伸具有积极意义。一方面，运营方可以通过与粉丝社群建立沟通对话与反馈机制，及时根据粉丝建议对内容产品做出相应调整，确保内容体系更为合理，更贴近市场需求。另一方面，粉丝社群成员之间彼此的交流、探讨与思想碰撞，催生了许多原创火花，推动着内容产品的二次创作，它不仅有效拓展了原IP的故事空间，带来全新的解读方式，也进一步增强了粉丝对于IP的品牌黏性与情感认同。不仅如此，在跨媒体传播过程中，受众的意见被反馈到主流媒体之中会激发更大范围的良性对话与讨论，这无疑延长了IP的生命周期，进一步提升了IP的品牌价值。

当下，我国电影内容生产要高度重视粉丝群体的参与文化，吸粉聚力，促进跨媒体叙事创作。目前，我国已形成种类繁多的粉丝社群，它们有的是原著读者群体集合、明星演员粉丝集合，有的是电影发烧友、影视爱好者或者研究者组成的网络论坛，等等。一方面，这些粉丝群体普遍具有较高活跃度，他们不仅积极评价、转发感兴趣作品的相关信息，也密切关注所有对他们感兴趣的作品的负面评价与报道，并在合适时机出面捍卫作品的声誉，表现出极高的忠诚度，如《小时代》系列电影上映后，招致社会公众的广泛批评，《小时代》原著的粉丝们表现得异常团结，曾在网络上怒怼媒体的负面评论，极力维护《小时代》原著声誉。另一方面，我国 IP 跨媒体叙事运营商与粉丝之间的关系普遍不和谐，他们时而极力讨好受众中的粉丝群体，时而为吸纳更广阔的消费群体而对原著粉丝的诉求置之不理，不仅为迎合市场大幅度更改故事内容，甚至以版权为武器极力抵制原著粉丝创作同人作品，表现出较强的局限性。即便是游戏这一类互动性很强的媒介产品，也未能较好地激活粉丝群体的参与力量。国内许多 IP 游戏产品的衍生开发目前仅限于"贴片"式生产，即作为热播影片的附属产品，运营商甚至不加以思考而生搬硬套 IP 名称，忽视了游戏与 IP 原作本身的内在关联性，更无从谈起吸引粉丝参与创作。当下，我们要积极调动群体智慧，尝试吸纳粉丝群体参与媒介产品创作，形成协同著述的跨媒体叙事生态。

第一，打造优质的核心文本，激发受众消费热情与参与热情。对于影视文化企业而言，高品质的影视产品是其发展的根本，只有拥有优质的核心文本，才能与消费者在思想和情感上建立连接点，拥有将消费者转变为粉丝的潜力。如果推出的跨媒体叙事产品核心文本品质差，粉丝迁移欲望就会降低，出现"掉粉"现象，其后续跨媒体开发将会成为泡影。如前所述，目前很多企业欠缺的恰恰是这种对核心文本的精细打磨与完善的精神。从跨媒体叙事活动中粉丝的消费习惯来看，粉丝的消费热情高涨往往是始于一个优质高效、打动人心的好故事及由此树立的经典人物形象，这是维持粉丝黏性的核心竞争力，后续开发围绕核心文本展开，加上优良的制作，容易激发粉丝们的消费欲望和参与热情。

第二，创新产品体验与互动活动形式，鼓励粉丝参与其中。粉丝的体验与互动参与是粉丝生态圈运转的助力剂，是维护粉丝黏性，确保"粉丝经济"效应的重要环节。跨媒体叙事产品多元化带来产品体验的多模态，虽然在一定程度上吸引了粉丝关注目光，但在媒介活动多元化的当下，粉丝注意力极容易被分流。经营者要创新多种产品体验服务形式，比如组织丰富的粉丝见面会、影视嘉年华、周年庆等互动活动，此外还可以与社会热点话题、公益性事件进行绑定，开展社会公益活动，鼓励粉丝群体积极参与线上线下联动推广，一方面，可以进一步强化品牌的营销力度，另一方面，可以增进运营方与粉丝的感情，维持粉丝黏性，培养粉丝的忠诚度。

第三，完善版权管理制度，大力吸纳粉丝创新成果。目前，国内粉丝同人创作、粉丝改编活动渐趋活跃，但同时面临着诸如版权纠纷、商业化变现、营利性分配等问题，相关争端层出不穷，这反映了媒介融合语境下我国参与文化的发展趋势，但从行业到社会普遍对粉丝同人创作现象持消极态度，有许多版权运营方对粉丝同人创作深恶痛绝、谈虎色变。目前我国还缺乏相应的粉丝文化管理机制，粉丝协同合作模式的建立将会是一个长期的过程。这种局面的改变不仅需要运营方发挥主导作用，高度重视和吸纳粉丝参与，建立协同经营模式和长效合作机制，处理好与粉丝之间的关系，从媒介内容生产的各个环节出发，积极引导受众参与，也需要相关文化管理部门制定合理的版权管理制度，规范衍生改编的尺度，明确版权范围，确定原创与改编成果的界定标准与开发要求。此外，受众层面也应提高参与意识与媒介素养水平，知晓特许经营模式规则，在尊重权益方的前提下开展多元化的跨媒体同人创作。如腾讯集团推出的《勇者大冒险》跨媒体叙事项目，就很好地实现了多方协同生产效果，运营方不仅制定了详细的粉丝指导条例以规范粉丝社群的行为，正确引导受众参与创作，还组织多种创意活动从不同渠道满足粉丝群体日渐多样化的精神需求，同时运营方还采取有效的机制积极应对、降低粉丝同人创作可能带来的版权风险，这方面的努力和有益经验值得我们学习与进一步发扬。

四、泛娱乐化开发，推动 IP 现实转化

作为媒介融合语境下的全新内容经营理念，跨媒体叙事活动以故事世界为核心的跨媒体拓展策略，不仅有利于推动跨媒介平台的 IP 内容整合，也有利于实现 IP 从虚拟到现实的渗透，并以此为依托进而实现经济价值的现实转化与增值。

在跨媒体叙事运作体系架构下，小说、漫画、电视、电影与游戏等多种媒介产品在同一世界观的支撑下，充分发挥"影游漫文"多种形式的联动的"乘法效应"，放大了原IP文本的辐射区域与社会效应，为IP产业运营提供了良好条件。这一叙事策略为我国影视IP内容开发中的多媒体融合发展提供了新思路。目前，我国影视IP产业正朝着泛娱乐化生态战略布局方向发展，其核心理念是以具有一定粉丝流量的优质IP资源为基础，通过IP授权，招募更多合作伙伴，共同实现跨平台跨领域的协同开发与经营，从而使优质IP在多次产业循环中获得高额收益。这一经营模式事实上是跨媒体叙事理念在我国产业领域的具体实践。当下，我们要进一步推进基于IP版权的泛娱乐化产业开发模式，完善IP开发的泛娱乐化生态链建设，推动互联网与移动互联网的多领域共生。目前，我国大部分跨媒体叙事泛娱乐开发实践采用特许经营模式，即具有版权经营权的开发商将版权主动出让给第三方，授权其参与生产经营活动，这也是早期国际影视产业通行的IP开发惯例。但是特许经营模式有诸多弊端，它虽然在一定程度上保护知识产权，但也制约了第三方创作者的创作自由。为保证故事系列的一致性，运营方主导的特许经营体系往往制定了严格的规范，限制文本改动，这在一定程度上大大削弱了文本的统一性、多样性，导致观赏性与艺术价值不足，容易形成如詹金斯所说的"被经济逻辑左右，而受艺术关注视野不足"的态势。詹金斯曾指出，在未来特许经营模式会被"协同式著述模式"所取代，协同式著述模式要求媒体制作公司从一开始就联合多方力量通力合作，这些不同制作团队与权益方不是上下级的关系，而是彼此平等合作、利益相互勾连的协同合作伙伴，在统一框架内他们发挥各自专长，共同合作打造可以充分发挥协作叙事效应的媒介产品，以满足受众对不同媒介产品的多元化需求。我国泛娱乐开发要对现行特许经营模式进行优化，在充分尊重版权方权益的基础上思考如何有效规避版权法律风险，如何最大限度地激发粉丝的共同参与热情，实现群集智慧。在这方面，腾讯视频重点打造的《勇者大冒险》IP项目做出了很好的尝试。一方面，腾讯视频经过多年跨界产业布局，打通了IP开发的整体产业链，上下贯通的一体化开发路径为IP跨媒体叙事扫清了障碍，创造了基本条件。另一方面，腾讯视频针对《勇者大冒险》项目成立了版权管理委员会，制定诸多柔性政策，协调版权纠纷，以尽可能地吸引合作，打造高质量 IP 产品。

当然,我们也要注意到,IP 泛娱乐化开发运营应该是多层面的、长远的、产业链式的。对 IP 的培育、内容制作、推广传播、衍生产业拓展要有长远的、合理的规划设计,不能急功近利,以眼前短期利益为目标。影视企业要具备远见卓识,通过全方位完善 IP 产业链,延长 IP 的生命力,使之成为企业赖以生存的文化品牌、文化符号。美国迪士尼公司正是这方面的优秀典范,80 余年来,迪士尼公司对其经典动漫形象米奇进行不断的创新开发,通过不同媒介手段进行再包装、再塑造,打造了各式各类以米奇为中心角色的泛娱乐化产品,大到米奇音乐会、米奇乐园,小到米奇牙刷、米奇水杯等。这使米奇形象深入人心,至今依然鲜活而富有生命力。米奇不仅给迪士尼带来源源不断的财富,也成为迪士尼最负盛名的动漫品牌形象和流行文化符号。这种系统规划、持续开发的跨媒体叙事理念值得我们借鉴和学习。

第二节　中国电影跨媒体叙事的版权保护与管理策略

媒介融合语境下的跨媒体叙事活动以故事世界建构为依托,它不仅体现为多媒体文本的共时性组合叙事,也体现为不同领域媒介创作者的共时性合作著述。这种全新的叙事方式与内容生产经营理念,迥异于传统跨媒体文本转化活动中的历时性改编模式。不过,跨媒体叙事模式在推动媒介文化创作与传播生态多元化、高效化发展的同时,也日益带来诸多版权问题,对现有版权制度形成严峻挑战。在传统改编模式中,版权的配置与流通以媒介类型为区隔,版权持有方通常通过授权模式与创作者进行合作,并依照书籍、电视、游戏等单一媒介种类形成相对固定的改编合作关系。在这种合作模式中,版权方处于绝对主导地位,能够轻易实现对文化版权的管理与风险控制。而现有版权法也与这种跨媒体改编机制相适应,在立法层面通过对作品版权授权经营相关条款的细化来加强版权保护管理。但是,随着跨媒体叙事活动的逐渐深化,社会参与性文化的逐渐兴盛,版权经营管理过程变得更为复杂。一方面,跨媒体叙事模式下,基于同一"源文本",多媒体协作叙事活动会在较短的时间内同步交互展开,作品改编程度与范围、授权类型及交易的频次、参与创作主体的多元化存在极大的变动性，这对现有基于固定授权模式下的交易成本与交易风险管控的版权制度形成严峻挑战。另一方面，跨媒体叙事模式下，大众化叙事导致版权冲突日益加剧。前文谈到，跨媒体叙事不仅是新媒体文化与传统媒体文化冲突融合的结果，也是"草根文化"与"精英文化"，"自由文化"与"许可文化"的交融地带。媒介融合赋予消费者更多自主权，在跨媒体叙事故事世界的催化下，粉丝参与文化盛行，创作主体呈现多元化发展，这就打破了原有文化产业领域，企业占绝对主导地位的一元化经营模式。这种主体泛化对现有版权许可模式的经营与管理带来极大挑战，不仅如此，消费者参与也使"共享经济""礼品经济"等基于精神愉悦和社会认同的多元生产动机兴起，对作为版权制度根基的产权化原则发起挑战。因此，当下我们有必要进一步优化和建构更为合理的版权保护与管理体制，在版权制度创新、版权权益监管等方面持续发力，以更好地适应媒介融合语境下电影跨媒体叙事的长效发展。

一、构建系统、完整的版权保护体系

系统、完整的版权保护体系是维系版权权益的重要基础，纵观好莱坞影视集团的文化 IP 开发历程，我们可以清晰地看到，一部好莱坞电影从立项、制作、发行到衍生产品的开发，都有与之相匹配的版权管理办法。细致周到的版权管理服务如影随形，不仅好莱坞运营商高度重视版权经营管理，设立专门的知识产权管理部门协调处理各种电影版权纠纷，政府部门也把版权保护放在重要地位，在对外经贸合作中把电影文化版权的规范化合作当作重要的谈判条件。无疑，严谨的版权保护体系及行之有效的监管措施对于好莱坞电影项目运作而言就如同"生命线"般重要，这是好莱坞电影取得举世瞩目成就的重要保障。近年来，文化产业已经成为我国经济发展的新高地，党和政府高度重视文化版权制度建设。目前，我国已经初步形成以《中华人民共和国专利法》《中华人民共和国商标法》《中华人民共和国著作权法》和《中华人民共和国反不正当竞争法》等为主体，以行政法规、部门规章和地方性法规为补充的知识产权法律制度体系。如2015年12月，国务院通过并颁布了《国务院关于新形势下加快知识产权强国建设的若干意见》。意见指出，到2020年年底，我国在知识产权领域要取得关键性成果，基本形成权界运转高效明晰、分工合理、法治保障、权责一致、运转高效的知识产权保护体系。2017年1月，国务院办公厅印发《知识产权综合管理改革试点总体方案》，提出构建知识产权综合管理体制和知识产权公共服务体系，提升综合运用知识产权促进创新驱动发展的能力。2017年3月，国务院印发《关于新形势下加强打击侵犯知识产权和制售假冒伪劣商品的意见》，提出跨部门跨区域综合治理，提高市场监管和预警防范能力，推动完善法规标准和司法保护体系，构建多方参与及提升国际交流合作水平等5项具体措施。在行政政策保护方面，据不完全统计，截至2018年5月底，中央和各地方政府颁布与知识产权相关的政策法规共356部，其中由国家版权局、原国家新闻出版广播电影电视总局等国家各部门颁布的法规为235部，涉及著作权、影视权、出版权等各方面。如2017年2月，国家版权局印发《版权工作"十三五"规划》（下文简称"规划"），提出版权工作发展环境、指导思想、基本原则、发展目标，以及完善版权法律、制度、体系，完善版权行政管理体系，完善版权社会服务体系等重点任务。围绕发展目标和重点任务，规划还提出加强组织领导、队伍建设、政策支持、激励引导、人才储备5项保障措施，明确了国家版权监管平台项目、国家版权示范工作推进工程、全国版权交易体系建设推进工程3个重点工作项目。这些政策法规的不断出台，从不同角度不断丰富着我国知识产权保护体系，推动着我国产权制度建设。

不过，随着新媒体技术与互联网的高速发展，影视跨媒体叙事成为常态，文化版权冲突与侵权事件频发，我国现有知识产权保护体系在法律结构、版权制度创新、版权规则适应性等方面日益面临着严峻挑战。现阶段，我们要在两个方面继续发力，不断丰富和完善知识产权保护体系的结构性建设。首先，进一步补充现有版权法律法规。一方面要设计制定IP产权的泛娱乐化产业开发版权管理条例，对IP产业开发主客体权责、版权协同生产机制、版权纠纷处理等做出明确的界定，制定相应管理规范与实施对策；另一方面，要加强版权经营主体的法律监管体系建设，在主体性质界定、主体版权经营机制、主体管理机制等方面进一步出台相关法律法规。其次，要加强行业协会保护体系建设，充分发挥行业协会在电影版权保障方面的作用。行业协会是版权保护体系领域的柔性调节机构，在保护知识产权、调解纠纷方面发挥着重要作用。一般来说，保护知识产权，减少版权纠纷不能仅仅依靠国家法律法规与行政措施，它也需要版权经营方与行业协会共同努力。在美国，电影协会通常担负着打击盗版、调节版权纠纷等社会功能。但我国行业协会在这方面并未发挥其有效作用。现阶段，一方面，影视产业自身要大力加强行业协会制度建设，规范行业协会管理，不断提升行业协会在整个影视产业领域的地位，制定具体行业内版权运作细则，发挥版权纠纷调解与管理协调功能。另一方面，政府要在政策制定与实施过程中给予行业协会一定的自主权，并在财政税收减免、推优评先等方面给予一定的政策倾斜，激发行业协会在版权运营管理过程中的主体能动性，充分释放行业协会版权调配的活力。

二、推动版权管理制度不断创新

在媒介融合时代，跨媒体叙事模式对现有版权制度形成严峻挑战，必然要求我国版权管理制度形成长效创新机制，以更好地适应文化产业发展。当前，虽然跨媒体叙事版权经营活动中依然以版权运营方为主体，但日益增大的粉丝力量正在打破这种权力结构体系，粉丝参与文化变得愈来愈不可忽视。在跨媒体叙事版权管理活动中，体现特定权利人意志的市场交易模式的创新在某种程度上甚至比法律制度的调整更具实用性，也更为灵活，它更能体现跨媒体经营过程中多方的权益。毕竟，版权的本质是"一种交易型财产权，版权的实现不仅依靠法律，更主要依靠市场"。因此，当下，我们对版权保护管理机制的革新应当以版权市场制度创新为主体，以版权法规的改革为辅助，进而达到化解跨媒体叙事版权冲突与矛盾的目的。

首先，要推动版权许可制度的创新。版权许可制度是明确版权交易双方权责、降低版权冲突的首道屏障。对于跨媒体叙事运作模式而言，创新版权许可制度，就是要调动各方资源，推动建立统一的在线版权交易平台。"以英国的版权集成中心平台（Copyright Hub）为代表，当前主要发达国家都在推动政府牵头、产业界主导的一站式在线版权交易平台建设，目的之一就是应对媒介融合过程中产生的'小权利'交易问题。"基于这一版权交易平台系统，所有参与跨媒体叙事创作的主体，包括媒介公司制作人、跨媒体艺术家与热心粉丝们都可以将自己创作的作品上传至在线交易平台进行出售，而其他跨媒体经营方可以根据需要在线下单购买，进而获取版权经营许可。而运营企业，基于这一平台实现版权的集中管理，不仅有效提升了版权的利用效率，也大大降低了版权的交易运营成本。与传统版权管理体制中合理使用和法定许可等权利释放机制不同，这种以知识共享协议为代表的开放许可更能体现权利人意志，也因此具备了由公民共享转变为市场交易机制的可能性。消费者参与跨媒体叙事需要通过社会化网络，而承担此功能的社交平台运营商可通过用户注册协议获得用户生成内容的开放许可，从而推进消费者参与生产的有序繁荣。

其次，要推动版权经营制度的创新。版权经营制度的创新主要体现在版权交易流通、版权开发等版权运营领域的机制革新。一般来说，提升跨媒体版权流通效率的最有效经营方式，是通过企业间的大规模兼并与收购，在短时间内实现版权的集中整合。这种版权资产并购与单项版权交易相比，不仅能够大大降低版权交易的成本，也能够轻松实现版权的大规模配置，这极有利于跨媒体叙事活动的开展，因此，当下在全球范围内，大型跨媒体集团正在不遗余力地开展版权资产的兼并重组活动。这方面最为典型的当属迪士尼公司，如前所述，自 2006 年以来，迪士尼公司先后收购美国 3D 动画霸主皮克斯动画公司、漫画巨头漫威公司、视效巨头卢卡斯影业，此举使得迪士尼不仅拥有皮克斯动画公司多个经典动画品牌，还囊括了漫威旗下 5 000 多个漫画形象的版权，以及卢卡斯影业最知名的 IP《星球大战》，这一系列经典版权整合与并购案例堪称世纪之最，为迪士尼打造漫威电影宇宙、星球大战宇宙等跨媒体叙事产品奠定了坚实的基础。在我国，以腾讯集团为首的新兴互联网企业在版权并购方面不遗余力。凭借强大的互联网资源与经济优势，腾讯集团曾先后通过大手笔收购、并购，成立阅文集团，囊括了包括起点中文网、创世中文网、潇湘书院红袖添香、QQ 阅读等多个知名网文平台，掌控了全国 80% 的网络小说 IP 资源及其版权。不仅如此，腾讯集团还大力整合动漫与网游公司，打造腾讯动漫、腾讯游戏等泛娱乐平台，由此积累了天量级的网络创意资源，这为其旗下《勇者大冒险》《洛克王国》等跨媒体叙事产品的泛娱乐化开发扫清了各种版权障碍，营造了良好的经营环境。不过，在版权经营活动中，这种大规模、高门槛的投资并购行为对于中小型媒体经营企业与独立创作主体而言，并不具有适用性。对它们而言，通过签署商业版权合作协议，约定彼此版权开发的权利义务，并以此为基础共享版权成果倒是更为现实一些，它不仅可以有效规避可能到来的版权纠纷，也有利于版权利益的合理化分配。因此，这一版权经营模式可以作为版权经营制度创新的有益补充。

最后，要推动版权法规的配套改革。版权法规是版权保护体系的主体，是维护版权市场秩序的重要屏障。版权制度创新不仅仅是市场机制的创新调整，更需要政府政策与法律法规配套改革的相得益彰。随着上述版权市场许可制度与市场经营制度的创新运作，相关版权法规也要根据媒介融合时代文化生产的发展趋势而作出相应的修订和完善。当前，对版权法规的配套改革要遵循两个原则。一是简化与整合。近年来，法律简化与体系整合正成为世界各国版权法律改革的主要趋势。当下，我们要对版权许可制度管理与版权经营管理过程中的具体条款与版权法进行对照，对版权法中雷同条款、太过具体的条款进行相应简化处理，对权利限制和例外规则加以简化，对版权的权项按公开传播权、演绎权等大类进行合并，以确保版权经营活动的有序进行。二是保障与监管。如前所述，在版权市场许可制度创新机制下，在线版权交易及网络运营商对于版权的集中化管理虽然适应了跨媒体叙事活动对于版权制度创新的诉求，但它在一定程度上容易导致网络运营商垄断资源的风险。毕竟，在这一过程中网络运营商始终处于主导地位。所以，版权法规要相应地配套改革，通过制定相应条款，对网络版权运营商、平台型企业进行监管，既要对其服务协议进行相应规制，也要对权利人申请转让版权的具体合作条款进行限制，以避免霸王条款的出现，从而形成公平公正的版权交易机制。

三、加大版权保护监管力度，提高公民版权保护意识

版权法规与各类行政版权保护条例的出台是版权保护的前提，但真正使版权保护落到实处则要依靠各级政府管理部门、司法系统及行业协会对各类版权保障措施实施有效的行政监管与执行。当前，我国版权保护已经取得了一定的成效，政府部门在加大行政法律监管与执法力度方面比之前有了显著提高。2005年7月，国家版权局联合国家网信办、公安部、工信部等部门开启了打击网络侵权盗版专项治理"剑网"行动。该行动旨在紧密贯彻党中央、国务院关于加强知识产权保

护的各项决策部署。行动计划针对网络盗版、网络侵权等版权事件多发领域，以查办案件为重要抓手，通过集中整治和引导规范，集中打击各类版权违法行为。该行动持续多年，自 2008 年至 2017 年年底，"剑网"行动累计行政查处案件 4 500 多件，关闭各类侵权盗版网站 4 600 多个，罚款 1 500 多万元，移送司法机关追究刑事责任近 500 件。不仅如此，我国各级版权执法机关也将贯彻执行版权保护法律法规作为工作常态。据统计，2013—2018 年，全国各级版权执法部门共查处包括网络案件在内的各类侵权盗版案件 22 568 起，依法关闭侵权盗版网站 3 908 个，公布重点作品预警名单 29 批、731 部，下线盗版链接 600 余万条。严密的执法打击了各类非法盗版侵权事件，对违法犯罪分子起到了极其有效的震慑作用，对我国文化产业繁荣发展的促进作用是显而易见的。

不过，在日益快速发展的新媒体时代，各类新生版权侵权事件纷纷涌现，版权违法案件频发，版权保护工作在我国任重而道远。首先，各级版权保护监管部门要高度重视版权工作，把维护版权权益公平公正、净化社会知识产权环境作为行动宗旨，进一步加大版权保护的行政法律监管和执法力度，坚决贯彻执行党中央、国家行政部门制定的版权保护法律法规。其次，版权保护工作还要将行政保护与司法保护有效衔接。行政保护是司法保护的有效补充，在版权保护执行效率方面虽然比司法保护更为便捷，但是强有力的行政保护执法会消耗掉大量的公共资源。在美国，通常实行以司法保护为主体，以行政保护为辅助的版权保护机制，当前，我们也可以效仿这一模式，通过逐渐精简政府的行政保护比重，提升司法保护的分量，发挥法律在版权保护体系中的重要作用。同时，也要注意司法保护与行政保护之间的合理对接，在内容条款、保障措施等方面进行优化调整，使行政保护充分发挥其在版权保护体系中的辅助作用。再次，不断培养和提升公民的版权意识。版权保护工作的顺利实施、版权环境的有效净化，光靠司法与行政治理显然是不够的，这就如同治理水患过程中我们不仅要"堵和疏"，还要从源头进行治理以降低水患的发生概率。当前，我国各类版权侵权乱象丛生，其中部分原因在于人们版权意识不强，贪图免费利益。早在互联网起步阶段，各类自由免费获取网络信息的消费环境造成许多人头脑中版权意识淡薄，他们片面认为网络资源是共享资源，"拿来主义"盛行，这一观念的根深蒂固也助长了各种网络文学、影视改编中的不正之风。因此，对于知识产权保护而言，提高公民版权保护意识，增强公民版权维权能力意义重大。最后，充分发挥价值观导向作用。一方面，通过媒体宣传，积极引导公众树立公平、有偿的正确消费观。另一方面，大力普及知识产权保护知识，举办各类版权知识竞赛，提升公民版权素养。行政管理部门在处理各类侵权改编案件时，应加大惩治的宣传力度，以恰当的形式公布侵权主体信息，建立诚信档案管理机制，发挥舆论监督作用，强化人们对侵权违法事件严重性的认知。网络文学平台、影视媒体公司作为责任主体，也要主动遵守法律法规，及时学习各类版权新规，不断增强版权责任意识，以实际行动成为文化版权保护的中坚力量。

第三节　中国电影跨媒体叙事的全产业链建构思路

从产业性质层面来看，媒介融合语境下的跨媒体叙事是一项复杂的，要调动多种资源，涉及多部门、跨领域、跨行业的系统化运作工程。因此，电影跨媒体叙事的良性发展需要有健全的电影产业链与之相匹配。产业链是一个经济学概念，从经济学角度来看，产业链是指产品"生产—流通—消费"的全过程所涉及的各个相关环节和组织载体所构成的一个网络状结构。其本质指代的是一种具有内在联系的企业集群关系，这些企业主体以价值交换为纽带，形成上下游的经济结构体系。在产业链运作体系中，各经济运作环节相互配合、互相制约。产业链在传统电影行业内表现为电影制片方、宣传发行方与放映方三者间的链式关系，在这种结构关系之中，电影生产、营销、观影消费等链式功能主体成为有机体，呈现垂直一体化的流程。相比较而言，跨媒体叙事模式下的电影产业链与传统电影产业链有着极大的区别，它呈现为更加全面的系统化运作，囊括创意策划、制作、发行放映、衍生品开发、消费反馈与互动等多个环节的产业化布局，呈现全产业链的运作特征。所谓全产业链，最早源于中粮集团提出的系统化生产模式，即生产结构的横向、纵向协同布局与高效化运作。在电影跨媒体叙事全产业链生态下，创意内容更为多元，优质 IP 资源作为影视行业的核心因子，不仅在纵向上可以追溯到上游的文学作品（网络文学作品和传统文学作品），在横向上也可以被改编为影视剧、网络游戏、动漫、音乐等内容形式，并且这五种形式之间可以相互转化，形成多元化的样式，甚至可以延伸到线下发展，尤其是衍生品的开发，使整个电影产业链的投资得到延长，效益得到增加。

自 20 世纪 90 年代以来，我国电影市场化步伐逐渐加快，电影产业经历了一系列改革升级，在商业化道路上实现了跨越式发展。但总体来看，我国尚未形成一条健全、高效的电影产业链。目前国内电影企业大多集中于电影制片、放映的传统端口，居于影视产业链的上游，而在电影营销、衍生产品开发、消费市场的后续拓展等中下游层面则较为缺失，发展极不平衡。如我国直到 2007 年左右，才形成相对专业的电影宣传公司，业内对于电影营销认知较为模糊，而在电影衍生产品开发层面，至今尚未出现具有影响力的衍生品开发企业。目前我国电影行业过度依赖电影票房，盈利模式单一，这与跨媒体叙事开发愿景尚有较大距离。不过，这一态势也呈现出一定的转机。近年来，随着信息技术与互联网产业的迅猛发展，互联网企业纷纷介入传统影视行业，以腾讯、阿里巴巴、百度为首的大型互联网集团通过收购、并购，整合各种媒体公司、传统影视企业，试图打通电影全产业链的各个环节，逐步形成了纵横向一体化的产业运营结构，这为跨媒体叙事的有效开展提供了良好条件。对传统影视企业而言，媒介融合时代背景下，互联网的深度介入与渗透使得我们要具备更宏观、更全面的视野，从多维度、深层次角度来重新思考和界定现代电影产业，探讨如何打造和建构更具系统性、更加合理的电影全产业链。

一、以内容深度开发为核心推进电影产业链的纵横向布局

影视产业中内容的创意开发是核心和关键。对于内容产业体系中极具代表性的电影产业而言，优质的创意内容是整个产业系统运作的前提和基础，它直接决定后续产业链的开发成效，核心地位不言而喻。正因为如此，我们在电影产业链建构过程中，应当牢牢把握这一基础，围绕内容产品的开发，进行产业链结构的合理化布局。以迪士尼公司为例，作为全球最庞大最具知名度的文化娱乐集团，其产业链的建构自始至终都是基于内容核心层的创意开发。自 1923 年以来，迪士尼公司首先以优质的动画电影产品为依托打造独具魅力的动画品牌，进而以此为基础逐步扩大产业链的纵横向布局，向内容产品的深度开发迈进，寻求更大的利益增长点。在纵向层面，迪士尼公司通过内部结构调整，通过收购、并购等手段，逐步打通创意源、制作、发行、放映、周边产品开发渠道与环节，开发包括电影、电视漫画、游戏、主题乐园、音乐、舞台剧、产品设计等跨媒介艺术产品，形成垂直一体化经营模式。在横向层面，迪士尼公司通过授权合作、入股参股等形式，将内容产品的价值链与商业触角拓展到包括房地产、家具设计、服装、汽车、日用消费品等实体产业，进而形成巨大的泛娱乐文化全产业链。这一产业链的构建模式值得我们深入学习和借鉴。

当下，我国电影产业依旧处于发展的初级阶段。影视企业普遍将电影票房业绩作为主要盈利增长点，而下游衍生产业链的拓展却非常缓慢。对于电影后产品的衍生开发，影视企业要么是准备不足临时简单应对，要么是重视不够。这种局面造成电影 IP 产品常常呈现昙花一现的局面，电影上映时轰轰烈烈，随着院线电影作品的下映，电影产业运作也接近尾声，观众的热度也就慢慢淡去。这一情况下电影 IP 并没有得到深度的开发，价值没有得到有效释放，也难以形成具有影响力的电影品牌。反观好莱坞，对于一部经典作品，运营方绝不放过任何深度开发的机会，不仅连续多年拍摄该电影产品的续集，也在寻求多个领域的跨界整合，推动电影跨媒体叙事的高效运作，将商业链触角延伸至多个产业领域。因此，当下对于我国电影产业而言，影视企业应当以内容深度开发为宗旨，不断提升内容产品制作品质，深入挖掘中国文化精髓，生产出既具有时代气息，又具有文化传承特色的优质电影产品，逐步形成具有影响力的电影品牌，并以优质内容产品的跨媒体叙事产品开发为纽带，通过授权合作逐渐形成贯穿专业制作、发行、放映、系列品牌产品的衍生开发的文化全产业开发链。

事实上，近年来随着互联网信息技术的快速发展，我国电影产业也迎来了新的发展契机。一方面，互联网打破了行业壁垒，以 BAT 为代表的互联网龙头企业纷纷涉足影视产业，在行业领域开疆扩土，将原本孤立的产业形式连接起来，进行跨行业的泛娱乐化经济链整合，进而为其跨媒体叙事和全方位发展创造了良好条件。这一点在前面已有介绍，此处不再赘述。另一方面，在"互联网+"背景下，企业经营主体的内容生产方式与组织形式也在不断创新，数字技术广泛应用与网络的融通性、及时性促进了电影产品从设计、制作到流通与消费环节的优化重组，促使传统电影产业转型升级速度加快，逐步呈现向上下游发展的趋势。以华谊兄弟为例，其早期业务以电影投资、制作为主，随着互联网 IP 电影产业模式的盛行，其经营业务也都不再"专一"，陆续以 IP 内容为基石，打造垂直一体化经营的成长模式。转型后的华谊兄弟已经形成了从电影制作、营销发行、院线上映、电影产品开发等基本完整的产业体系，在经营内容方面，华谊兄弟重新梳理运营模式，将旗下 9 个子业务整合为传统业务、实景娱乐、互联网产业三大板块，游戏、O2O、"粉丝经济"成为华谊未来在"互联网+"领域发力的重要方向。无疑，"互联网+"时代的到来打破了传统产业与电影产业信息不对称的局限，挖掘出了新的经济增长点，将电影的"品牌消费效应"延伸到其他产业中，在促进其他产业发展的同时实现了电影产业自身的快速成长。当前，我国电影企业要牢牢抓住互联网信息化浪潮所带来的机会，坚持以内容产品的深度开发为驱动，实现产业跨界多元化合作，逐步形成电影产业的"全产业链"发展模式，进而推动我国电影产业进入高效化、良性化发展轨道。

二、以系统化运营为基准推动产业内部组织优化整合

系统化运营是指运营主体基于全局性经营思维，系统化调动产业经营各要素，以实现经营活动的高效协同化发展。电影产业系统化运营是电影企业在电影文化产品开发过程中，运用全产业链经营理念进行通盘考量设计，使电影产品从创意设计、发行营销到衍生产品的开发各环节密切配合、高效运作，进而实现系统化、协同化的商业运营效果。系统化运营最关键的点在于产业领域各环节的紧密配合、协同运转。它要求企业主体要在产业组织管理机制、产业内部结构层面不断进行优化、系统整合，使其朝着更有利于产业协同化运营的方向发展。

首先，优化产业组织管理机制。产业内部组织管理是产业高效运作的前提，当前我们应当在企业人员配备、资金投资比例调配、产业版权合作关系建立、合作机制制订等方面下大力气进行优化整治，使产业在品牌授权、产品衍生开发等领域能够形成协作性、系统化的能动调配关系，使资源得到最佳配比。目前，我国部分电影经营主体产业运作效率低，不同组织部门投资结构不合理，衔接不够顺畅。如在电影投资比例上，我国许多电影项目的剧本策划与导演环节仅占比15%，营销发行占比15%，制作占比20%，而演员片酬占比却高达50%。相比较而言，好莱坞的一部电影项目，剧本策划与导演环节占比达25%，营销发行占比30%，制作占比30%，而演员片酬仅为15%。这明显可以看出，好莱坞电影运营商对于创作与发行两大模块的重视程度。而当前我国部分电影项目运作过程中过于依赖明星效应，演员片酬奇高，这种投资比例的失调必然带来我国电影产品开发链的断层，产业经营主体一旦看不到短期经济效应，就会马上转换到其他项目上，不利于电影跨媒体叙事活动的有效开展及产业发展的良性循环。

其次，完善产业内部组织结构。产业内部组织结构的合理性是产业良性发展的重要前提和基本保障。目前我国许多电影企业及相关经营主体内部组织结构不够合理，产业经营布局主要集中于电影产业链的上游，即前期制作领域，而电影产业链下游部位，如发行、放映及衍生产品开发环节则相对缺乏配套组织部门支撑，不仅如此，就算是在上游领域，也主要集中于制作而非前期策划与论证环节。业界普遍缺乏对于电影产品系统化、专业化经营策划论证的部门，这不仅极大地影响到电影产品开发的完整性，也使得电影产品难以实现品牌化的系列运作。当前和今后，我们应当加大力气完善电影产业内部组织结构。一方面，影视经营主体要在企业内部设立专业化的创意研发中心、品牌传播中心和大数据支持中心，力求从电影创意产品的选题、策划论证与品牌的精细打造等方面进行系统化的经营管理。另一方面，经营主体要强化电影产品的设计，通过跨行业合作或整合，设立专业化的电影衍生产品市场开发机构，专门负责电影衍生产品、跨媒体产品的拓展和经营，以实现电影产品价值的有效增值。

最后，有必要强调的是，这种电影产业内部组织结构的优化与整合，始终要坚持以精品内容开发为核心，以精品化、良性化、系统化的IP运营理念为指引，只有这样才能打造融合内容精品优势、互联网文化特质和创新基因于一体的影视IP品牌，进而不断提升电影企业自身的竞争优势和盈利水平。

三、以品质合作为目标进一步完善产业投融资环境

近年来，随着我国国民经济的快速发展，人们生活水平不断提高，作为精神

消费的重要渠道，电影愈来愈成为人们日常生活中的重要组成部分。市场规模的逐步扩大使国产电影在影片出品数量、票房业绩、观影人次等方面屡创新高，不断攀升的业绩与市场人气引来资本市场的热烈追捧，电影投资主体日趋多元化，投融资方式日趋多样化。与此同时，随着互联网企业的深度介入，传统制片企业与院线公司上市融资步伐的加快，国产电影呈现出从未有过的繁荣景象。不过，从当前投融资市场现状来看，进入电影领域的资本总体呈现一种狂热态势。目前进入我国电影领域的投融资主体既有业内资金，也有业外资本；既有国有资本，也有民营资本；还有个体自然人投资。这种投资主体多采用投资、并购、合作入股等方式介入电影产业。据统计，电影市场投融资企业有来自互联网领域的三巨头 BAT，有新兴网络公司小米，有从事钢材贸易的宝成股份，有从事乳品贸易的皇氏集团，有从事家具行业的喜临门，还有不少地方民营服装企业、模具制造商，等等。

毋庸置疑，投融资主体的多元化给电影市场注入了新的活力，带动了产业的高速化发展。不过，这种不受限制、随机盲目的投融资行为，也使得电影市场不可避免地受到资本的挟持，被资本逐利本性所浸染，呈现急功近利、盲目无序的发展态势。在电影市场，许多投资主体抱着"一夜暴富"的心理，一方面高价哄抢热门网络 IP 作品，另一方面急切地将其进行电影化改编，简单制作后便匆匆推向市场，再借助媒体炒作吸引市场关注。不少作品也在这种快速炒作的过程中取得了较好收益，这进一步刺激和带动了更多观望者的入市。于是，在各类"炒空壳""包装影视概念""放大明星效应资本化"等资本"新玩法"的鼓动下，越来越多的经营主体渐渐偏离了电影内容生产的正常轨道，热衷于资本投机套现的"赚快钱"游戏。这种现象给我国电影产业带来了严重的负面影响，是近年来我国电影市场"烂片频出""口碑倒挂"现象产生的根源之一，极大地制约了中国电影产业的良性发展。电影产业是我国文化产业的重要组成部分，是推动我国国民经济发展的生力军。新时期我国社会发展的主要矛盾已经转化为人民日益增长的美好生活需要和不平衡不充分的发展之间的矛盾。随着媒介融合时代的到来，一方面，当下的观众对于高品质电影作品的需求日益增多，对电影制作品质提出了新的要求。另一方面，多种媒体娱乐方式的出现使得消费者不会拘泥于单一的电影娱乐方式，电影消费者随时可能流失，这种发展态势正在倒逼我国电影企业进行供给侧结构性改革。电影经营方务必要转变"快餐"思维，务实进取，以品质合作为目标，通过优化电影投融资机制，提高电影合作准入门槛，不断完善电影投融资环境，引入那些真正具有敬业精神、具备系统化经营实力的电影投融资主体，从电影剧本创作、制片生产、发行营销、放映等环节进行严密把关，进而逐步打造优质的电影文化品牌。

第四节　中国电影跨媒体创意人才培养与管理路径

人才是文化产业的核心。文化产业的竞争很大程度上是人才的竞争。在电影文化产业开发运营过程中，具有一定影视专业素养的创意人才是电影品牌构建、电影文化价值实现、电影产业高效发展的重要前提和保障。在新媒体时代背景下，随着文化娱乐形式的日趋多元、受众观影与审美习惯的快速更替、产业投融资环境的日新月异，电影跨媒体叙事创作与产业开发面临着巨大挑战，对影视创意人才也提出了更高要求。当下，我国电影创意人才工作要与时俱进，既要高度重视影视人才的管理，不断优化影视人才管理机制，使优秀影视创意人才愿意来，留得住，干得好，也要高度重视优秀影视人才的培养，通过转变人才培养理念，不断优化现行影视人才培养机制，逐步提高影视创意人才培养质量。

一、完善影视创意人才管理机制

（一）我国影视人才发展现状

在我国，由于受传统计划经济体制影响，企业普遍缺乏对人才资源的认知，没有形成完整、规范的电影创意人才开发与管理机制。首先，优秀人才奇缺、人才结构不合理。尤其是一些高层次关键岗位人才，具有较高的理论水平和操作能力的复合型人才极度匮乏。目前，我国电影产业人才结构主要表现为中期制作人才居多，前期高端创意人才与下游产业经营开发类人才不足。造成这种局面，一方面，由于我国电影企业普遍以制作为主体，并未形成类似于好莱坞的成熟的电影工业体系和全产业链；另一方面，与我国影视人才培养结构不合理有关。其次，人才体制机制不健全，市场化程度不高。现在许多影视企业在人才体制机制方面存在各种各样的问题，比如，企业内部权责不明确，人才晋升通道不畅，缺少丰富多元的交流平台，创意人才流动率不高，等等。虽然近些年我国部分影视企业在人才管理层面做了一些改革尝试，但与日益增长的市场需求和企业发展规模的急剧增长相比，人才体制机制表现出明显的滞后性，甚至在一定程度上影响到企业的长远发展。造成这种现状的原因是多方面的，但主要是受部分企业人才观念不强，对人才重视程度不够，产业规模扩张过快而配套改革跟不上等因素影响。

（二）我国影视人才管理机制优化策略

当前，我国影视人才管理机制要从以下几个方面进行优化。

首先，要完善创意型人才招聘与选拔机制，把握好人才的入口关。一方面，要制定详细的人才聘用条例，依照企业产业发展设立合理化的竞聘职位，在人才待遇、发展空间层面要给予人才足够的吸引力，尤其是后者，要让受聘者感受到极具发展空间的晋升通道。在招聘过程中，要严格把关，筛查简历要详细、认真，在选拔过程中注重其综合创新能力，不以工作经历为第一评判标准。另一方面，鉴于创意型人才流动性大、自主性强等特点，企业要将人才招聘常态化，不断创新人才招聘方式，拓展人才选拔渠道，企业主体要大力加强与高校、职业介绍机构、人才市场的密切联系，及时发布招聘信息，多渠道广撒网，做到第一时间掌控优秀人才信息。不仅如此，企业人才管理还要将人才培训常态化，通过内部传帮带，形成老中青、高中低的人才发展结构，通过不断完善企业人才培养与任用渠道，形成优秀人才内部成长、内部消化的良好局面。

其次，要优化人才工作环境，创造积极上进的氛围。人才，尤其是影视创意型人才与一般技术性工人有很大区别，不管是在影视产业链的前端、中端还是后端，创意型人才都有着非常鲜明的个性，其创意才能的发挥需要较为宽松、和谐和人性化的工作氛围与环境。因此，营造一个轻松愉悦、充满理想、积极向上的企业文化氛围是文化创意型企业的重要任务。企业应当了解和把握创意型人才的成长机制与特殊规律，制定合理的规章制度，构建协作性的组织机构，充分调动和发挥创意型人才的主观能动性。在宏观决策上，管理者做出明确部署，但在具体实施过程中，要给予创意型人才一定的自由度，不宜过多干涉、过细地指导和监督。平时，管理者要积极组织一些团队活动，提升企业文化凝聚力，增强团队意识和员工归属感，使创意型人才真正融入企业大集体，进而迸发出其应有的创造活力。

最后，要不断优化人才的绩效管理机制。对于文化创意型公司来说，高效的绩效管理是调动人才积极性、进行人才资源管理的核心环节。绩效管理不是某项具体任务，而是一个完备的系统化管理过程。它需要管理者和员工密切配合，以个人价值与任务实现为目标，在合理化的绩效激励机制作用下共同完成项目任务。优化绩效管理，一方面，要从人才考核方式层面展开。对于创意型人才，要实施过程与结果相结合、业绩与能力相结合的动态化、人性化的绩效考核模式，不能完全唯结果论，也不能完全唯过程论，可以将创意开发的产品投放市场进行测试，通过市场测试的反应决定绩效分配。另一方面，要从完善人才薪酬管理与激励管理机制层面展开。相较于其他类型人才，创意型人才更注重自身价值与理想的实现，他们往往会在自己的兴趣点和社会现实生活中寻找一种平衡，对于创意型人才的绩效管理，企业主体要充分把握这一特征，认真探索针对创意型人才的特殊激励管理办法。一般来说，激励方法包括物质激励和精神激励两种。物质激励包括提升工资水平，发放奖金、假期福利、各类补贴等，精神激励包括表扬和授予荣誉称号等。在创意型人才激励管理过程中，企业主体要注重激励方式的多样性运用，比如物质激励与精神激励相结合，根据个体差异进行差异化激励，根据人才个性化需求实行选择性激励措施，等等。只有做到深入细致，无微不至地使人才感受到企业的关怀和培养，才能充分激励人才发挥应有的创意价值。

二、推进高校新媒体影视创意人才培养改革

如前所述，就当前我国电影产业领域人才结构而言，既懂跨媒体内容创作，又知晓电影产业链运作规律，还了解新媒体网络生态运转模式的复合型影视人才尤为紧缺。目前全国有 500 多所院校每年为影视行业输送着大量专业人才，这些高校依托优势资源，建立了专业化的影视学科人才培养机制。此外还有大量的社会影视人才培训机构为影视行业"供血"。这些人才涉及从电影电视创意策划、电影电视采编剪辑到影视动漫后期制作，以及影视工程技术与管理运营等多个领域。但从总体来看，目前的人才培养模式与社会需求的矛盾日益突出，一方面，

高校影视专业毕业生就业难；另一方面，影视企业难以招到合适的人才。高校影视人才培养与企业严重脱节。就目前高校人才培养效果来看，仅具有单一媒介素养与技术能力的影视人才很难适应日益复杂、多样化的创作需求，高校人才培养结构与质量远远不能适应媒介融合时代影视产业对于人才的高要求。当前，我们要进一步优化现有教育教学体制，大力推进高校影视人才培养模式改革。这需要从以下几个方面加以改进和完善。

第一，转变思维方式，更新影视教育理念。传统影视教育的人才培养主要侧重于技能训练，提倡一专多能，学科建设与课程设置也大多是围绕这一教学目标展开，教师要求学生掌握某一专业细分领域相应的影视创作技能和软件操作技能，并具备一定的理论知识。学生对于专业知识的掌握往往是基于单一媒体的，比如学习电影创作仅专注于电影编剧理论，学习国内外电影编创知识，了解电影编创技巧，但对影视跨媒体创作、交互性创作、影视流媒体创作等方面的知识则很少涉及。随着媒介融合时代的到来，观众需求日趋多样化，信息传播方式多元化、互融互通，必然冲击甚至颠覆了原有的内容生产方式、创作理念与教育观念。在这样的时代背景下，影视院校在影视教育理念上要做到与时俱进，高校的影视教育要紧密跟随媒介融合时代信息传播、受众精神需求的新特点，与时俱进积极开展教学改革，大力拓展跨媒体影视策划、跨媒体制作、跨媒体产业运营的创新型人才培养通道，以适应日益发展的市场文化需求。

第二，不断优化和推动课程教学改革。一是要根据不同影视院校类型、学科差异性等现实情况，深化课程设置，突出专业特色，实现差异化、特色化发展。院校要充分考虑自身发展特色、学科优势以及学生未来就业方向，制定合理化、科学化又兼具互补性的课程培养方案。要注重培养学生融合思维和协同创新能力，在课程设置上体现出多课程互补、系统化发展的思路，形成影视批评与创作理论教学、艺术与技术融合教学、文化与产业一体化教学相融合的课程群组，培养既具有较高的影视理论水平，又具有跨媒体创作能力的复合型人才。二是在具体教学过程中，要树立整体观念，课程教学要贯穿跨媒体叙事训练思维。要让学生意识到影视创作已经进入跨媒体叙事时代，电影创作与动漫、游戏及其他媒体艺术叙事互融互通，教师要建立跨媒体叙事教育训练体系，要引导和启发学生贯彻整体创作思维，培养跨媒体叙事创作观念，掌握多媒体融合创作技巧。

第三，强化项目化教学，注重跨学科交叉融合。影视跨媒体创新人才是一种复合型人才，需要具备广阔的学科视野和跨专业的实践整合能力。因此，在高校影视教学过程中，教师要在注重专业基础教育的同时，结合学生所学知识，积极开展项目化教学，组织学生围绕具体影视创作项目、企业课题展开模拟实践训练，通过这种方式培养和训练学生的跨媒体创作、实践创新乃至协同创业的实践能力。此外，影视专业教育要注重学科融合，既要鼓励和支持学生进行跨专业课程选修，在选修课程上给予学生合理化指导，使学生形成理论学习与实践学习互补的知识结构体系，也要将这种跨学科学习纳入整个学生考核评价系统之中，鼓励学生积极参与各类课外项目，逐步养成积极思考、努力奋进、协同创新的综合能力。

三、全面普及媒介素养教育

从社会发展层面来看，影视跨媒体叙事发展受惠于新媒体技术革新与互联网信息技术的广泛应用。它既是一场由技术推动的媒介文化领域内容生产方式的变革，也是社会公众参与性文化发展的必然结果，是媒介文化产业发展的必然趋势。当前，随着5G技术商用时代的到来，媒体行业正在经历新一轮的改革，信息传播技术已经从以前单一、线性的传播模式转变为多渠道、高互动性的现代传播模式。在这一态势下，传统的媒体经营模式已经很难适应新的形势，因为人人都是信息的传播者，同时也是信息内容的生产者，传播者与生产者的二元身份融为一体，内容传播与生产日益呈现大众化发展态势。这给内容版权保护、内容创作品质提升及信息传播的有效性带来极大挑战，在社会参与文化的鼓噪下，各类盗版、恶意改编、虚假炒作现象层出不穷，严重影响影视文化产业的良性发展。当前，全社会媒介素养教育亟须加强，既要提升全民媒介信息选择、甄别的能力，也要提升全民作为信息传播主体的责任意识、版权保护意识，从而为影视跨媒体叙事发展营造良好的社会环境。

所谓媒介素养教育就是在尊重每位受众的同时，培养每位公民对媒介信息的使用、分析及制作能力。目前，一些发达国家已经将提升全民媒介素养作为提高国民综合素质、治理媒介问题的基本手段。如美国、英国、加拿大甚至将媒介素养教育纳入中小学课程培养体系，使之成为国民教育的重要组成部分。通过这种全民化的普及教育，使民众从小就能认识到媒介的正负功能，形成媒介主体责任感，具有辨别信息、处理信息的基本能力。目前，在我国，媒介素养教育还比较欠缺，媒介素养教育的总体性缺失或孱弱的问题仍然十分突出，严重影响了媒介信息的真实性和良性传播与接受，普通媒介受众，特别是青少年"迷群"媒介素养缺失的诸多表征包括法律意识淡薄、理性精神和主体意识缺失、辨析信息真伪能力不足、缺乏媒介伦理意识、易受操控、逃避社会现实、散布和传播虚假恶俗信息等。这需要我们进一步普及媒介素养教育，不断提升全民媒介素养水平。

首先，要构建全民媒介素养教育平台，营造良好的媒介素养教育氛围。媒介素养教育平台的构建需要全社会合力。现有中小学，作为国民教育的主体机构，要高度重视媒介素养教育，设置一定数量的媒介素养教育课程，教育主管部门要将媒介素养教育纳入义务教育考核系统。现有高等院校是媒介素养教育的前沿主阵地，高校学生具有较高的文化素养，是媒介信息传播与生产的主体，高校作为大学生主要的活动场所，本身也是媒介信息资源集中的主要场域，学校要积极利用新媒体平台优势，开展各类媒介素养讲座，积极组织宣传，营造良好的媒介教育氛围，切实提高大学生媒介认知能力与主体责任感。政府文化管理部门作为媒介素养普及的有力推动者，要将媒介素养宣传作为年度文化管理工作的组成部分，一方面积极宣传推广媒介素养知识，另一方面也要大力发动、鼓励社区构建媒介素养教育公共服务平台，组织各种文化活动推广和普及媒介知识与版权法律知识。社会机构、媒体经营企业要充分树立主体责任意识，尽可能地为学校与社会媒介素养教育机构提供相应的文化与资源支持。

其次，要积极探索提升全民媒介素养教育的创新路径和方法。新媒体时代，媒介素养对于人的要求是全方位的，它既要求公民主体具备一定的媒介文化知识，掌握一定的媒介信息处理能力，更要求公民主体具备清晰的思辨能力、科学的批判精神，同时还要求公民主体具备高度的社会责任感、版权维护意识。因此，媒介素养教育不是简单的文化知识教育，更是一种复合能力的综合素质教育。普及全民媒介素养教育，不仅要在教育形式与教育方法上不断探索创新，也需要行政管理手段的配合。一方面，要不断尝试用最适宜于提高社会个体综合素质的途径，来提升公民应对和运用新媒体的能力。比如采用新媒体信息技术公益培训、网络社区主题教育、公共文化知识讲座、有奖问答与竞赛等活动提高公民的媒介文化素养。另一方面，要加强行政管理。政府部门要发挥价值观引领作用，进一步加大对网络不良信息的惩治力度，并利用技术手段净化网络，创建洁净的网络环境。同时，利用网络信息平台，对广大民众普及媒介知识，培养公众对于社会大众传媒信息的认知与批判性辨识能力和版权保护意识。只有全体公民的媒介素养得到提升，我们才能有一个好的媒介环境，建立健康的媒介生态，从而为影视跨媒体叙事与电影产业发展营造良好的环境。

参 考 文 献

［1］宫承波.新媒体概论［M］.北京：中国广播影视出版社，2020.

［2］崔保国.中国传媒产业发展报告［M］.北京：社会科学文献出版社，2018.

［3］陈威如，王诗一.平台转型［M］.北京：中信出版社，2016.

［4］闵大洪.中国网络媒体20年［M］.北京：电子工业出版社，2016.

［5］胡正荣，李继东，唐晓芬.全球传媒产业发展报告［M］.北京：社会科学文献出版社，2015.

［6］孟伟.互联网＋时代音频媒体产业重构原理［M］.北京：中国广播影视出版社，2015.

［7］蔡雯，许向东，方洁.新闻编辑学［M］.北京：中国人民大学出版社，2014.

［8］秦艳华，路英勇.全媒体时代的手机媒介研究［M］.北京：北京大学出版社，2013.

［9］王松，李志坚，赵磊.信息传播大变局［M］.上海：上海交通大学出版社，2013.

［10］王桂科.媒介产业经济分析［M］.广州：广东人民出版社，2006.

［11］菲德勒.媒介形态变化：理解新媒介［M］.明安香，译.北京：华夏出版社，2000.

［12］王静，张晗.探析媒介融合背景下电视媒体的创新发展：以芒果TV为例［J］.中国广告，2015（12）：112.

［13］张凌彦.媒介融合背景下传媒产业的转型［J］.科技传播，2015（11）：185.

［14］尹章池，赵旖.融媒体时代传媒产业的现状以及发展对策［J］.今传媒，2013（4）：14-15.

［15］凌曦.美国传统媒体应对新媒体竞争的启示：做内容提供商，实施多平台传播［J］.传媒观察，2011（3）：3.

［16］童妮燕.媒体转型系列之三：新媒体时代的王者之争［J］.互联网周刊，2010（7）：3.

［17］姜海潇，林依龙.应对互联网的挑战［J］.中国广播电视学刊，2004（9）：68.

［18］曹怀明.网络时代的大众传媒变革［J］.枣庄学院学报，2000（4）：102-106.

［19］胡正诚.老媒体，永不死［J］.IT 经理世界，2015（10）：103.

［20］施玲，侯玉梦.表演技巧的掌握对主持能力的优化［J］.新闻界，2010（1）：151-153.

［21］陶丹.媒介融合时代，出版企业需产业升级［J］.出版参考，2011（2）：25-26.

［22］巢乃鹏，袁光峰.媒介融合时代中国出版业的战略选择［J］.出版发行研究，2012（2）：5.

［23］陈伟军.媒介融合视野中的新闻出版强国建设［J］.中国出版.2010（21）：39-42.

［24］魏悦.浅谈图书出版媒介融合现象［J］.长沙铁道学院学报（社会科学版），2009（3）：2.

［25］施勇勤.数字出版：文化逻辑与产业规制：以媒介融合为视角［J］.出版科学，2012，20（2）：4.

［26］幸小利.新媒体环境下的受众研究范式转换与创新［J］.国际新闻界，2014，36（9）：13.

［27］杨成.媒介融合语境下 IP 电影的跨媒体叙事模式［J］.当代电影，2018（6）：61-64.

［28］吴晓珍.媒介融合与中国传媒产业发展研究［D］.长沙：湖南师范大学，2009.